本书受江苏省社会科学基金资助出版

比较职业教育研究方法论

郝天聪 ◎ 著

BIJIAOZHIYEJIAOYU
YANJIUFANGFALUN

南京大学出版社

图书在版编目(CIP)数据

比较职业教育研究方法论 / 郝天聪著. — 南京：南京大学出版社，2023.12
ISBN 978-7-305-26448-1

Ⅰ. ①比… Ⅱ. ①郝… Ⅲ. ①比较教育－职业教育－研究方法 Ⅳ. ①G71

中国版本图书馆 CIP 数据核字(2022)第 248344 号

出版发行	南京大学出版社		
社　　址	南京市汉口路 22 号	邮　编	210093

书　　名　比较职业教育研究方法论
　　　　　　Bijiaozhiyejiaoyu Yanjiufangfalun
著　　者　郝天聪
责任编辑　丁　群　　　　　　　　编辑热线　025-83597482

照　　排　南京南琳图文制作有限公司
印　　刷　苏州市古得堡数码印刷有限公司
开　　本　787 mm×1092 mm　1/16　印张 14.5　字数 332 千
版　　次　2023 年 12 月第 1 版　2023 年 12 月第 1 次印刷
ISBN　978-7-305-26448-1
定　　价　58.00 元

网址：http://www.njupco.com
官方微博：http://weibo.com/njupco
官方微信号：njupress
销售咨询热线：(025) 83594756

* 版权所有，侵权必究

* 凡购买南大版图书，如有印装质量问题，请与所购
　图书销售部门联系调换

一个人成功的价值,并不在于他作出了某些令人惊异的发明(尽管这些发明是有用的),而在于他在大自然的原野上燃起一点星火。这星火骤然燎原燃起炯炯火焰,照亮我们现成知识疆域的遥远边缘。这火焰愈燃愈烈,越照越远,顷刻间使自然界一切最幽邃的秘密都大白于天下。

——弗朗西斯·培根

目 录

序：青衿之志，履践致远 ………………………………………………………… 1

上篇　比较职业教育研究的方法论转向

第一章　比较职业教育研究领域的学术谱系 ……………………………… 3
第一节　定位不清制约比较职业教育研究领域深度拓展 ……………… 3
一、时代呼唤有深度的比较职业教育研究 …………………………… 3
二、有深度的比较职业教育研究仍然缺乏 …………………………… 3
三、比较职业教育研究深度拓展的前提是定位明确 ………………… 4
第二节　明确比较职业教育研究交叉学科研究领域定位 ……………… 5
一、比较职业教育研究与比较教育研究的关系 ……………………… 5
二、比较职业教育研究与职业教育研究的关系 ……………………… 5
三、比较职业教育研究属于交叉学科研究领域 ……………………… 6
第三节　比较职业教育研究需要遵循社会科学研究范式 ……………… 6
一、社会科学研究与人文学科研究的区别 …………………………… 6
二、社会科学研究与人文学科研究提问方式的差异 ………………… 7
三、社会科学研究范式下的比较职业教育研究提问方式 …………… 7
本章小结 …………………………………………………………………… 8

第二章　中国比较职业教育研究的发展脉络 ……………………………… 9
第一节　比较职业教育研究领域萌芽期 ………………………………… 9
一、新中国成立后向苏联学习的教育趋势 …………………………… 9
二、以教材翻译为主的比较职业教育研究 …………………………… 9
三、比较职业教育研究尚未成为独立研究领域 ……………………… 10
第二节　比较职业教育研究领域建立期 ………………………………… 10
一、改革开放后职业教育办学模式的探索 …………………………… 10
二、以学术编译为主的比较职业教育研究 …………………………… 11
三、比较职业教育研究开始成为独立研究领域 ……………………… 11
第三节　比较职业教育研究领域发展期 ………………………………… 12
一、21世纪以来职业教育办学模式的创新 …………………………… 12
二、比较意识增强下的比较职业教育研究 …………………………… 12

三、比较职业教育研究正式成为独立研究领域 ………………………… 13
　　本章小结 ………………………………………………………………………… 13

第三章　国际比较职业教育研究的前沿趋势 …………………………………… 15
　第一节　从单向的模式推广到双向的经验互鉴 ………………………………… 15
　　一、以单向的模式推广为特征的民族主义阶段 ……………………………… 15
　　二、以双向的经验互鉴为特征的全球主义阶段 ……………………………… 16
　第二节　从思辨研究范式向实证研究范式转型 ………………………………… 17
　　一、比较职业教育思辨研究范式的危机 ……………………………………… 17
　　二、比较职业教育实证研究范式的风靡 ……………………………………… 18
　第三节　比较职业教育研究方法论探讨之兴起 ………………………………… 19
　　一、比较职业教育研究方法论探讨的重要意义 ……………………………… 19
　　二、比较职业教育研究方法论探讨的主要议题 ……………………………… 20
　本章小结 ………………………………………………………………………… 21

中篇　比较职业教育研究的方法论之问

第四章　比较职业教育研究方法运用现状的研究设计 ………………………… 25
　第一节　教育研究方法现状分析的一般方法 …………………………………… 25
　第二节　研究对象与方法 ………………………………………………………… 26
　　一、研究对象 …………………………………………………………………… 26
　　二、研究方法 …………………………………………………………………… 26
　第三节　编码方案 ………………………………………………………………… 26
　　一、编码框架的开发 …………………………………………………………… 26
　　二、编码的其他考虑 …………………………………………………………… 27
　本章小结 ………………………………………………………………………… 28

第五章　比较职业教育研究方法运用现状的主要发现 ………………………… 29
　第一节　比较职业教育研究方法运用的整体情况 ……………………………… 29
　　一、我国比较职业教育研究方法运用的整体情况 …………………………… 29
　　二、国外比较职业教育研究方法运用的整体情况 …………………………… 33
　第二节　比较职业教育研究方法运用的趋势 …………………………………… 38
　　一、我国比较职业教育研究方法运用的趋势 ………………………………… 38
　　二、国外比较职业教育研究方法运用的趋势 ………………………………… 40
　第三节　比较职业教育研究主题与运用方法的交叉分析 ……………………… 42
　　一、我国比较职业教育研究主题与运用方法的交叉分析 …………………… 42
　　二、国外比较职业教育研究主题与运用方法的交叉分析 …………………… 43
　本章小结 ………………………………………………………………………… 44

第六章 比较职业教育研究方法运用现状的方法论反思 ············ 45
第一节 国内外比较职业教育研究方法运用现状的比较分析 ············ 45
一、比较职业教育研究方法运用整体情况的国内外比较分析 ············ 45
二、比较职业教育研究方法运用趋势的国内外比较分析 ············ 48
三、比较职业教育研究主题与运用方法关系的国内外比较分析 ············ 48
第二节 比较职业教育研究的方法论反思与体系构建 ············ 49
一、方法贫瘠是制约比较职业教育研究水平的顽疾 ············ 49
二、比较职业教育研究创新呼唤方法论层面的思考 ············ 50
三、比较职业教育研究方法论是一个多层体系结构 ············ 52
本章小结 ············ 53

下篇 比较职业教育研究的方法论体系

第七章 比较职业教育研究方法论体系的哲学层 ············ 57
第一节 比较职业教育研究的问题意识 ············ 57
一、比较职业教育研究知识积累与创新的乏力 ············ 57
二、问题意识是破解比较职业教育研究知识积累与创新乏力的关键 ············ 59
三、问题导向下的比较职业教育研究路径转型 ············ 62
第二节 比较职业教育研究的本土立场 ············ 64
一、西方中心主义下的本土意识缺失 ············ 64
二、西方中心主义下中国职业教育知识生产角色的争议 ············ 67
三、走向世界的中国比较职业教育研究 ············ 69
第三节 比较职业教育研究的发生学思维 ············ 72
一、历史发生学思维 ············ 72
二、系统发生学思维 ············ 75
三、现象发生学思维 ············ 77
四、认识发生学思维 ············ 79
本章小结 ············ 81

第八章 比较职业教育研究方法论体系的比较原理层 ············ 82
第一节 比较职业教育研究的分析单位 ············ 82
一、比较职业教育研究分析单位的内涵 ············ 82
二、比较职业教育研究分析单位的功用 ············ 84
三、比较职业教育研究的多层次分析单位 ············ 85
第二节 比较职业教育研究的参照系统 ············ 92
一、比较职业教育研究参照系统的内涵 ············ 92
二、比较职业教育研究参照系统的构建依据及理论流派 ············ 93
三、比较职业教育研究参照系统构建的基本类型 ············ 95

第三节　比较职业教育研究的模型构建 98
    一、两相比较模型构建 98
    二、多方比较模型构建 100
    三、焦点—边缘模型构建 101
    四、历史阶段模型构建 102
    五、象限模型构建 105
    六、多层嵌套模型构建 110
   本章小结 116

第九章　比较职业教育研究方法论体系的社会科学层 117
   第一节　比较职业教育量化研究介绍及应用案例 117
    一、比较职业教育量化研究的内涵、特点及应用价值 117
    二、比较职业教育量化研究的议题、前沿与价值争论 120
    三、比较职业教育量化研究的操作流程与案例解析 125
   第二节　比较职业教育质性研究介绍及应用案例 132
    一、比较职业教育质性研究的内涵、特点及应用价值 133
    二、比较职业教育质性研究的议题、前沿与价值争论 135
    三、比较职业教育质性研究的操作流程与案例解析 140
   第三节　比较职业教育混合研究介绍及应用案例 148
    一、比较职业教育混合研究的内涵、特点及应用价值 148
    二、比较职业教育混合研究的议题、前沿与价值争论 153
    三、比较职业教育混合研究的操作流程与案例解析 158
   本章小结 165

余论：研究方法，不只是方法 167
   一、从常识走向科学：比较职业教育研究方法的自觉与自省 167
   二、无影灯下看世界：比较职业教育研究方法的难为与可为 168
   三、切不可买椟还珠：比较职业教育研究方法与理论的关系 170

参考文献 172

附录一：德国科隆大学访学随笔 186

附录二：国际职业教育研究领域重要机构、期刊及经典著作梳理 198

后记：一场"方法论"的探秘之旅 214

图目录

图 3-1　比较职业教育研究的三元目的观 ……………………………… 17
图 5-1　2000—2020年我国比较职业教育研究范式运用的变化趋势……… 38
图 5-2　2000—2020年我国比较职业教育研究资料收集方法运用的变化趋势…… 39
图 5-3　2000—2020年我国比较职业教育研究资料分析方法运用的变化趋势…… 39
图 5-4　2000—2020年国外比较职业教育研究范式运用的变化趋势……… 40
图 5-5　2000—2020年国外比较职业教育研究资料收集方法运用的变化趋势…… 41
图 5-6　2000—2020年国外比较职业教育研究资料分析方法运用的变化趋势…… 41
图 6-1　比较职业教育研究方法论体系 …………………………………… 52
图 8-1　比较职业教育研究多层次分析单位 ……………………………… 86
图 8-2　不同时期的学徒制特征 …………………………………………… 104
图 8-3　四维度知识结构图 ………………………………………………… 104
图 8-4　历史制度主义视野下的职业教育与培训体系分析框架 ………… 105
图 8-5　职教教师专业素质的三维模型 …………………………………… 107
图 8-6　职业教育产教融合政策的分析框架 ……………………………… 108
图 8-7　职教升学考试二维分析框架 ……………………………………… 109
图 8-8　美、德、日、中技能战略下的职业教育办学模式 ……………… 109
图 8-9　英德学徒激励的制度互补性比较 ………………………………… 110
图 8-10　多层嵌套模型 ……………………………………………………… 111
图 8-11　国家技能形成体制与职业教育类型地位的逻辑关联 …………… 112
图 8-12　比较职业教育分析路径 …………………………………………… 114
图 8-13　不同国家职业教育类型定位 ……………………………………… 115
图 9-1　混合研究设计主要类型 …………………………………………… 151
图 9-2　混合研究方法设计与流程 ………………………………………… 162
图 9-3　研究的设计流程 …………………………………………………… 163
图 9-4　研究核心概念框架图 ……………………………………………… 164

表目录

表 4-1	本研究的编码框架	27
表 4-2	比较职业教育研究主题划分	28
表 5-1	我国比较职业教育研究分析框架的运用情况	30
表 5-2	我国比较职业教育研究范式的运用频率	30
表 5-3	我国比较职业教育研究资料收集方法的运用频率	31
表 5-4	我国比较职业教育研究资料分析方法的运用频率	32
表 5-5	我国比较职业教育研究范式与资料收集、分析方法的相关性	33
表 5-6	国外比较职业教育研究分析框架的运用情况	34
表 5-7	国外比较职业教育研究范式的运用频率	35
表 5-8	国外比较职业教育研究资料收集方法的运用频率	35
表 5-9	国外比较职业教育研究资料分析方法的运用频率	36
表 5-10	国外比较职业教育研究范式与资料收集、分析方法的相关性	37
表 5-11	我国比较职业教育研究主题与运用方法的现状	42
表 5-12	国外比较职业教育研究主题与运用方法的现状	43
表 8-1	多方比较模型表	100
表 8-2	德国、美国、日本、中国的技能战略与经济生产体制比较分析	113
表 8-3	德国、美国、日本、中国的职业教育参与意愿与类型地位比较分析	113
表 8-4	特定层面划分背景下的四大维度	114
表 8-5	不同国家职业教育系统的比较分析	115
表 9-1	德国调研企业及访谈对象资料	143
表 9-2	我国现代学徒制试点院校合作企业及访谈对象	144
表 9-3	方法—流程矩阵:混合研究方法设计的类型	150

序:青衿之志,履践致远

在经过硕士三年的上下求索、博士四年的潜心钻研、工作三年的精耕细作之后,天聪的学术专著《比较职业教育研究方法论》终于要付梓了。作为他的博士研究生导师,也作为长期专注于比较职业教育研究领域的老一辈研究者,我倍感欣慰。看到天聪这部筹划多年的鸿篇巨制,就像是自己写完了一部期待多年的作品一样。

我是比较教育学科出身。1987年后我在华东师范大学国际与比较教育研究所相继获得硕士与博士学位,又先后去往英国伦敦大学与美国加州大学伯克利分校访学,从事职业教育比较研究。2002年8月回国后,在新组建的华东师范大学职业教育与成人教育研究所担任首任所长。在国内首创了"比较职业技术教育"研究方向与"比较职业技术教育"研究生课程,并出版了我国首部《比较职业技术教育》专著。在长期的研究与工作实践中,积极探索比较教育与职业教育的交叉研究领域,在比较职业教育研究领域逐渐形成较为稳定的研究方向,完成了系列研究课题。

2016年,天聪作为应届硕士毕业生从南京师范大学考入华东师范大学,进入我门下学习。纵有青衿之志,履践方能致远。无论梦想有多远大,都需要用脚步去丈量,研究亦是如此。在我给硕士生主讲的"比较职业技术教育"课堂上,天聪担任助教,并积极参与课堂探讨。读博期间,天聪在《教育研究》《教育发展研究》《比较教育研究》等高水平杂志上发表了一系列学术论文,其中不乏比较职业教育研究领域的精品之作。2019年,天聪表达了想去国外访学的想法,我帮其联系了国际比较职业教育研究领域知名专家Matthias Pilz教授。在德国科隆大学半年访学期间,天聪不仅顺利完成了博士学位论文,而且与访学导师合作完成了一篇学术论文,还每个月坚持为《职教通讯》杂志撰写卷首语,其执着之精神、勤奋之程度着实可嘉。2020年,天聪博士毕业之后去往南京师范大学工作,仍继续在比较职业教育研究领域展开探索。天道酬勤,一分耕耘,一分收获。2022年,悉知天聪申报的书稿《比较职业教育研究方法论》获批江苏省社科基金后期资助项目,我由衷地为他感到高兴。

方法论是历代哲学家、科学家关注的跨越时空的永恒哲学命题。关于方法论的研究曾在20世纪80年代掀起热潮,而职业教育研究领域关于方法论的探讨尚不多见。对青年学者而言,探究比较职业教育研究方法论这样一个极富挑战的命题,着实需要一定勇气、积累与毅力。我对方法论问题的关注始于20世纪末。1997年,我所主持的全国哲学社会科学青年基金项目"比较教育理论与方法系统研究",从方法论层面对比较教育研究展开系统探索与梳理,所以深知方法论研究的难度与挑战。

改革开放以来,随着职业技术教育学科的全面复兴,比较职业教育研究随之成为一个新兴领域,并涌现出一批有代表性的比较职业教育研究学术专著,但尚未有专门探讨比较职业教育研究方法论的学术专著。现实状况是,不少学者感受到比较职业教育研究方法的匮乏,却尚未深入探讨过方法论问题。从方法论角度探讨比较职业教育研究水平提升路径具有极为重要的现实价值与意义,不仅可以为比较职业教育研究方法的应用找到理论根源,而且可以帮助我们在更高的理论层次上把握比较职业教育研究特有的方法论科学。《比较职业教育研究方法论》一书直面我国比较职业教育研究领域长期存在的方法贫瘠问题,以方法论为切入点对比较职业教育研究展开系统反思。

本书首次在国内提出,比较职业教育研究领域需要一场"方法论革命",并从方法论层面系统反思了比较职业教育研究方法运用问题,开拓了国内比较职业教育研究的方法论新域,推动比较职业教育研究领域进入发展新阶段,为完善比较职业教育研究领域理论体系做出重要贡献。依据方法论各要素概括程度、适用范围和层次水平的不同,本书提出,比较职业教育研究方法论是以比较职业教育研究方法为研究对象的理论体系,以多层次、多类型的立体、多面、有机联系的形式存在,从上到下依次为哲学层方法论、比较原理层方法论和社会科学层方法论。在这种划分的基础上,对每一层次方法论的构成进一步做出划分。本书对方法论系统结构的这种勾划,为不同类型比较职业教育研究方法的选择提供了方法论的框架,也为学界从总体上把握比较职业教育方法论提供了创造性的理论见解与实践指南。品读下来,本书具有如下特点:

一是观点立场鲜明,逻辑结构清晰,论理深入浅出,具有突出的思想性。对方法论的认知不能局限在工具层面,还应该深入理论层面进行探讨,从而推动比较职业教育研究领域的知识积累与创新。针对比较职业教育研究领域普遍存在的问题,本书超越了泛泛而谈的传统研究思路,从元研究的视角切入,探讨对方法本身的研究。本书致力于对比较职业教育研究进行方法论层面的系统探讨,提出立足于社会科学研究范式,推进比较职业教育研究的方法论革命,并就比较职业教育研究的方法论转向、方法论之问、方法论体系展开层层递进、抽丝剥茧式的分析,对于从根本上提升比较职业教育研究领域水平提供了方法论层面的依据。

二是问题源于实践,归因反映实践,应用回归实践,具有显著的实践性。以问题为导向是比较职业教育研究的重要价值取向,体现出比较职业教育研究对实践的深刻关怀。本书源于对比较职业教育研究领域成果深度不足这一现实问题的反思。然而,无论是普遍意义上的社会科学研究方法论书籍,还是比较教育研究方法论书籍,都无法提供指向比较职业教育研究问题有效解决的方法论指南。通过对现有成果方法运用现状的检视,本书从方法意识、方法思维、方法能力等方面展开方法论归因,而后从哲学层、比较原理层、社会科学层提出有针对性的问题解决方案。

三是行文简洁明畅,表达言之有物,语言平实质朴,具有较强的指导性。以往不少关于方法论的书籍更关注对象科学,即关注对研究对象的认识,主要回答认识世界的问题。本书虽然是对比较职业教育研究的方法论探究,但并未局限于纯理论式的原理、概念分析,而是始终以行动为导向,致力于为比较职业教育研究者提供理论层面的方向指引与实践层面的操作指南。难能可贵的是,本书分别针对量化研究方法、质性研究方法和混合研究方法在比较职业教育研究领域的应用撰写了操作流程,并结合案例做了进一步的解析,具有较强的实际指导价值。

星星之火,可以燎原;涓涓细流,可汇成河。期待天聪的这部诚意之作,引发更多学者对比较职业教育研究方法论领域的关注与探究。当然,人无完人,金无足赤。比较职业教育研究方法论的探索是一个无止境的过程,天聪这部专著同样存在可斟可酌之处,还须百尺竿头,更进一步。我同他一样,真诚期待各位学者不吝赐教。

谨为序。

华东师范大学终身教授、职业教育与成人教育研究所名誉所长
2023年2月28日

上篇

比较职业教育研究的方法论转向

比较是人类认识世界的基本方法,当这种方法被系统地用来认识职业教育现象、揭示职业教育规律时,就形成了比较职业教育研究领域。比较法将不同时空的、看似距离遥远的不同研究对象、不同社会以及不同过程等放在一起,让它们彼此碰撞。[①] 对比较职业教育研究而言,比较可以提供一种新的研究视角,帮助我们透视不同国家和地区职业教育办学实践的异同点,并为推进本土职业教育改革与发展提供借鉴参考。然而,长期以来,比较职业教育研究深度不够、水平不高的顽疾一直存在,这不仅是一个表面意义上的方法问题,更是一个深层意义上的方法论问题。推进新时代比较职业教育研究创新发展,离不开系统的方法论层面的思考。

---

① 奥利维耶·雷穆,等.社会科学研究比较法[M].王晓瑞,译.北京:中国社会科学出版社,2019:1.

第一章 比较职业教育研究领域的学术谱系

与其他研究领域相比,比较职业教育研究领域的知识积累与创新并不突出。究其原因,主要在于缺乏有深度的比较职业教育研究。为改变这一局面,关键在于厘清比较职业教育研究的学术定位。作为交叉学科研究领域,比较职业教育研究拥有职业技术教育学和比较教育学两个母学科。而两个母学科同属社会科学研究范畴,这就意味着,比较职业教育研究同样需要遵循社会科学研究范式。

第一节 定位不清制约比较职业教育研究领域深度拓展

随着教育研究领域整体水平的不断提升,比较职业教育研究领域越来越呼唤有深度的研究成果。然而,当前阶段,比较职业教育仍然缺乏有深度的研究成果,解决这一问题的关键是明确比较职业教育研究的学术定位。

一、时代呼唤有深度的比较职业教育研究

只有读得懂时代,我们才能跟得上时代,也才能对得起我们所正在经历的时代,研究亦是如此。随着时代的变革,学界越来越呼唤有深度的比较职业教育研究。其一,深度研究是当下教育研究范式变革的重要趋势。教育研究范式的变迁也必将推动比较职业教育研究范式的变迁,越来越呼唤有证据支撑的比较职业教育思辨研究以及有理论视角的比较职业教育实证研究,并产出有深度的比较职业教育研究成果。其二,深度研究是推动中国比较职业教育研究走向世界的核心力量。新时代中国比较职业教育研究面临的使命不再只是借鉴西方先进职业教育办学经验,而是努力"讲好中国故事",推动中国职业教育研究与西方话语体系世界的平等对话。其三,深度研究是提高比较职业教育研究服务决策咨询能力的基本前提。比较职业教育研究的成果除了其理论价值之外,还具有实践价值,尤其是对于职业教育科学决策具有重要的现实价值与意义。当然,比较职业教育研究成果应用于决策咨询的前提仍旧是深度研究,否则将很难产生真正的转化应用价值。

二、有深度的比较职业教育研究仍然缺乏

自从比较职业教育研究成为一个重要的研究领域以来,翻译介绍国外职业教育办

学经验就成为该研究领域的典型特征。在比较职业教育研究的起步阶段,这种研究范式对于我们了解国外职业教育改革趋势,明确国内职业教育改革方向,发挥出一定的推动作用。然而,伴随着整个教育研究领域科学化水平的不断提高,比较职业教育研究领域也必将进入一个新的发展阶段。传统的浅尝辄止式的"翻译式"研究逐渐面临"合法性"危机,相比之下,深度研究的缺乏成为提高比较职业教育研究水平不得不面对的挑战。由于深度研究的缺乏,比较职业教育研究很难形成内聚力,无论从横向的相关性来看,还是从纵向的连续性来看,比较职业教育研究成果尚未形成一个紧密联结的知识体系。长此以往,深度研究缺乏导致比较职业教育研究领域知识积累与创新不足。而且,如果仅有国别研究的经验基础,而没有通过国家比较形成的概念、理论和话语,很容易造成比较职业教育研究"有器无道"的局面。器物层面的研究可以为优化本国职业教育办学实践提供一定参考,却很难从根本上提高本国职业教育研究的国际影响力。也正是在此意义上,要想成为具备全球影响力的职业教育强国,需要更有深度的比较职业教育研究。

三、比较职业教育研究深度拓展的前提是定位明确

为找到制约比较职业教育研究深度的症结,需要从定位层面追本溯源。定位这一概念最早用于生物学领域,后来定位一词又被广泛应用到航海学、航空学等领域中,如定位与电子地图技术的融合,开发出了可以提供无人操纵技术的巡航导航系统。

在中文语境中,《现代汉语词典》对定位概念做出了比较权威的解释:一是通过运用一些专业的仪器设备来确定物体所在的地理位置,体现的是一种行为;二是通过仪器测量而确定的物体的地址位置,体现的是测量的结果;三是将事物置于恰当、合适的位置并对此作出评价。① 在第一种解释中,定位一词是动词,表示的是一种寻找确定位置的过程;在第二种解释中,定位一词是名词,表示的是一种找到确定位置的结果。在第三种解释中,定位一词是形容词,表示的是对定位准确与否的一种评价。

在西文语境中,定位一词被广泛应用于商业领域,对定位概念做出比较权威解释的是国际营销大师里斯(A. Ries)和特劳特(J. Trout),他们在1972年提出著名的"定位理论",并将定位解释为"如何让某种事物在潜在客户的心智中留下与众不同的印象","在顾客头脑中寻找一块空地,扎扎实实地占据下来,作为'根据地',不被别人抢占","令你的企业和产品与众不同,形成核心竞争力;对受众而言,即鲜明地建立品牌"。②

如今,定位一词的外延进一步拓宽,已经广泛应用于经济学、社会学、教育学等各个领域。如德国哲学家谢林(F. W. J. von Schelling)所言,如果一个人要研究一门特定的科学,那么他必须了解以下方面:首先,这门科学在那个整体中处于什么地位,那个赋予

---

① 中国社会科学院语言研究所词典编辑室.现代汉语词典[Z].6版.北京:商务印书馆,2015:308.
② 艾·里斯,杰克·特劳特.定位:有史以来对美国营销影响最大的观念[M].谢伟山,苑爱冬,译.北京:机械工业出版社,2014:3.

这门科学以生命的特殊精神是什么东西;其次,这门科学是通过怎样的发展方式而与整体的和谐构造结合在一起?① 同样的道理,为了找到比较职业教育研究的学术定位,需要对该研究领域的内在结构做出系统剖析,并在更广泛的研究"坐标系"中帮助其找到合适的位置。

第二节 明确比较职业教育研究交叉学科研究领域定位

理解一个领域的构成的最好方法之一,是将它与另一相似的领域进行比较,并揭示其中所存在的差异,这是因为比较不仅有助于我们理解别人,更重要的是有助于认识我们自身。② 为了深入探索比较职业教育研究领域定位,同样需要考察其与其他相似研究领域的关系。从研究领域构成方式来看,比较职业教育研究领域属于比较教育研究与职业教育研究的交叉研究领域。比较教育学和职业技术教育学都是比较职业教育研究的母学科,因此,有必要分别考察比较职业教育研究与比较教育研究、职业教育研究的关系。

一、比较职业教育研究与比较教育研究的关系

与比较教育研究相比,比较职业教育研究同样包含了比较二字。从历史渊源来看,在比较职业教育研究尚未真正成为一个独立的研究领域之前,相当一部分研究工作都是由传统的比较教育学者承担的。彼时,比较职业教育研究被看作是比较教育众多研究领域的一个分支。在比较职业教育研究领域建立初期,比较教育学者的这种有益探索,对于了解国外职业教育历史变迁与最新发展趋势做出了重要贡献。从研究属性来看,"比较"为比较职业教育研究领域的界定提供了"质的规定性",即将比较的逻辑贯穿于该研究领域的任何一项工作中,这是该研究领域成立的基本前提。这一研究属性的存在,将比较职业教育研究与其他领域的职业教育研究区分开来。比较职业教育研究的逻辑强调,在同一研究中观察和分析的显性或隐性对象一般不少于两个,比较的主要目的是找出不同研究对象之间的异同点,总结这种比较分析背后所遵循的规律,探讨其对于丰富职业教育理论或者改进职业教育办学实践可能带来的启示。

二、比较职业教育研究与职业教育研究的关系

与职业教育研究相比,比较职业教育研究同样包含了"职业教育研究"几字。这意味着,比较职业教育研究同样将职业教育作为重要的研究对象。在该意义上,比较职业

---

① 谢林.学术研究方法论[M].先刚,译.北京:北京大学出版社,2020:84.
② 尼考劳斯·扎哈里亚迪斯.比较政治学:理论、案例与方法[M].宁骚,欧阳景根,等译.北京:北京大学出版社,2008:3.

教育研究与一般意义上的比较教育研究存在本质上的区别。而且，职业教育可以为比较职业教育研究提供基本的概念或理论背景。与职业教育研究其他领域相比，比较职业教育研究是唯一带有方法论标签的领域。然而，如果仅仅将比较职业教育研究简化为一种方法论，而不是具有独立意义的研究领域，会将比较职业教育研究归入比较方法论研究的宏大范畴之中，从而造成其研究领域边界的模糊化与扩大化。无论是研究经典著作，还是有选择地系统探讨当代的比较研究文献，吸引着方法论学者的一个又一个题目，诸如分类、选择变量、选择指标、确定各种联系等都已证明，要根据这些程序的大量抽象概念或理论假设去讨论这些项目，都是不可能的。[①] 这带给我们的启示是，对于比较职业教育研究而言，不可脱离职业教育这一对象世界，正是在职业教育的概念或理论体系中，才会决定研究者选择什么作为自变量、因变量，以及可能采取何种研究路径、运用何种研究方法、得出何种研究结论。

三、比较职业教育研究属于交叉学科研究领域

至此，关于比较职业教育研究领域的定位已经逐渐清晰，即比较职业教育研究属于比较教育研究和职业教育研究的交叉学科研究领域。从研究范式来看，比较职业教育研究必然要遵循其母学科的基本研究范式，这将成为揭开比较职业教育研究领域深度不足问题本质的重要线索。无论是比较教育研究，还是职业教育研究，都可归入社会科学研究的大类范畴之中。由于比较职业教育研究的母学科可以归属到社会科学研究范畴之中，这也就意味着，比较职业教育研究同样需要遵循社会科学研究范式。接下来，进一步对社会科学研究范式做出解释就显得尤为必要，可以为明确比较职业教育研究方向提供重要启示。

第三节 比较职业教育研究需要遵循社会科学研究范式

比较职业教育研究属于广泛意义上的社会科学研究范畴，需要遵循社会科学研究范式。由此，需要更加关注"为什么"层面的问题，而非"是什么"层面的问题。

一、社会科学研究与人文学科研究的区别

与自然科学研究相比，社会科学研究与人文学科研究的距离更近，在中国语境下，二者通常被统称为文科。而且，从实践层面来看，二者的边界也并不是很清晰。从机构设置情况来看，中国社会科学院除了拥有多个社会科学研究所之外，还下辖多个人文学科研究所。就研究层面而言，二者也存在一定程度的交叉。一方面，虽然社会科学研究

[①] 尼尔·J.斯梅尔塞.社会科学的比较方法[M].王宏周,张平平,译.北京：社会科学文献出版社,1992：268.

强调价值中立,但是也并非完全意义上的价值无涉;另一方面,越来越多的人文学科开始采用社会科学研究方法进行创新性的研究。

即便如此,社会科学研究和人文学科研究还是存在本质上的区别。与人文学科研究相比,社会科学研究的基本特点是,从客观存在的经验、现象与事实出发,进行基于证据的经验分析和实证研究,从中探索事物本身蕴含的基本规律,并对社会现象予以描述、解释和预测。一切既有的概念、命题、模型和理论的真理性,都有待于经验和事实的进一步验证,都以各个事物发生与沿革的时间、地点和条件为转移。[1] 质言之,对社会科学研究而言,真理是具体的,证据是检验真理的重要标准。

二、社会科学研究与人文学科研究提问方式的差异

相应地,社会科学研究与人文学科研究在提问方式上也存在重要差异。人文学科包括历史学、哲学、法学、文学等,以描述和思辨为主要手段,以回答"是什么"来表达应然,弘扬某种价值观,看重主观世界;社会科学包括经济学、政治学、社会学等,以跨时空的"比较"作为主要手段,通过实证检验具体的因果关系来回答"为什么",看重客观世界。[2]从研究程序来看,人文学科研究更倾向于以描述性的方式分析领域、阶段和特点等,一般不做因果判断,成果带有较强的个人主观色彩;社会科学研究强调假设与验证,追求因果式的结论,强调在前人研究基础上的创新,创新的关键在于新理论的提出,而新理论实际上指的是对因果关系的新发现或再认识。

三、社会科学研究范式下的比较职业教育研究提问方式

按照社会科学研究的基本范式,对比较职业教育研究而言,应该更加关注"为什么"层面的问题,而非"是什么"层面的问题。以"为什么"进行提问,答案必将是因果之解,这是拓展比较职业教育研究领域深度的重要前提。一般而言,提出一个"为什么"的问题,并通过实证方式验证其答案,要比描述"是什么"复杂得多,因此提问本身就带有一定的艰难性。虽然就此得出的实证结果可能会有争议和瑕疵,但是这种提问方式对于知识进步的贡献却是不可磨灭的。然而,就现状而言,现有的比较职业教育研究仍然以思辨范式为主,相关研究多停留在"是什么"层面的描述,缺乏对所比较事物内在发展规律的揭示,不重视因果判断,甚至很少产生具有一定说服力且有证据支撑的研究结论,也很难在知识积累基础上进行创新,以上种种是制约比较职业教育研究深度拓展的重要原因。当然,笔者在此并非为了抬高社会科学研究而贬低人文学科研究。目的主要在于,明确比较职业教育研究在整个研究领域中的定位,并找到接下来推动比较职业教育研究改革与创新的方向。

---

[1] 霍华德·威亚尔达.比较政治学导论:概念与过程[M].娄亚,译.北京:北京大学出版社,2005:2.
[2] 潘维.比较政治学理论与方法[M].北京:北京大学出版社,2018:7.

本章小结

　　随着教育研究领域科学化水平的整体提升，时代愈来愈呼唤有深度的比较职业教育研究。然而，相比其他较为成熟的研究领域，比较职业教育研究领域仍缺乏有深度的研究成果，在持续性知识积累与创新方面的表现并不突出，浅尝辄止式的"翻译式"比较职业教育研究面临越来越大的"合法性"危机。为拓展比较职业教育研究的深度，需要系统考察比较职业教育研究领域的学术谱系，对该研究领域的内在结构做出系统剖析，并在更广泛的研究"坐标系"中帮助其找到明确的位置。从研究领域构成方式来看，比较职业教育研究领域属于比较教育研究与职业教育研究的交叉研究领域。无论是比较教育研究，还是职业教育研究，都可归入广泛意义上的社会科学研究范畴。由于比较职业教育研究的母学科可以归属到社会科学研究范畴之中，这也就意味着，比较职业教育研究同样需要遵循社会科学研究范式。社会科学研究范式强调因果判断，更加关注"为什么"层面的问题，而非"是什么"层面的问题。由此观之，现有的比较职业教育研究仍多停留在"是什么"层面的描述，不重视因果判断，这是该领域研究深度不足的重要原因。为此，需要强化因果关系构建，更多关注以"为什么"为提问方式的解释性问题，寻求因果解释是拓展比较职业教育研究领域深度的关键所在。

第二章　中国比较职业教育研究的发展脉络

在正式探讨方法论之前,仍然有必要以文献综述的方式回顾中国比较职业教育研究的学术史,这无疑有利于进一步明确本书的学术定位。如有学者所言,撰写文献综述首先是为了尊重并真正进入一个学术传统,其次才是为他人提供文献检索的路线图,一篇文献的重要性并不在于文本本身,只有把它放到一个学术史的脉络中去,放到一个学术传统中去,才能真正理解这个工作。[①] 新中国成立至今,伴随着我国职业教育办学实践历程,作为一个研究领域存在的比较职业教育研究经历了萌芽期、建立期和发展期。

第一节　比较职业教育研究领域萌芽期

从新中国成立到改革开放前可界定为我国比较职业教育研究领域的萌芽期。在该时期,包括职业教育在内的整个教育领域呈现出向苏联学习的趋势。以教材翻译为主是该时期比较职业教育研究的重要特点,比较职业教育研究在该时期尚未成为独立研究领域。

一、新中国成立后向苏联学习的教育趋势

新中国成立以后,面临经济社会发展各领域百废待兴的局面,为了尽快恢复国民经济,国家在职业教育领域开展了一系列改革与探索,做出大力发展职业技术学校的重要决策,以加快职业教育的发展速度。彼时,由于复杂国际政治形势的存在,新中国在成立初期受到帝国主义的包围,诸多事业发展都受到了重要影响。在缺乏社会主义建设经验的情况之下,新中国开始了系统学习苏联经济生产模式的历程,教育界也呈现出全面向苏联学习的总体趋势。

二、以教材翻译为主的比较职业教育研究

在职业教育领域,新中国成立初期全面模仿苏联模式建立职业教育管理制度。在该阶段,大批苏联专家受聘来华指导职业教育办学,参与了一系列职业教育办学重要制

---

① 熊易寒.文献综述与学术谱系[J].读书,2007(4):83-84.

度的拟定，并在师资培训、教育教学等方面提供了大量业务指导与专题指导。彼时，新中国在中等专业学校设置、专业设置等方面都参考了苏联办学经验，由此大大提高了当时职业教育管理与实践的水平。此外，新中国还模仿苏联对教育教学制度进行了全面改革。例如，在教学组织和教学管理文件上，大量翻译引进苏联的已有成果。由此，在短期内提高了职业教育教学制度的科学化与系统化。再如，为进一步充实教学内容，提高职业教育教学水平，还大量引进了苏联中等专业学校的教材，并组织专家力量进行翻译出版。而后，随着中苏关系的恶化，对于苏联职业教育办学模式的学习随之中止，对于苏联职业教育办学经验的翻译介绍工作也随之中止。

三、比较职业教育研究尚未成为独立研究领域

在萌芽期，比较职业教育研究在我国尚未成为一个独立的研究领域，相关研究探索主要表现出以下三个方面的特征。其一，从研究队伍来看，尚未出现专门的职业教育研究者，该阶段所做的比较职业教育研究工作，主要围绕职业教育办学实践展开，因此，相关翻译研究工作主要由具有外语背景的专业人士承担。其二，从研究主题来看，由于在特殊时期与苏联的良好关系，大量研究工作以介绍苏联职业教育办学经验为主，且以翻译苏联教材为主，缺乏相关的比较职业教育研究学术专著。其三，从研究范式来看，该时期研究工作仍旧是以传统的翻译为主，相关理论和经验研究零星而不系统，严格意义上来说并不能算作比较职业教育研究，只能看作比较职业教育研究的初步探索。

第二节 比较职业教育研究领域建立期

从改革开放到20世纪末可界定为我国比较职业教育研究领域的建立期。在该时期，我国开始探索适合中国国情的职业教育发展道路，努力构建具有中国特色的职业教育办学模式。以学术编译为主是该时期比较职业教育研究的重要特点，比较职业教育研究在该时期开始成为独立研究领域。

一、改革开放后职业教育办学模式的探索

改革开放以后，我国各项教育事业全面复兴，职业教育办学事业也随之展开了一系列改革。1985年，《中共中央关于教育体制改革的决定》提出，全面恢复中等职业教育，明确职业教育在教育体系中的独立地位。随后，我们一直在竭力探索一条适合中国国情的职业教育发展道路。放眼世界各国的职业教育办学模式，可以说各有所长、各有特点，如德国、美国、澳大利亚等国都形成具有自身特色的职业教育办学模式。虽然不同国家在类别上与发展阶段上存在差异，但是一些欧洲国家的职业教育办学模式还是被

应用推广到发展中国家。[①] 在缺乏明确发展方向的背景之下,我国也一直在积极借鉴学习国外先进的职业教育办学模式,并努力探索将国外职业教育先进办学经验本土化的可能性,最终目标是构建出具有中国特色的职业教育办学模式。

二、以学术编译为主的比较职业教育研究

与以往相比,改革开放以后职业教育发展的突出特征是,许多发展是在科学研究的支撑下进行的,可称之为科学化发展。[②] 在此期间,不少人开始尝试将德国、日本、美国、澳大利亚、英国等国家职业教育办学实践经验引入国内,并尝试展开了一系列本土化办学探索与实践。伴随着这一历程,比较职业教育研究开始作为一个独立的研究领域出现,相关部门或学者对各国职业教育办学经验展开了系统研究,进而涌现出一系列代表性研究成果。为了迅速培养庞大的技术工人队伍,适应"四化"建设事业需要,帮助我国从事职业教育和技工培训工作的人员了解国外职业技术教育办学情况,国家劳动总局编写了《五国职业技术教育》,系统介绍了日本、印度、苏联、西德、美国职业技术教育概况。[③] 也有学者对职业教育最新发展趋势展开研究,在《当代职业教育改革探新》一书中,苏才系统介绍了当代职业技术教育动向、美国职业技术教育改革特色、苏联职业技术教育发展趋向、日本职业技术教育振兴创新和联邦德国职业技术教育成功之路。[④] 还有关于某一国家职业教育办学经验的国别研究,如中国企业管理协会编写的《西德职业教育》,介绍了西德职业教育考察报告、职业培训、徒工培训的双轨制、工业实践中的职业教育、德意志联邦共和国职业培训条例。[⑤]

三、比较职业教育研究开始成为独立研究领域

随着比较职业教育研究工作的系统推进,作为独立研究领域的比较职业教育研究在该时期诞生。这一时期的比较职业教育研究表现出以下三个方面的特点。其一,从研究队伍来看,比较职业教育研究人员不再局限于具有翻译背景的专业人士,而是出现涉及国家、协会、个体等各层面的职业教育专门研究人员。其二,从研究主题来看,不再局限于对苏联职业教育办学教材层面的翻译,而更多的是从学术角度探讨德国、日本、美国、英国、澳大利亚等职业教育发达国家的办学经验。其三,从研究范式来看,该时期研究工作虽仍然以翻译为主,但开始结合本土化实践自觉反思,有意识地根据本土办学实践需要编写相关资料,并积极借鉴吸收大量职业教育发达国家的办学经验。

[①] S. Billett. Vocational Education: Purposes, Traditions and Prospects[M]. New York: Springer, 2011: 4.
[②] 徐国庆. 从分等到分类——职业教育改革发展之路[M]. 上海:华东师范大学出版社, 2018: 9.
[③] 国家劳动总局培训局. 五国职业技术教育[M]. 北京:劳动出版社, 1981.
[④] 苏才. 当代职业教育改革探新[M]. 沈阳:辽宁教育出版社, 1990.
[⑤] 中国企业管理协会. 西德职业教育[M]. 石家庄:企业管理出版社, 1980.

第三节　比较职业教育研究领域发展期

21世纪初至今可界定为我国比较职业教育研究领域发展期。在该时期,我国在职业教育办学模式创新方面取得一定成就。比较意识增强是该时期比较职业教育研究的重要特点,比较职业教育研究在该时期正式成为独立研究领域。

一、21世纪以来职业教育办学模式的创新

21世纪以来,我国职业教育办学在经历了短暂的低谷期后,逐渐步入正轨,并进入快速发展期。该时期颁布了一系列推动职业教育改革发展的重磅文件,包括《国务院关于大力推进职业教育改革与发展的决定》(2002年)、《国务院关于大力发展职业教育的决定》(2005年)、《国务院关于加快发展现代职业教育的决定》(2014年)、《国家职业教育改革实施方案》(2019年)、《职业教育提质培优行动计划(2020—2023年)》(2020年)、《关于推动现代职业教育高质量发展的意见》(2021年)、《关于深化现代职业教育体系建设改革的意见》(2022年)等。2021年4月,全国职业教育大会召开,习近平总书记做出重要指示,李克强总理做出批示,为推动新时期中国职业教育现代化发展指明了方向。这一时期职业教育办学的显著特点是,不再盲目照搬,而是有选择地借鉴西方职业教育办学经验,并着力探索具有中国特色的职业教育办学模式。

二、比较意识增强下的比较职业教育研究

在该时期,除了教育部及各省市职业教育研究机构外,大批高校设立了职业技术教育学博士、硕士学位授予点,出现了大量职业教育专门研究人员,并产生一批有代表性的比较职业教育研究著作。石伟平教授的《比较职业技术教育》被认为是比较职业教育研究迈入新时代的重要代表作。该著作在历史研究部分,对职业技术教育发展史展开分析,梳理了古代、近代、现代职业技术教育发展脉络;在国别研究部分,对英国、德国、美国、日本等国的职业技术教育历史、现状与未来展开全面透视;在国际研究部分,对福斯特职业教育思想、战后世界职业教育发展趋势等做出分析;在比较研究部分,从国际比较角度对我国当前中职、高职发展中的问题做出解读,分析了制约我国职业教育发展的困境与出路,并提出了21世纪职业技术教育发展课题与展望。[①] 姜大源教授主编的《当代世界职业教育发展趋势研究》,从现象与本质分析的视角切入,分别从个案到共性、从个案到共识出发,总结出新世纪职业教育发展的重要趋势,并通过比较借鉴提出

---

① 石伟平.比较职业技术教育[M].上海:华东师范大学出版社,2001.

中国职业教育发展改革趋势的新走向。[①] 翟海魂教授等的《发达国家职业技术教育历史演进》以问题为逻辑主线,突破职业教育的传统研究范式,从历史的视角出发,从职业教育基本原理、职业教育课程与教学、职业教育心理学、中外职业教育史、比较职业教育、生涯发展等方面,系统分析了发达国家职业技术教育的演进轨迹,而且对发达国家职业教育发展过程中存在的主要问题进行了深入阐释,并提出可供我国职业教育改革发展参考借鉴的经验。[②]

三、比较职业教育研究正式成为独立研究领域

21世纪以来是我国比较职业教育研究进入快速发展的时期,该时期的比较职业教育研究逐渐进入成熟阶段。综合来看,该时期的比较职业教育研究同样呈现出三个方面特点。其一,从研究队伍来看,该时期的研究队伍更加趋向于多元化,不仅有来自教育行政部门的专门研究人员,而且有大批来自高校的专门从事比较职业教育研究的人员,还有部分拥有社会学、经济学、政治学背景的跨学科研究人员,比较职业教育研究队伍由此得到进一步壮大。其二,从研究主题来看,不再局限于民族国家的主题,而是涌现出历史比较、国际比较、中外比较等更加多样化的研究主题,进一步开阔了比较职业教育研究的视野。其三,从研究范式来看,比较职业教育研究不再局限于传统的史料翻译,而是具备了更多问题意识,并倾向于采用具有一定比较研究特点的分析框架,深入探讨其他国家和地区职业教育办学实践经验带给我国的启示。此时,比较职业教育研究已经出现了对于方法论的初步关注,但主要局限在对比较原理层面的关注,仍旧缺乏对比较职业教育研究方法论的系统思考。

本章小结

以文献综述的方式回顾中国比较职业教育研究的学术史,对于进一步明确探讨比较职业教育研究方法论的意义具有重要价值。新中国成立至今,伴随着我国职业教育办学实践历程,作为一个研究领域存在的比较职业教育研究经历了萌芽期、建立期和发展期。在比较职业教育研究领域萌芽期,包括职业教育在内的整个教育领域呈现出向苏联学习的趋势,以教材翻译为主是该时期比较职业教育研究的重要特点,比较职业教育研究在该时期尚未成为独立的研究领域。在比较职业教育研究领域建立期,我国开始探索适合中国国情的职业教育发展道路,努力构建具有中国特色的职业教育办学模式,以学术编译为主是该时期比较职业教育研究的重要特点,比较职业教育研究在该时期开始成为独立的研究领域。在比较职业教育研究领域发展期,我国在职业教育办学

---

① 姜大源.当代世界职业教育发展趋势研究[M].北京:电子工业出版社,2012.
② 翟海魂,等.发达国家职业技术教育历史演进[M].上海:上海教育出版社,2008.

模式创新方面取得一定成就,比较意识增强是该时期比较职业教育研究的重要特点,比较职业教育研究在该时期正式成为独立的研究领域。总体而言,我国比较职业教育研究对方法论的关注仍然不够,主要从比较原理层面做出初步尝试,而未能对比较职业教育研究方法论展开系统探讨。

第三章　国际比较职业教育研究的前沿趋势

随着全球化进程的不断加快,不同国家之间在职业教育领域的互动与交流变得日益频繁,传统的以西方为中心的比较职业教育研究话语体系逐渐发生变化,各国越来越重视在职业教育领域的平等对话,而且也越来越注重采用实证研究范式,尤其是对比较职业教育研究方法论问题给予了更广泛的关注。

第一节　从单向的模式推广到双向的经验互鉴

对比较职业教育研究而言,比较是看待问题的基本方法和视角,是研究的基本立场。从比较职业教育研究发展趋势来看,大体上可以划分为以单向的模式推广为特征的民族主义阶段和以双向的经验互鉴为特征的全球主义阶段。

一、以单向的模式推广为特征的民族主义阶段

从实践层面来看,工业革命最早发生于西欧国家,并随着交流程度的提高而影响到其他国家。就某种程度而言,现代意义上的职业教育,正是诞生于工业革命时期。从全球范围来看,在大规模工业生产对技术技能人才需求不断扩张的背景下,学校形态的职业教育逐渐取代学徒制成为职业教育办学的主流模式。随着第二次工业革命和第三次工业革命的爆发,职业教育办学模式逐渐趋于成熟。尤其是在二战以后,形成一批具有代表性的职业教育办学模式,如德国的双元制(Dual System)模式[1]、澳大利亚的TAFE(Technical and Further Education)模式[2]、英国的三明治(Sandwich Courses)模式[3]等。

---

[1] 在双元制模式下,一方面,学生具有双重身份,既是学校学生,又是企业学徒;另一方面,学习场所有两个,学生既可以在非全日制(部分时间制)职业学校接受与职业相关的理论教育,又可以在企业以学徒身份接受实践技能培训。

[2] TAFE模式是澳大利亚职业教育办学的重要模式,是南半球最大的高等职业教育系统,是国家职业教育与培训的主要提供者,也是全球最成功的特色鲜明的教育体系之一,每年能够提供数以千计的职业和非职业课程,这些课程大多是根据社会经济和商业生活发展需要而设计的,非常实用。

[3] 三明治模式是一种"理论—实践—理论"的人才培养模式,其实施方式是,在两学期之间,通过在校授课和到企业实习相互轮替的教学方式,实现以职业素质、综合应用能力为主的人才培养目标。此类课程由学习时间和与课程相关的工商业务或管理实习时间两部分构成,尤为注重对学生在真实工作场所复杂职业能力的培养。

由于不同国家在职业教育办学水平方面存在的客观差异,该阶段关于职业教育办学经验的交流自然是以发达国家的模式输出为主。正是在此背景下,比较职业教育研究长期处于以单向的模式推广为特征的民族主义阶段。其主要特征是,出于本国职业教育国际影响力提升的目的,以本国为中心,总结职业教育办学模式的对外输出经验。作为比较职业教育研究主体力量的发达国家学者,在话语体系上具有较为明显的西方中心主义风格,字里行间透漏的是职业教育发达国家的优越感,也时常会以"救世主"的姿态对发展中国家的职业教育办学实践"评头论足"。

然而,随着时间的推移,越来越多的研究表明,由于不同发展阶段国家在经济、政治、文化背景等方面存在的差异,很难将某一国家的职业教育办学模式"原封不动"地移植到其他国家。否则,很容易出现水土不服的现象。例如,巴拉巴什(A. Barabasch)提出,德国职业教育教师教育项目以其整合性闻名世界,政府通过立法保证了公司、工会和职业学校之间的紧密联系,并规定了学生和职业教育教师所需的教育和培训,然而,德国和加拿大在劳动力市场方面存在较大差异,导致无法直接移植德国的职业教育教师培养模式。[①] 不仅发达国家存在这种模式移植过程中的"水土不服"现象,在从发达国家向发展中国家推广职业教育办学模式过程中,同样会遇到类似问题。正如有研究表明,并不是所有特征的同行评议模式都可以转移到中国,在中国语境下,同行评议的概念需要做本土化处理。[②]

二、以双向的经验互鉴为特征的全球主义阶段

20世纪末,随着全球化进程的加快,不同国家之间的职业教育办学差距逐渐缩小,传统的以西方为中心的职业教育交流模式逐渐受到挑战,并越来越呼唤不同国家之间职业教育平等交流模式的建立。如有学者所言,在两个光源之间的干涉混合区域获得最佳光照,如果两个光源没有公共相交,则该区域消失。所以至少两个光源是必要的,如果不是的话,所呈现的只是一个立场,这个立场很快就成为一个帝国主义的、必要的强制性的指示,如果每个中心都声称自己是唯一的光之源,而光之源之外只有蒙昧主义。[③] 其意在强调,不同国家职业教育在理论与实践的交流中,应该基于对彼此的尊重展开合作。

在此背景下,比较职业教育研究话语体系逐渐发生转变,开始超越民族主义范畴,而进入以双向的经验互鉴为特征的全球主义阶段。这一阶段的典型特征是,不同国家以平等对话的姿态展开交流,互相借鉴彼此的职业教育发展经验,比较职业教育研究朝

---

① A. Barabasch, B. Watt-Malcolm. Teacher Preparation for Vocational Education and Training in Germany: A Potential Model for Canada? [J]. Compare: A Journal of Comparative and International Education. 2013,43(2):155-183.

② J. Li, M. Pilz. Transferring German Evaluation Policy to China: A Prospective Evaluation of Peer Review in TVET[J]. Comparative Education Review,2019,63(4):613-632.

③ M. Serres, B. Latour. Conversations on Science, Culture and Time[M]. Ann Arbor: University of Michigan Press,1995:121.

着对话的方向发展。对此,有学者提出,为明确新时期比较职业教育研究的方向,需要树立三元目的观(如图3-1所示)。① 由图3-1可知,比较职业教育研究目的主要包括理解、改进和相互学习,理解主要是对不同国家之间的职业教育办学模式差异产生清晰的认知,改进主要是指通过交流对话促进彼此职业教育办学实践的改善,而相互学习尤其强调不同国家职业教育办学经验的平等交流。

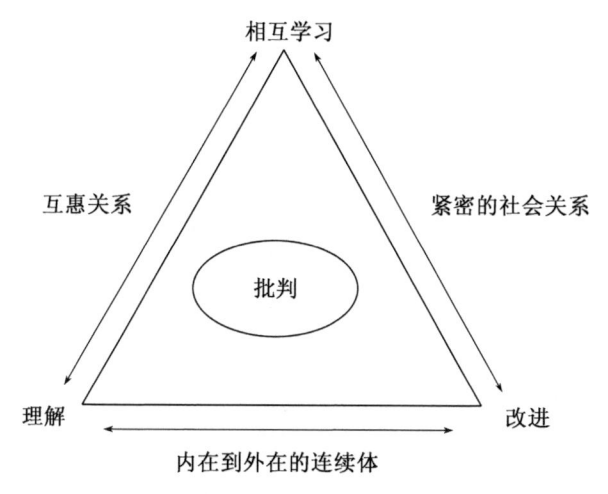

图 3-1 比较职业教育研究的三元目的观

第二节 从思辨研究范式向实证研究范式转型

近年来,在比较职业教育研究领域,从思辨研究范式向实证研究范式的转型是一个重要发展趋势。在不断推进社会科学研究范式革命的背景下,传统思辨范式比较职业教育研究逐渐陷入发展危机,与此同时,实证范式比较职业教育研究方兴未艾。

一、比较职业教育思辨研究范式的危机

范式概念最初由库恩(T. S. Kuhn)在《科学革命的结构》一书中所提出,范式是指一个科学共同体成员共用的东西,而反过来,科学共同体由共有一个范式的人组成。② 自提出以来,范式逐渐成为界定科学共同体与研究领域特点或阶段的重要概念。在比较职业教育研究领域,总体上来看,可以划分为思辨研究范式和实证研究范式。思辨研究范式对思辨能力有较高的要求,对比较职业教育研究者的挑战也较大。思辨的规范之处正在于"思"与"辨"的融合,论文写作有"思"无"辨",将缺乏穿透力;而论文写作有

---

① K. Evans. Comparative Vocational Education and Training Research: What Purposes Does it Serve? [M]// M. Pilz, J. Li(Eds.). Comparative Vocational Education Research: Enduring Challenges and New Ways Forward. Berlin: Springer, 2020: 3-19.
② 托马斯·库恩. 科学革命的结构[M]. 4版. 金吾伦,胡新和,译. 北京:北京大学出版社,2012:174.

"辨"无"思",即使"巧舌如簧",也会显得乏力。① 从现实来看,在比较职业教育研究领域,做好思辨研究绝非易事。

作为传统的学术研究范式,思辨研究范式长期在学术期刊发表中占据主流,但近年来越来越受到实证研究范式的挑战。很长一段时间,即便在国际比较职业教育研究领域,思辨研究范式都占据主流,文献法则是该研究范式较为常用的研究方法。大数据时代的到来以及全样本化研究数据的出现,都要求对比较职业教育研究进一步规范化与科学化,这是靠思辨研究范式所难以达到的。在比较职业教育研究领域,高质量的量化研究、质性研究和混合研究成果仍然相对较少。在实证研究范式浪潮的冲击之下,传统比较职业教育思辨研究范式已经越来越难适应时代发展的需要,比较职业教育研究领域从思辨研究范式向实证研究范式的转型就成为一股不可逆转的趋势。

二、比较职业教育实证研究范式的风靡

21世纪以来,在国际比较职业教育研究领域,从思辨研究范式向实证研究范式的转型进程愈来愈快。除了受到整个社会科学研究领域实证研究浪潮的影响之外,还在很大程度上源于实践层面的决策服务需要。以瑞士为例,瑞士除了具有发达的职业教育与培训体系之外,在比较职业教育研究领域的水平也相对较高。瑞士擅于借鉴他国的职业教育发展模式,并将其有效融入本国职业教育办学实践中。而且,更为重要的是,瑞士多采用实证研究范式来为优化职业教育与培训政策提供证据支撑。为解决职业教育与培训领域实证研究成果缺乏的问题,瑞士通过了《职业教育与培训法》,联邦专业教育与技术办公室建立了多个特殊的职业教育研究领域,以鼓励下一代学者继续开展研究工作,尤其是鼓励年轻研究人员在国内和国际上扩大研究交流,并加强与国际职业教育研究团队的合作。②

2009年,在瑞士联邦专业教育与技术办公室的支持下,《职业教育与培训实证研究》(Empirical Research in Vocational Education and Training)杂志正式创刊。在创刊词中,主编沃尔特(S. C. Wolter)谈到,需要对职业教育重新定位,职业教育能否满足既定的社会政治期望,不是一个可以通过政治意识形态话语简单阐明的问题,也不是对历史数据的简单描述或者理论模型的简单应用,回答所有关于下一步如何进行的问题就足够了,这就需要对现有模式和新的干预措施进行实证研究,并对全新的教育形式进行实验;这本新杂志的发表正值社会科学和心理学研究中广泛应用的实证方法取得重大进展之际;到目前为止,大多数现有的职业教育出版物都不重视实证研究,尤其是定量研究;因此,这本新杂志的一个特别目的是为那些使用现代经验方法和技术以及创新数据集进行职业教育研究的人员提供一个出版渠道;在这本杂志中,"如何"的问题将

---

① 郝天聪. 学术论文写作三论[J]. 职教通讯,2020(9):1.
② U. Renold. Empirical Research in Vocational Education and Training Editorial[J]. Empirical Research in Vocational Education and Training,2009,1(1):1-2.

和"是什么"的问题一样重要。如今,这本杂志出版已经超过10年,对整个职业教育研究领域产生重要影响,而且发表了大量比较职业教育实证研究成果,为推动比较职业教育实证研究范式的转型做出重要贡献。

第三节 比较职业教育研究方法论探讨之兴起

随着国际比较职业教育研究领域方法意识的不断增强,对于方法本身的探讨在20世纪末掀起一股潮流,不少国际比较职业教育研究者开始从元研究视角系统探讨比较职业教育研究的方法论问题。

一、比较职业教育研究方法论探讨的重要意义

从世界范围来看,随着全球化进程的不断加快,关于比较职业教育研究方法论的探讨逐渐兴起。之所以会兴起对方法论的探讨,主要是由于在比较职业教育研究实践中所经常遇到的误解、误用问题。如有学者提出,在比较职业教育研究中,许多分类模式的建立,特别是那些完全建立在单一维度上的模式,就像发出了一个开放的邀请,人们在此基础上形成其他背景下对职业教育真实状况的假设;有时这些假设是正确的,但有时也可能是错的,甚至完全可能误导人们。[1]

也有学者结合经济合作与发展组织(Organization for Economic Co-operation and Development,OECD)的一些研究指出,可以观察到这样一种现象,即对各国的统计数据进行比较时,其准确性从未受到质疑,而没有对这一目标比较的主题进行更详细的分析;以其中一个报告为例,OECD估计,拥有普通中等教育毕业证书(高中毕业)的学生在德国占该年龄段人口的22.6%,职业教育轨道的高中毕业生占该年龄段人口的65.9%,然后将两个数字相加得到最终获得毕业证书的学生占到相应人口的88.5%,而这些结果没有考虑到初级职业教育的学生或受训者有15%是高中毕业生,并持有普通中等教育毕业证书,如果把这个15%加在22.6%的基础上,那么这个结果就略高于德国官方的统计数字。[2] 造成这种错误的原因在于,对普通中等教育和职业教育的附加定义以及对该制度的认识不足。

由此可见,在比较职业教育研究领域,对世界各国职业教育进行比较所存在的复杂性和挑战性。如果想要进行更有效的比较,势必离不开对比较职业教育研究方法论的探讨。

---

[1] 格鲁曼·菲利普. 职业教育比较研究——方法论的思考[M]//菲利克斯·劳耐尔,等. 国际职业教育科学研究手册. 赵志群,等译. 北京:北京师范大学出版社,2013:165.

[2] U. Lauterbach, W. Mitter. Theory and Methodology of International Comparisons[R]. Luxembourg: Office for Official Publications of the European Communities, 1998:235-271.

二、比较职业教育研究方法论探讨的主要议题

自关于比较职业教育研究方法论的探讨形成一股潮流以来,不同学者从不同侧面对其做出了系统探讨。综合来看,对比较职业教育研究方法论的探讨主要集中在以下几个方面。

一是比较职业教育研究的一般假设。在进行关于比较职业教育跨文化或跨国界差异的研究时,往往会面临以下假设:职业教育是社会实践中一个多维度现象,有时各维度之间的联系是松散的;可以对职业教育的普遍规律、职业教育研究和政策讨论进行研究(如教育或跨国政策的实证研究);研究问题的形成以及数据和结果解读中存在关于文化投影的问题(类型建构);在语言、概念的敏感性和实证研究之间则存在着平衡问题。①

二是比较职业教育研究的标准选择。与其他比较类型研究相似,比较职业教育研究同样要解决标准问题。有学者以"苹果是否可以与梨或橙子相比较"为例对此做出形象比喻:两个物体的相似性不是由它们的结构相似性决定的。从逻辑上讲,比较只是建立两种价值之间关系的结果,这种关系不一定局限于建立相似性,当然也可以分析差异。与普遍的看法相反,只要存在一个有意义的比较标准(例如它们的果汁含量)或一个确定差异的标准(例如水果的形状),苹果可以与梨或橙子进行比较。② 在比较职业教育研究中,由于不同国家职业教育与培训体系的复杂性,同样需要关注这一问题,谨慎地选择比较标准。

三是比较职业教育研究与社会科学研究的关系。学者普遍认为,比较职业教育研究同样属于广泛的社会科学研究领域,不能将二者的关系割裂开来。比较方法在大多数社会科学研究中都很常见,包括比较经济学、比较政治学、比较心理学、比较社会学等。③ 而且,在宏观、中观和微观层面上对职业教育与培训系统进行国际比较时,也会用到量化研究、质性研究或混合研究等。

近年来,国际比较职业教育研究方法论探讨的一个趋势是,越来越强调对研究方法论理论与实践问题的关注,并朝着理论与实践融合的方向发展。对此,从 2018 年由德国科隆大学国际比较职业教育与培训研究中心承办的一次国际会议议题可窥知一二,该议题的名称是《迷失在职业教育与培训体系中? 比较职业教育研究的理论、方法与结果的现状与展望》(Lost in VET? Status Quo and Perspectives in the Research of

---

① 格鲁曼·菲利普. 职业教育比较研究——方法论的思考[M]//菲利克斯·劳耐尔,等. 国际职业教育科学研究手册. 赵志群,等译. 北京:北京师范大学出版社,2013:165.

② W. Hörner. Einführung: Bildungssysteme in Europa-Überlegungen zu einer vergleichenden Betrachtung [M]//O. Anweiler, U. Boos-Nünning, G. Brinkmann, D. Glowka, D. Goetze, W. Hörner, F. Kuebart and H. -P. Schäfer (Eds.). Bildungssysteme in Europa-Entwicklung und Strukturen des Bildungswesens in zehn Ländern. Beltz: Weinheim/Basel, 1996: 13 - 29.

③ U. Lauterbach, W. Mitter. Theory and Methodology of International Comparisons[M]// CEDEFOP (Ed.). Vocational Education and Training-the European Research Field, 1998:235 - 271.

Comparative VET Theories，Methods and Results），即不仅关注比较职业教育研究的理论与方法，还要关注基于方法的应用环节。[①]

综上所述，从国际比较职业教育研究趋势来看，近年来除了对比较职业教育研究方法的关注越来越多外，也有更多的学者开始关注比较职业教育研究方法论问题，这是新时期比较职业教育研究领域发展的重要趋向。

本章小结

在全球化背景之下，各国在职业教育领域的互动与交流逐渐变得更加频繁。传统的以西方为中心的比较职业教育研究话语体系开始发生变化，各国越来越重视在职业教育领域的平等对话。从比较职业教育研究发展趋势来看，大体上可以划分为以单向的模式推广为特征的民族主义阶段和以双向的经验互鉴为特征的全球主义阶段。民族主义阶段的典型代表是职业教育发达国家，其主要特征是，出于本国职业教育国际影响力提升的目的，以本国为中心，总结职业教育办学模式的对外输出经验。而随着全球化进程的加快以及不同国家职业教育办学差距的缩小，全球主义取代民族主义成为比较职业教育研究在新世纪的重要特征，不同国家以平等对话的姿态展开交流，互相借鉴彼此的职业教育发展经验，比较职业教育研究由此朝着对话的方向发展。从思辨研究范式向实证研究范式的转型也是一个重要发展趋势。在不断推进社会科学研究范式革命的背景下，传统思辨范式比较职业教育研究逐渐陷入发展危机，与此同时，实证范式比较职业教育研究逐渐兴起。此外，随着国际比较职业教育研究领域方法意识的不断增强，对于方法本身的探讨在20世纪末掀起一股潮流，不少国际比较职业教育研究者开始从元研究视角系统探讨比较职业教育研究的方法论问题。国际比较职业教育研究者深入探讨了比较职业教育研究的一般假设、标准选择、与社会科学的关系等议题，在科学推动比较职业教育研究领域发展上做出方法论层面的有益探索。

[①] M. Pilz. Preface[M]//M. Pilz, J. Li(Eds.). Comparative Vocational Education Research：Enduring Challenges and New Ways Forward. Berlin：Springer, 2020：199-220.

中篇
比较职业教育研究的方法论之问

通过对不同国家、地区的职业教育进行比较研究，可以为推动我国职业教育改革与发展提供动力。由前文可知，国际上比较职业教育研究领域对于方法论问题的关注日益提升。然而，关于何为比较职业教育研究方法论，仍旧没有达成共识。就字面意思而言，方法论通常被看作是关于方法的理论。为明确比较职业教育研究的方法论内涵，找到当前比较职业教育研究方法运用存在的问题，仍然有必要基于现有的中外比较职业教育研究成果，对其方法运用情况做一个现状检视。在此基础上，本书进而提出比较职业教育研究的方法论体系。

第四章 比较职业教育研究方法运用现状的研究设计

研究设计是在对以往研究全面把握的基础上提出的研究行动路线图,其科学程度直接影响着研究过程的顺利推进,更直接影响着研究结果的产生,以及研究结论的信度与效度。基于上述考量,在对比较职业教育研究方法运用现状展开研究之前,首先要对研究进行整体设计,明确研究对象与方法,进而形成清晰的分析思路。

第一节 教育研究方法现状分析的一般方法

随着教育研究的不断发展以及社会科学属性的不断增强,教育研究的科学性已经越来越大地依赖于研究方法的应用与完善,更多的教育研究者意识到研究方法对教育研究的重要性,研究方法的合理运用有助于提升教育研究的科学化水平。从现有研究来看,对教育研究方法现状的研究主要有两种,一种是通过内容分析,以文本、话语、文献内容或交流对话等为分析对象,从量化、质性或量化与质性结合的角度对已有文献内容进行编码次数统计、列联分析、非计算分析等。[1][2] 还有一种是采用文献计量的方法[3],借助文献的各种特征数量,采用数学与统计学方法来描述、评价和预测科学技术的现状与发展趋势。[4] 内容分析与文献计量的区别主要表现在研究对象、研究侧重点、研究步骤、应用领域等方面。[5] 因此,在进行研究之前,首先要根据研究对象,确定适合本研究的方法。

---

[1] 严凌燕.国际学者教育研究方法使用的基本特征与启示——基于《美国教育研究期刊》的分析[J].外国教育研究,2020(10):23-38.
[2] 王晶莹,弋草,尚巧巧.中外教师教育研究方法的比较研究——基于国内外十本教师教育期刊的文本分析[J].外国中小学教育,2019(11):57-64.
[3] 韩双森,谢静.国外教育研究方法的应用特征——基于2000—2019年34本教育学SSCI收录期刊的文献计量分析[J].高等教育研究,2021(1):68-76.
[4] 郑文晖.文献计量法与内容分析法的比较研究[J].情报杂志,2006(5):31-33.
[5] 朱亮,孟宪学.文献计量法与内容分析法比较研究[J].图书馆工作与研究,2013(6):64-66.

第二节　研究对象与方法

一、研究对象

本研究的中文文献主要来源于 2000—2020 年以"职业教育""比较""比较职业教育"等为主题词的发表在 CSSCI 来源期刊上的文章,剔除非学术类、文本信息不全、关联度不大的文献,共有 660 篇文献纳入分析范畴;英文文献主要来源于 2000—2020 年以"comparative""comparative education""vocational education"等为主题词的发表在 SSCI 期刊上的文章,剔除非学术类、文本信息不全、关联度不大、非英文类的文献,共有 50 篇文献纳入分析范畴。

二、研究方法

基于特定的研究目的,本研究的研究对象主要是 20 多年(2000—2020 年)来以比较职业教育为主题的中外文文献,旨在通过对这些文献的分析,深入挖掘当前比较职业教育研究方法运用的现状,并根据实际研究中存在的问题进行反思。在这个过程中,需要掌握的信息包括文献的外部形式特征,如作者信息、文献来源等;同时,也需要了解文献的内部内容特征,包括研究主题、分析框架、方法运用等。内容分析法适合分析多个领域的文本资料,意义在于它能对数据资料进行编码和分类,理清或探究资料中深层次、本质性的事实或趋势。[①] 文献计量分析旨在通过量化的方式对文献进行分析,并对研究对象的分布、发展趋势等进行预测。因此,本研究以文献计量法为主要研究方法,对比较职业教育研究方法的运用现状进行量化与质性结合、横纵交错的综合分析。

第三节　编码方案

为了对国内外比较职业教育研究方法运用现状展开深入分析,需要依据一定的标准开发编码框架,并在编码方案的指导下展开现状检视。同时,也需要考虑编码过程中其他需要注意的事项。

一、编码框架的开发

目前,教育研究中尚不存在对研究方法的统一划分标准。从已有研究来看,国外研究者主要将研究设计分为量化取向、质性取向和混合取向三种,并提出三种研究设计,

---

[①] 宋振峰,宋惠兰.基于内容分析法的特性分析[J].情报科学,2012(7):964-966+984.

分别包含了不同的具体探究过程,量化研究旨在检验客观理论,质性研究旨在探索和理解个人或群体归因于社会或人类问题的含义,混合研究则整合了量化和质性研究方法。① 国内研究者对于研究方法的划分也有一定的讨论,有研究者通过对已有教育研究方法的分析将研究方法划分为定量研究和定性研究两种类型②;也有研究者根据已有研究将教育研究方法划分为思辨研究、量化研究、质性研究和混合研究四种③;还有研究者将教育研究方法划分为思辨研究、量化研究和质性研究三类,每一类研究方法下还包含了不同的具体研究方法。④ 综合来看,可以将比较职业教育研究文献总体使用的研究范式分为思辨研究、量化研究、质性研究和混合研究四类。同时,可以结合巴比(E. Babble)提出的科学研究理论、资料收集和资料分析三个层面的区别性和关联性。⑤

本研究在对整体研究范式进行探究的基础上,进一步对资料收集的方法和资料分析的方法展开研究,具体编码框架如表 4-1 所示。

表 4-1 本研究的编码框架

研究范式	资料收集方法	资料分析方法
思辨研究	文献法	定性分析
量化研究	田野考察法	案例分析
质性研究	数据库法	内容分析
混合研究	量表(问卷法)	民族志
	实验法	文献计量
		统计描述
		统计推断

一般而言,每篇文章的研究范式为一种,但是收集资料和分析资料的方法却可以有多种,为了便于统计和分析,本研究对收集和分析资料的方法设置了优先级,即尽可能选择每篇文章中最主要的一种收集或分析资料的方法,当多种方法并存时,最多选择不超过三种方法。

二、编码的其他考虑

在以上编码框架的基础上,为了对比较职业教育研究发展的趋势、主题和作者特征与研究方法的关系进行探究,本书还对文献发表的年份、主题、作者职称、学校类别、研究主题进行了编码。其中,研究主题主要结合研究对象的实际情况以及通过 NoteExpress

---

① J. W. Creswell. Research Designs: Qualitative, Quantitative and Mixed Methods Approaches [M]. Thousand Oaks: Sage, 2014: 4-16.
② 郑日昌,崔丽霞. 二十年来我国教育研究方法的回顾与反思[J]. 教育研究,2001(6):17-21.
③ 姚计海,王喜雪. 近十年来我国教育研究方法的分析与反思[J]. 教育研究,2013(3):20-24+73.
④ 高耀明,范围. 中国高等教育研究方法:1979—2008——基于 CNKI 中国引文数据库(新)"高等教育专题"高被引论文的内容分析[J]. 大学教育科学,2010(3):18-25.
⑤ 艾尔·巴比. 社会研究方法[M]. 11 版. 邱泽奇,译. 北京:华夏出版社,2013:12.

进行的共词分析进行了调整,具体如表4-2所示。

表4-2 比较职业教育研究主题划分

研究主题	主要内容
职业教育发展	理念、内涵发展、动力因素、发展机制、教育质量、现代职业教育体系、类型教育等
教育与教学	教学改革、专业设置、教学资源、工学结合、职业道德教育、实习实训、现代学徒制、生涯教育等
课程改革	课程设置、课程体系、教材建设等
人才培养	高职教师、高职学生、师资队伍、双师型、创业就业、职业培训、技能形成等
办学模式	校企合作、职教集团、集团化办学等
职业教育与经济	产教融合、产业转型升级、区域经济、乡村振兴等
职业教育管理	管理机制、政策、评价、法制化、质量监测、教育经费、国家资格框架、职业教育治理等

本章小结

在对比较职业教育研究方法运用现状展开研究之前,首先要对研究进行整体设计,明确研究对象与方法,进而形成清晰的分析思路。通过对中外文献数据库的搜索,本书将研究对象确定为20多年(2000—2020年)来以比较职业教育为主题的中外文文献,旨在通过对这些文献的分析,深入挖掘当前比较职业教育研究方法运用的现状,并根据实际研究中存在的问题进行反思。在后续分析中,本书将以文献计量法为主要研究方法,对比较职业教育研究方法的运用现状进行量化与质性结合、横纵交错的综合分析。基于教育研究领域普遍采用的标准,本书确定了以研究范式、资料收集方法、资料分析方法为主要内容的编码框架。在以上编码框架的基础上,为了对比较职业教育研究发展的趋势、主题和作者特征与研究方法的关系进行探究,本书还对文献发表的年份、主题、作者职称、学校类别、研究主题进行了编码。

第五章 比较职业教育研究方法运用现状的主要发现

基于前面开发的分析工具,本章分别对比较职业教育研究方法运用的整体情况、趋势、研究主题与运用方法的交叉分析等展开系统探究。

第一节 比较职业教育研究方法运用的整体情况

一、我国比较职业教育研究方法运用的整体情况

(一)我国比较职业教育研究分析框架的运用情况

分析框架在比较研究中具有重要地位,起着"审视教育问题,做出解释乃至解决问题"[1]的功能,它为整个研究提供了清晰的概念框架并生成了比较研究的比较维度,具有"概念功能""结构功能"和"操作功能"。[2] 因此,在对比较职业教育研究方法的运用现状进行审视之前,首先要对现有文献研究分析框架的运用情况进行分析。通过对文献的分析,由表5-1可知,在660篇文献中,仅有49篇文献,即仅有7.42%的文献使用了分析框架,使用分析框架的文献研究主题多为中微观层面,如教育与教学、职业教育与经济等,分别占到该主题下文献的14.71%和15.25%。在使用分析框架的文献中,从研究范式上看,26.92%的量化研究文献使用了分析框架,16.67%的质性研究文献使用了分析框架,而在所有文献中运用最多的思辨研究范式中,只有6.49%的文献使用了分析框架。由此,可以看到,占据比较职业教育研究主流的思辨研究,对研究框架的使用较为匮乏,也就造成了一些思辨研究"述而不思,述而不辩"的现象,而只是对国外职业教育情况的简单翻译。更重要的是,仅从分析框架的运用情况来看,国内比较职业教育研究普遍缺乏方法论思维,这是制约比较职业教育研究水平提高的重要症结。

---

[1] 冯增俊,等.当代比较教育学[M].北京:人民教育出版社,2015:48.
[2] 埃德蒙·金.教育比较研究的分析框架[M]//赵中建,顾建民.比较教育的理论与方法——国外比较教育文选.北京:人民教育出版社,1994:232.

表 5-1 我国比较职业教育研究分析框架的运用情况

		总文献数	使用框架的数量	百分比
研究主题	职业教育发展	197	13	6.60%
	教育与教学	59	9	15.25%
	课程改革	30	1	3.33%
	人才培养	92	5	5.43%
	办学模式	72	5	6.94%
	职业教育与经济	34	5	14.71%
	职业教育管理	169	9	5.33%
研究范式	思辨研究	616	40	6.49%
	量化研究	26	7	26.92%
	质性研究	12	2	16.67%
	混合研究	6	0	0.00%

(二) 我国比较职业教育研究范式的运用情况

通过对 660 篇国内文献的分析可以发现，在 2000—2020 年间，国内比较职业教育研究的范式以思辨研究为主，采用思辨研究的文献占比较职业教育研究文献总量的 93.33%；其次为量化研究和质性研究，分别占比较职业教育研究文献总量的 3.94% 和 1.82%；占比最小的是混合研究，约占总文献量的 0.91%（如表 5-2 所示）。可以看到，思辨研究在我国比较职业教育研究中占据了绝对优势，超过 90% 的文献采用思辨研究，量化研究、质性研究以及混合研究的占比较小，这一结果与我国职业教育研究范式的运用情况大体一致。[1] 思辨研究占据主流地位的原因可能还与中国传统用文字表达观点、理论佐证论点的习惯密切相关。[2]

表 5-2 我国比较职业教育研究范式的运用频率

研究范式	n	百分比
思辨研究	616	93.33%
量化研究	26	3.94%
质性研究	12	1.82%
混合研究	6	0.91%
总计	660	100.00%

---

[1] 张慧,查强.我国职业教育研究方法之研究——基于 2012—2017 年 CSSCI 期刊文献的计量分析[J].高等工程教育研究,2018(3):186-195.

[2] 刘璐璐,林克松.近十年我国职业教育研究发展状况评析——基于博士学位论文的定量分析[J].当代职业教育,2021(1):74-80.

(三) 我国比较职业教育研究资料收集方法①的运用情况

在对文献整体研究范式进行分析的基础上,还需要对文献使用的具体方法进行分析。通过对文献内容的分析可以看到,660篇中文文献中,94.85%的比较职业教育研究采用文献法进行资料收集工作,即通过查阅文献资料来获取相应的研究数据;3.18%的比较职业教育研究通过数据库法,即通过引用权威数据库的现成数据或前人已有研究中的数据进行研究;还有1.06%和0.91%的研究通过量表(问卷法)和田野观察的方法进行数据收集(如表5-3所示)。可以看到,在比较职业教育研究中,研究者更多的会采用文献法来进行研究所需数据的收集工作,且这一方法占据的比例相当之大。少部分研究者会通过使用国内外的数据库或已有研究中的数据进行比较职业教育研究。同时,也可以看到,在比较职业教育研究中,研究者极少使用问卷法或是田野观察法来进行数据收集工作。此外,在收集到的660篇文献中,没有研究者采用实验法作为数据收集的方法。

表5-3 我国比较职业教育研究资料收集方法的运用频率

资料收集方法	n	百分比
文献法	626	94.85%
田野考察法	6	0.91%
数据库法	21	3.18%
量表(问卷法)	7	1.06%
实验法	0	0.00%
总计	660	100.00%

(四) 我国比较职业教育研究资料分析方法②的运用情况

在对资料收集方法运用的现状进行分析后,还需要对比较职业教育研究资料分析方法运用的现状展开分析。通过对文献内容的分析可以发现,90.30%的比较职业教育研究会采用定性分析的方法对收集到的资料进行分析;其次为案例分析和统计描述,分别占比3.79%和3.18%;还有少部分研究者会采用统计推断、内容分析和文献计量的方法对收集到的资料进行分析,分别占比1.52%、1.06%和0.15%;同时,从本研究的调查结果来看,没有研究者使用民族志的方式对资料进行分析(如表5-4所示)。

---

① 由于一些文献有时会使用多种资料收集方法,因此,为了便于统计分析,这里的资料收集方法仅统计最主要的一种。

② 由于一些文献有时会使用多种资料分析方法,因此,为了便于统计分析,这里的资料分析方法仅统计最主要的一种。

表 5-4　我国比较职业教育研究资料分析方法的运用频率

资料分析方法	n	百分比
定性分析	596	90.30%
案例分析	25	3.79%
内容分析	7	1.06%
民族志	0	0.00%
文献计量	1	0.15%
统计描述	21	3.18%
统计推断	10	1.52%
总计	660	100.00%

（五）我国比较职业教育研究资料收集和分析方法综合运用情况

在对现有文献资料收集和分析单一方法运用现状研究的基础上，还需要对比较职业教育研究中资料收集和分析方法综合运用的情况进行探究。这里的综合运用是指在一项研究中采用两种及两种以上的研究方法。通过对已有研究的分析可以看到，在全部660篇文献中，有60篇文献使用了两种资料收集方法，1篇文献使用了三种资料收集方法，综合运用资料收集方法的文献占文献总数的9.24%；有83篇文献选择了两种资料分析方法，9篇文献选择了三种资料分析方法，综合运用资料分析方法的文献占文献总数的13.79%。可以看到，一些比较职业教育研究者在研究时，注意到了综合使用多种资料收集和分析方法，以提升整个研究的丰富性、科学性、可靠性，但是这一比例仍然较小。进一步分析可以发现，在收集资料时，研究者通常以文献法为主要资料收集方法，并以数据库法为次要资料收集方法，进而为整个研究提供数据辅助支撑；在分析资料时，研究者通常以定性分析为主要资料分析方法，并以统计描述为次要资料分析方法，通过对所收集到的文献的定性分析和对数据库数据的描述统计处理，展开比较职业教育研究。

（六）我国比较职业教育研究范式与资料收集、分析方法的相关性

为了更深入地对我国比较职业教育研究方法运用的现状进行分析，还需要对研究范式与资料收集、分析方法之间的相关性进行探究，即明确不同的研究范式下，研究者对资料收集和分析方法的偏好及他们之间的关系。在对已有文献的研究范式、资料收集和分析方法进行编码的基础上，在 SPSS 25.0 中对数据进行处理，转化为 0、1 数据，0 代表未使用该方法，1 代表使用了该方法，并通过品质相关[①]分析对数据进行处理，得到如表 5-5 所示的结果。

---

① 品质相关用于表示 R×C(行×列)表的两个变量之间的关联程度。在编制心理测验、进行项目分析时，它是很常用的相关方法。这种相关因两个变量(因素)只划分为不同的品质类别，故而得名。品质相关处理的数据类型一般都是计数数据，而非测量性数据。

表 5-5 我国比较职业教育研究范式与资料收集、分析方法的相关性

		思辨研究	量化研究	质性研究	混合研究
资料收集方法	文献法	0.707***	−0.728***	−0.225***	−0.050***
	田野考察法	−0.294***	−0.019***	0.584***	−0.009***
	数据库法	−0.540***	0.718***	−0.025***	−0.017***
	量表(问卷法)	−0.328***	0.359***	−0.014***	0.146***
	实验法	/	/	/	/
资料分析方法	定性分析	0.713***	−0.618***	−0.300***	−0.184***
	案例分析	−0.233***	−0.040***	0.448***	0.065***
	内容分析	−0.032***	−0.021***	0.097***	−0.010***
	民族志	/	/	/	/
	文献计量	−0.146***	0.192***	−0.005***	−0.004***
	统计描述	−0.582***	0.642***	−0.025***	0.255***
	统计推断	−0.464***	0.612***	−0.017***	−0.012***

注：*** $p<0.001$

由表 5-5 可知，在思辨研究中，一般采用文献法进行资料收集，采用定性分析进行资料分析。在量化研究中以数据库法为最主要的资料收集方法，其次为量表(问卷法)，资料分析多采用统计描述和统计推断的方式。在质性研究中则主要采用田野考察法作为资料收集的方法，通过对采用质性研究文献的具体分析可以看到，研究者多采用田野考察法中的访谈法作为资料收集的主要方法，在资料分析方法中以案例分析为主要方法。在混合研究中，由于目前比较职业教育研究中采用混合研究的文献较少，因此可以看到各项之间的相关并不是很高，但是也可以发现，在混合研究中，一般采用量表(问卷法)和田野观察法进行资料的收集工作，采用案例分析和统计描述进行资料分析。可以看到的是，不同研究范式对应的往往是本研究比较典型的资料收集和分析方法，如案例分析常在质性研究中使用，统计描述和统计推断则通常出现在量化研究中，整体上对研究方法的综合使用仍然有待加强。同时，通过上面的分析，可以将我国比较职业教育研究主要运用的研究方法模式概为"思辨—文献—定性""量化—数据库—统计""质性—田野—案例"三种方法组合。

二、国外比较职业教育研究方法运用的整体情况

在了解了国内比较职业教育研究方法的运用情况后，还需要对国外的情况进行梳理，比较国内外比较职业教育研究方法运用存在的共性与差异，反思国内比较职业教育研究方法运用可能存在的不足。

(一) 国外比较职业教育研究分析框架的运用情况

通过对 50 篇国外比较职业教育文献研究分析框架的探索，由表 5-6 可以发现，在

50篇文献中,共有23篇文献,即46%的文献使用了分析框架,职业教育与经济、教育与教学、课程改革等中微观层面的主题,分析框架运用分别占到该主题下文献的100%、71.43%和66.67%。从研究范式来看,混合研究中使用分析框架的比例最高,占到了83.33%,仅有一篇文献未明确使用分析框架;其次是质性研究,占比46.15%,即接近一半的文献使用了分析框架。与国内类似的是,思辨研究作为使用最多的研究范式,在分析框架的使用上占比最小,为30.43%,约有三分之一思辨研究的文献使用了分析框架。

表5-6 国外比较职业教育研究分析框架的运用情况

		总文献数	使用框架的数量	百分比
研究主题	职业教育发展	9	4	44.44%
	教育与教学	7	5	71.43%
	课程改革	3	2	66.67%
	人才培养	15	5	33.33%
	办学模式	0	0	0.00%
	职业教育与经济	2	2	100.00%
	职业教育管理	10	5	50.00%
	其他①	4	0	0.00%
研究范式	思辨研究	23	7	30.43%
	量化研究	13	6	46.15%
	质性研究	8	5	62.50%
	混合研究	6	5	83.33%

(二) 国外比较职业教育研究范式的运用情况

通过对50篇国外文献的分析,由表5-7可以看到,国外比较职业教育研究范式以思辨研究为主,占到文献总量的46.00%,其次为量化研究,占到文献总量的26.00%,占比最小的是质性研究和混合研究,分别为16.00%和12.00%。可以看到,在国外比较职业教育研究范式中,思辨研究也是一种主流研究范式,几乎占到了调查文献总量的一半,量化研究、质性研究与混合研究相对思辨研究占比较小,但是与国内比较职业教育研究范式的情况相比,仍然占据相当大的比例。

---

① 由于国内外比较职业教育研究取向的不同,部分国外文献主题无法归入国内分类进行比较,因此列为其他项。

表 5-7 国外比较职业教育研究范式的运用频率

研究范式	n	百分比
思辨研究	23	46.00%
量化研究	13	26.00%
质性研究	8	16.00%
混合研究	6	12.00%
总计	50	100.00%

(三) 国外比较职业教育研究资料收集方法①的运用情况

在对国外比较职业教育相关文献整体研究范式进行分析的基础上,还需要对文献使用的具体方法进行分析。通过对文献内容的分析可以看到,50 篇外文文献中,64.00%的研究采用文献法进行资料收集工作,即通过查阅文献资料来获取相应的研究数据;16.00%的研究采用数据库法进行资料收集工作,即通过引用权威数据库的现成数据或前人已有研究中的数据进行研究;还有 10%的研究通过量表(问卷法)和田野观察的方法进行资料收集(如表 5-8 所示)。可以看到,在国外比较职业教育研究中,研究者更多的会采用文献法来进行研究所需数据的收集工作,文献法在资料收集过程中所占的比例已经超过了一半。另外,还有一些研究者会通过使用权威数据库、报告或已有研究、问卷法以及田野观察法来收集数据,进而展开比较职业教育研究。同时也可以看到,在国外比较职业教育研究中,同样没有研究者采用实验法作为数据收集的方法。究其原因,可能是由于比较实验本身的实施存在诸多困难,如跨国实验的被试招募、实验变量的设置、额外变量的控制等。

表 5-8 国外比较职业教育研究资料收集方法的运用频率

资料收集方法	n	百分比
文献法	32	64.00%
田野考察法	5	10.00%
数据库法	8	16.00%
量表(问卷法)	5	10.00%
实验法	0	0.00%
总计	50	100.00%

(四) 国外比较职业教育研究资料分析方法②的运用情况

在对国外比较职业教育研究资料收集方法运用的现状进行分析后,还需要对资料

---

① 由于一些文献有时会使用多种资料收集方法,因此,为了便于统计分析,这里的资料收集方法仅统计最主要的一种。

② 由于一些文献有时会使用多种资料分析方法,因此,为了便于统计分析,这里的资料分析方法仅统计最主要的一种。

分析方法运用的现状进行探究。通过对文献内容的分析可以发现,50.00%的比较职业教育研究会采用定性分析的方法对收集到的资料进行分析;其次为案例分析、统计描述和统计推断,分别占比16.00%、16.00%和14.00%;还有少部分研究者会采用内容分析对收集到的资料进行分析,占比为4.00%。从本研究的调查结果来看,没有研究者使用民族志和文献计量的方法对资料进行分析(具体结果如表5-9所示)。

表5-9 国外比较职业教育研究资料分析方法的运用频率

资料分析方法	n	百分比
定性分析	25	50.00%
案例分析	8	16.00%
内容分析	2	4.00%
民族志	0	0.00%
文献计量	0	0.00%
统计描述	8	16.00%
统计推断	7	14.00%
总计	50	100.00%

(五)国外比较职业教育研究资料收集和分析方法综合运用情况

在对现有文献资料收集和分析单一方法运用现状研究的基础上,还需要对国外比较职业教育研究资料收集和分析方法综合运用的情况进行探究。通过分析可以看到,在50篇文献中有20篇文献使用了两种资料收集方法,1篇文献使用了三种资料收集方法,综合运用资料收集方法的文献占文献总数的42.00%;有24篇文献选择了两种资料分析方法,5篇文献选择了三种资料分析方法,综合运用资料分析方法的文献占文献总数的58.00%。可以看到,在国外比较职业教育研究中,许多比较职业教育研究者在研究时,注意到了综合使用多种资料收集和分析方法,并通过资料收集和分析方法的综合使用提升研究整体的信效度。进一步分析可以发现,在资料收集时,与国内研究相似的是,研究者通常以文献法为主要资料收集方法,并以数据库法为次要资料收集方法,为整个研究提供数据辅助支撑。在资料分析时,研究者通常以定性分析为主要资料分析方法,次要资料分析方法中,定性分析同样占据一定的比例。同时,作为资料分析的重要方法,案例分析与统计描述在国外比较职业教育研究中得到使用。

(六)国外比较职业教育研究范式与资料收集、分析方法的相关性

在对研究范式、资料收集与分析的方法进行探究后,为了进一步深入了解国外比较职业教育研究方法运用的现状,还需要对研究范式—资料收集方法—资料分析方法之间的关系进行探究。这里对数据的处理与中文文献部分一致,故此不再赘述,通过品质相关分析得到结果(如表5-10所示)。

表 5-10 国外比较职业教育研究范式与资料收集、分析方法的相关性

		思辨研究	量化研究	质性研究	混合研究
资料收集方法	文献法	0.692***	−0.600***	−0.127	−0.108
	田野考察法	−0.308*	−0.198	0.582***	0.082
	数据库法	−0.403**	0.736***	−0.190	−0.161
	量表(问卷法)	−0.308*	0.258	−0.145	0.287*
	实验法	/	/	/	/
资料分析方法	定性分析	0.682***	−0.593***	0.000	−0.246
	案例分析	−0.293*	−0.259	0.405**	0.342*
	内容分析	0.221	−0.121	−0.089	−0.075
	民族志	/	/	/	/
	文献计量	/	/	/	/
	统计描述	−0.403**	0.612***	−0.190	0.007
	统计推断	−0.372**	0.549***	−0.176	0.028

注：*** $p<0.001$，** $p<0.01$，* $p<0.05$

由表 5-10 可知，在思辨研究中，一般采用文献法进行资料收集，主要通过定性分析的方式进行资料分析，少部分研究会采用内容分析对收集到的资料进行分析。在量化研究中，通常以数据库法为最主要的资料收集方法，其次为量表(问卷法)，而资料分析多采用统计描述和统计推断的方法。在质性研究中，则主要采用田野考察法作为资料收集的方法，在资料分析方法上以案例分析为主要方法。在混合研究中，与国内研究类似，可以看到，研究范式与资料收集和分析方法各项之间的相关度都不是很高。造成这一现象的原因主要是，混合研究作为一种量化与质性结合的研究范式，一般通过三种方式进行结合，第一种是同时收集和分析量化和质性研究的数据；第二种是在收集数据的过程中，以量化或质性方法中的一种作为基础收集另一种数据；第三种是将量化和质性数据相互转化。[1] 不同研究综合使用不同的研究范式和方法，使得混合研究不像另外三种研究范式一样具有鲜明的方法运用特点。但是也可以发现，在国外比较职业教育混合研究中，一般采用量表(问卷法)进行资料的收集工作，采用案例分析和统计推断进行资料分析。可以看到的是，不同研究范式对应的往往是本研究比较典型的资料收集和分析方法，如定性分析通常在思辨研究中广泛使用，对收集到的资料进行哲学解释、归纳演绎、迭代分析、回顾与综述等层面的分析。作为数据分析的重要方法，统计描述和统计推断则通常出现在量化研究中。但同时也可以看到，整体上对研究方法的综合使用仍然有待加强。同时，通过上面的分析，可以将国外比较职业教育研究主要运用

---

[1] 张绘. 混合研究方法的形成、研究设计与应用价值——对"第三种教育研究范式"的探析[J]. 复旦教育论坛，2012(5)：51-57.

的研究方法模式概括为"思辨—文献—定性""量化—数据库—统计""质性—田野—案例"三种方法组合。

第二节 比较职业教育研究方法运用的趋势

本研究将收集到的中外比较职业教育研究数据以四年[①]为一个时间段进行分段统计,分别对研究范式、资料收集方法和资料分析方法的纵向变化趋势进行研究。

一、我国比较职业教育研究方法运用的趋势

首先,如图5-1所示,在我国比较职业教育研究范式的运用上可以看到,虽然思辨研究的占比随着年份的变化呈现先降后升的趋势,但是20年间思辨研究始终是比较职业教育研究中使用最多的研究范式。可以看到,量化研究在2000—2008年间,在比较职业教育研究中几乎没有被使用;从2005年开始,一直到2016年,量化研究的使用占比不断增加,比较职业教育研究中出现量化研究的取向,这一研究范式的使用频率也呈现明显的上升趋势,此后开始呈现下降趋势。质性研究与混合研究在2005—2008年这四年间使用占比到达顶峰,而后混合研究呈现下降趋势,质性研究则在2016年后又开始呈现上升趋势,但总体来说,这两种研究范式在20年间的变化幅度不大,呈现一个相对稳定的使用频率。

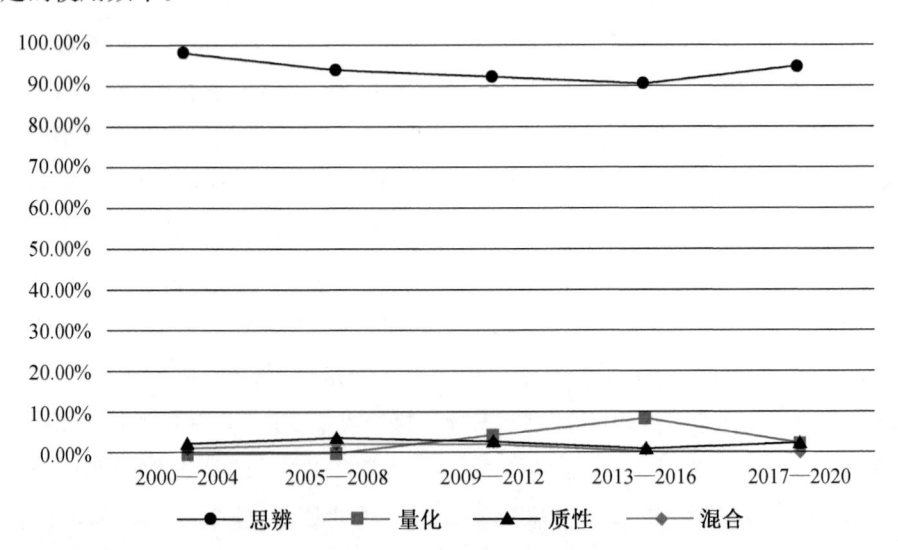

图5-1 2000—2020年我国比较职业教育研究范式运用的变化趋势

其次,如图5-2所示,在我国比较职业教育研究资料收集方法运用上,文献法始终占据头部地位,与思辨研究一样,呈现先降后升的趋势。同时,可以看到,数据库法在

---

① 由于2000—2004年发表论的数量较少,故该阶段为五年一个划分。

2005—2016年间呈现明显上升趋势,使用数据库法进行资料收集的研究占比不断增加,这一趋势与量化研究取向的盛行不无关系。田野考察法与量表(问卷法)整体上变化不大,使用频率相对稳定。

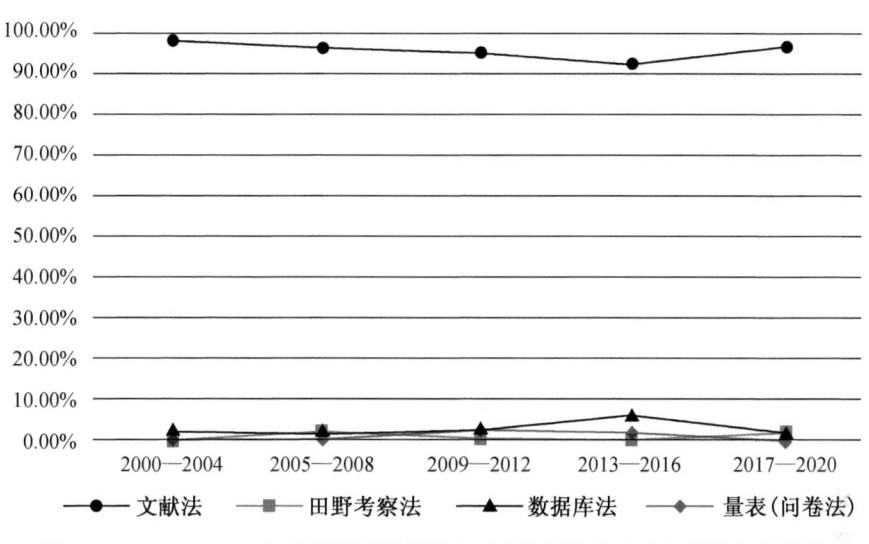

图5-2 2000—2020年我国比较职业教育研究资料收集方法运用的变化趋势

再次,如图5-3所示,我国比较职业教育研究20年来主要采用定性分析作为资料分析的方法,但是从图中也可以看到,定性分析法使用的比率呈现逐年下降的趋势,近几年来才开始有所回升。同时,还可以看到,统计描述、统计推断、文献计量三种资料分析方法在2016年以前呈现逐年上升的趋势,其中统计描述方法的上升趋势较为明显,但是在2016年以后开始回落;文献计量方法虽然在2016年以后呈现下降趋势,但是整体上呈现出较为平稳的运用频率。案例分析与内容分析两种质性研究中使用较多的资料分析方法呈现先升后降再上升的趋势。

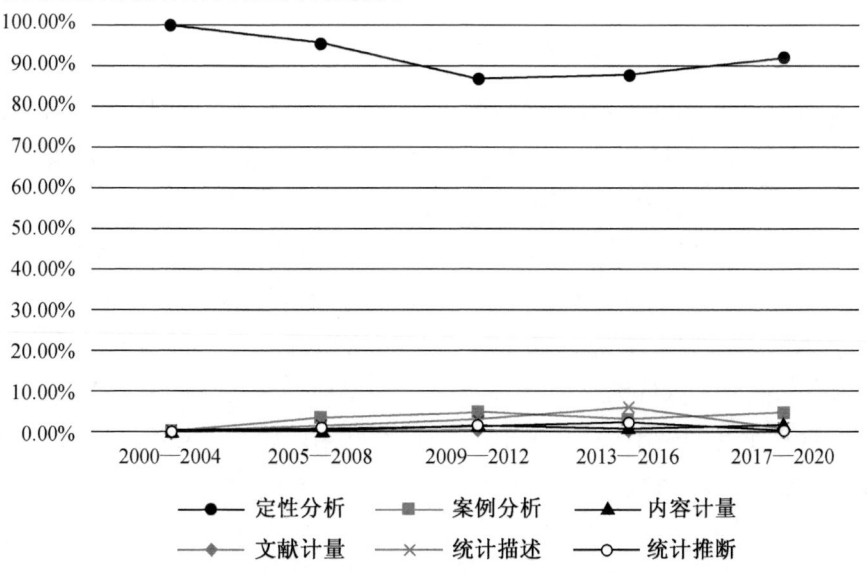

图5-3 2000—2020年我国比较职业教育研究资料分析方法运用的变化趋势

二、国外比较职业教育研究方法运用的趋势

首先,如图 5-4 所示,2000—2020 年间国外比较职业教育研究范式出现了较大的变化。思辨研究占比在 2000—2012 年间均呈现上升趋势,在 2012 年以后呈现断崖式下跌,但在 2016 年以后又出现明显的上升趋势。量化研究占比呈现波动式发展的态势,在 2000—2008 年间和 2012—2016 年间呈现突飞猛进的增长态势,而在 2008—2012 年间以及 2016—2020 年间则出现了暴跌态势。质性研究占比与量化研究占比一样呈现波动式发展的态势,但是整体的发展趋势与量化研究占比完全相反,即量化研究占比增长时,质性研究占比出现了下滑,量化研究占比下降时,质性研究占比又呈现明显的上升趋势。亦即,量化研究占比与质性研究占比呈现交替式发展的态势。混合研究占比则在断崖式下跌后呈现小步回升的态势,但是从 2016 年以后又开始出现轻微的下滑趋势。

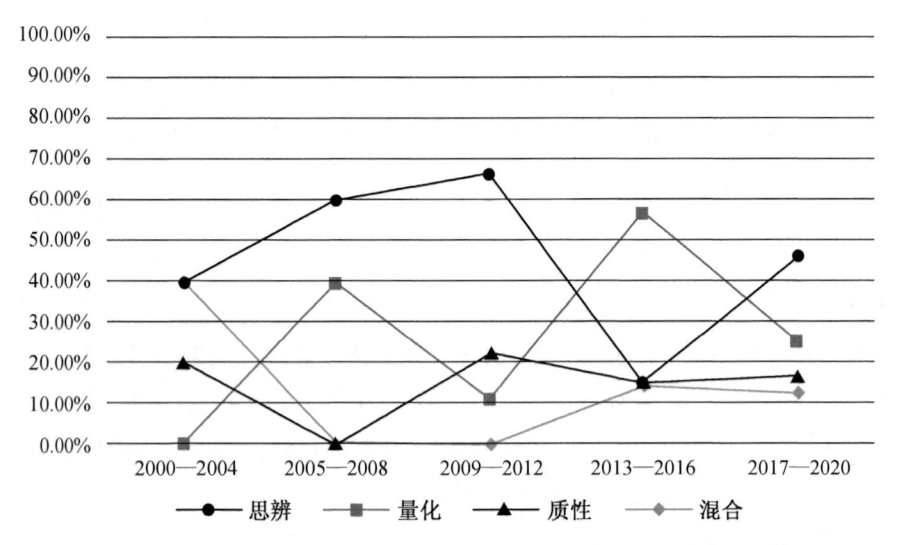

图 5-4 2000—2020 年国外比较职业教育研究范式运用的变化趋势

其次,如图 5-5 所示,2000—2020 年间国外比较职业教育研究在资料收集方法上出现了较大的波动。文献法占比整体上呈现波动趋势,在 2000—2008 年间呈现下降趋势,在 2008 年以后开始上升,在 2012 年到达顶峰后陡然下滑,在 2016 年到达谷底后又开始迅速上升。田野考察法占比从 2000 年起呈下降趋势,到 2005 年开始,占比持续为 0,直到 2012 年以后开始出现明显的上升趋势,但在 2016 年以后又开始下滑。数据库法占比从 2000 年开始迅速上升,在 2008 年到达顶峰,而后呈现陡然下降的趋势,并且占比一直保持在一个较低位置,但是在 2009—2012 年间到达谷底后持续呈现小幅上升的态势。量表(问卷法)前期占比一直为 0,到 2009 年以后开始上升,在 2013—2016 年间到达峰顶后又开始下降。

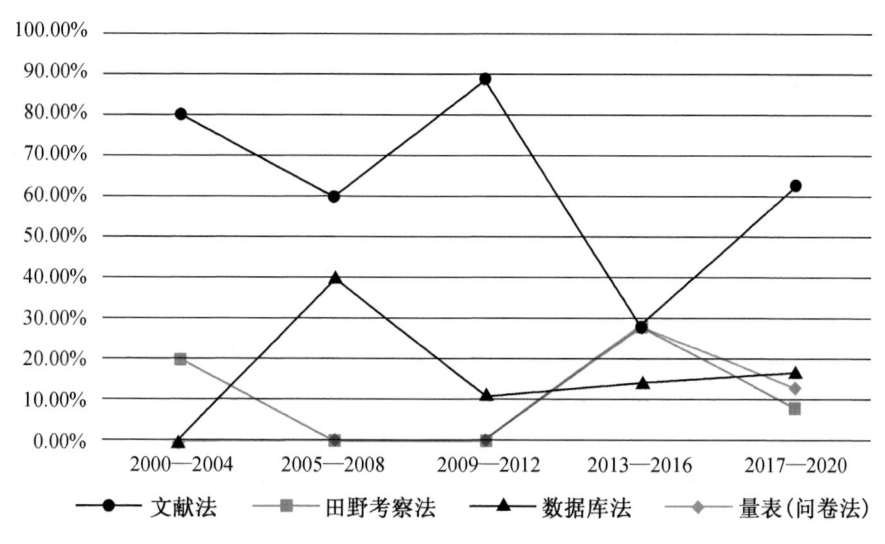

图 5-5　2000—2020 年国外比较职业教育研究资料收集方法运用的变化趋势

再次,如图 5-6 所示,国外比较职业教育研究资料分析方法运用呈现较大波动变化。定性分析占比从 2000 年开始呈现稳步下降的趋势,在 2016 年到达谷底后又出现了明显的上升。案例分析占比从 2000 年开始迅速下降,在 2005—2008 年间到达谷底后出现一波反弹,但是从 2012 年以后继续呈现持续的小幅下降趋势。内容分析占比一直呈现小幅的波动,在 2005—2008 年间开始上升,2009—2012 年间又开始下降,从 2016 年开始又呈现小幅的上升趋势。描述统计占比从 2009 年开始上升,在 2013—2016 年间到达顶峰,而后开始出现明显的下降趋势。统计推断占比在 2005—2008 年间到达顶峰,而后呈现断崖式下跌,在 2009—2012 年间到达最低点,而后保持相对稳定的发展态势,呈现持续的小幅上升趋势。

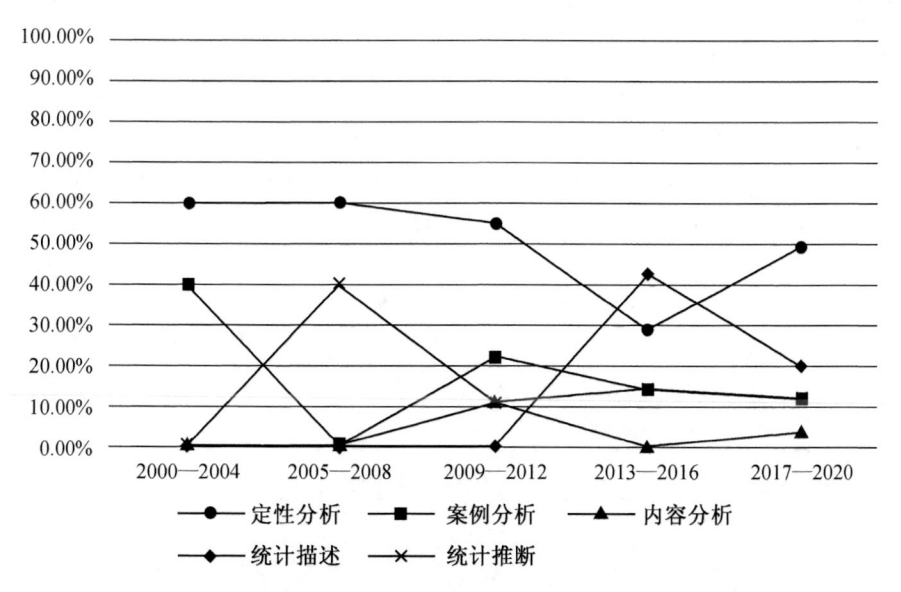

图 5-6　2000—2020 年国外比较职业教育研究资料分析方法运用的变化趋势

第三节 比较职业教育研究主题与运用方法的交叉分析

在对研究范式和资料收集与分析方法进行探究后,还需要对不同研究主题的比较职业教育研究与运用方法的关系进行交叉分析,以探究不同的研究主题会采用何种研究范式和资料收集与分析方法,不同的研究主题是否会对研究范式和资料收集与分析方法的选取产生影响,以及同一主题下国内外比较职业教育研究在研究范式和资料收集与分析的方法选择上具有何种特点。

一、我国比较职业教育研究主题与运用方法的交叉分析

如表 5-11 所示,通过对国内比较职业教育研究主题与运用方法的分析可以看到,首先在研究范式上,思辨研究在所有研究主题中均占据绝对主导地位,这是由于目前我国比较职业教育研究范式仍然以思辨研究为主。同时也可以看到,在职业教育与经济研究主题下,思辨研究的比例相较其他主题较低,而量化研究的比例则明显增加,并且未采用质性研究。这与该研究主题的研究问题是密切相关的,从收集到的文献来看,职业教育与经济主题一般探讨区域经济比较或职业教育与经济发展的关系,前者通常使用量化研究,后者则通常使用量化或思辨研究,通常通过对数据的分析来解释所研究的问题,因此,该研究主题很少使用质性研究进行比较。而办学模式主题是使用思辨研究比例最高的研究主题,办学模式属于职业教育研究中较为宏观的主题,因此,思辨研究的比例相对较大,通过其他研究范式进行的研究相对较少。

其次,在资料收集和分析的方法上,文献法是各研究主题最主要的资料收集方法,尤其是在人才培养主题的研究中,全部都是通过文献法来进行资料收集的。同时,结合前述研究范式与资料收集方法的相关关系来看,如职业教育与经济这样更偏向量化研究的主题,通过量化研究方法收集数据的比例相对其他主题而言会有所增加。定性分析是各研究主题最主要的资料分析方法,在研究主题偏向实证的研究如教育与教学、职业教育与经济等主题下,定性分析的比例有所下降,其他分析方法尤其是案例分析的比例增大。

表 5-11 我国比较职业教育研究主题与运用方法的现状

	职业教育发展	教育与教学	课程改革	人才培养	办学模式	职业教育与经济	职业教育管理
思辨研究	94.42%	93.22%	93.33%	91.30%	97.22%	79.41%	94.67%
量化研究	3.55%	3.39%	3.33%	3.26%	1.39%	17.65%	3.55%
质性研究	1.52%	3.39%	3.33%	2.17%	1.39%	0.00%	1.18%
混合研究	0.51%	0.00%	0.00%	3.26%	0.00%	2.94%	0.59%

(续表)

	职业教育发展	教育与教学	课程改革	人才培养	办学模式	职业教育与经济	职业教育管理
文献法	95.43%	91.53%	96.67%	100.00%	95.83%	82.35%	94.08%
田野观察法	0.00%	3.39%	0.00%	0.00%	2.78%	0.00%	1.18%
数据库法	4.57%	1.69%	3.33%	0.00%	1.39%	8.82%	3.55%
量表（问卷）	0.00%	3.39%	0.00%	0.00%	0.00%	5.88%	1.18%
实验法	0.00%	0.00%	0.00%	0.00%	0.00%	0.00%	0.00%
定性分析	92.89%	88.14%	90.00%	90.22%	94.44%	70.59%	89.94%
案例分析	2.54%	6.78%	6.67%	3.26%	4.17%	11.76%	2.37%
内容分析	0.00%	1.69%	0.00%	1.09%	0.00%	0.00%	2.96%
民族志	0.00%	0.00%	0.00%	0.00%	0.00%	0.00%	0.00%
文献计量	0.00%	0.00%	0.00%	1.09%	0.00%	0.00%	0.00%
统计描述	2.03%	3.39%	3.33%	4.35%	1.39%	8.82%	3.55%
统计推断	2.54%	0.00%	0.00%	0.00%	0.00%	8.82%	1.18%

二、国外比较职业教育研究主题与运用方法的交叉分析

如表5-12所示，通过对国外比较职业教育研究主题与运用方法的分析可以看到，首先在研究范式上，职业教育发展、教育与教学、课程改革三个主题以思辨研究为主，人才培养主题以量化研究为主，职业教育与经济主题以质性研究为主，职业教育管理主题以思辨和质性两种研究范式为主，国外研究在研究范式的选择上相对更为多元，不同研究主题根据研究内容的不同，采用不同的研究范式。

其次，在资料收集和分析方法上可以看到，不同研究主题文章的资料收集方法，根据研究主题内容的不同而有所变化，但整体仍然以文献法为主要资料收集方法；在资料分析方法上，仍然以定性分析为主，同样根据研究主题和资料分析的需要，也会采用不同的资料分析方法。总体来说，在资料收集方法上，除了人才培养和职业教育管理两个研究主题外，其他研究主题中文献法的占比相当之大，最低也超过了70%。在资料分析方法上，除了在职业教育发展这一主题上定性分析占据绝对优势外，其余主题通常包含多种资料分析方法。

表5-12 国外比较职业教育研究主题与运用方法的现状

	职业教育发展	教育与教学	课程改革	人才培养	职业教育与经济	职业教育管理
思辨研究	66.67%	71.43%	66.67%	33.33%	0.00%	30.00%
量化研究	11.11%	28.57%	0.00%	40.00%	0.00%	20.00%
质性研究	22.22%	0.00%	33.33%	13.33%	100.00%	30.00%

(续表)

	职业教育发展	教育与教学	课程改革	人才培养	职业教育与经济	职业教育管理
混合研究	0.00%	0.00%	0.00%	13.33%	0.00%	20.00%
文献法	88.89%	71.43%	100.00%	40.00%	100.00%	60.00%
田野观察法	11.11%	0.00%	0.00%	20.00%	0.00%	10.00%
数据库法	0.00%	14.29%	0.00%	20.00%	0.00%	20.00%
量表(问卷)	0.00%	14.29%	0.00%	20.00%	0.00%	10.00%
定性分析	77.78%	57.14%	66.67%	40.00%	50.00%	40.00%
案例分析	11.11%	0.00%	33.33%	6.67%	50.00%	30.00%
内容分析	0.00%	14.29%	0.00%	6.67%	0.00%	0.00%
统计描述	0.00%	28.57%	0.00%	20.00%	0.00%	20.00%
统计推断	11.11%	0.00%	0.00%	26.67%	0.00%	10.00%

本章小结

基于前面开发的分析工具,本章分别对比较职业教育研究方法运用的整体情况、趋势、研究主题与运用方法的交叉分析等展开了系统研究。从比较职业教育研究方法运用的整体情况来看,我国比较职业教育研究较少采用分析框架,思辨研究占据主流范式,资料收集方法以文献法为主,资料分析方法以定性分析为主,方法运用较为单一,可以将我国比较职业教育研究主要运用的研究方法模式概括为"思辨—文献—定性""量化—数据库—统计""质性—田野—案例"三种方法组合;相比之下,国外比较职业教育研究较多采用分析框架,思辨研究范式占比较小,资料收集方法在文献法之外还广泛采用了数据库法和量表(问卷法),资料分析方法在定性分析之外还广泛采用了案例分析、统计描述、统计推断等,方法运用较为多元,同样可以将国外比较职业教育研究主要运用的研究方法模式概括为"思辨—文献—定性""量化—数据库—统计""质性—田野—案例"三种方法组合。从比较职业教育研究方法运用的趋势来看,我国比较职业教育研究中思辨研究范式始终占据主流,文献法这一资料收集方法始终占据主流,定性分析这一资料分析方法始终占据主流;相比之下,国外比较职业教育研究在研究范式、资料收集与分析方法运用上更为多样。从比较职业教育研究主题与运用方法的交叉分析来看,国内外比较职业教育研究在宏观主题上多采用思辨研究范式、文献法、定性分析等,而在微观主题上研究方法的运用更为多样。

第六章 比较职业教育研究方法运用现状的方法论反思

基于前述对国内外比较职业教育研究方法运用现状的检视,本章主要对国内外比较职业教育研究方法运用的情况做进一步的比较,尤其是对国内比较职业教育研究方法的运用现状进行系统反思,并提出比较职业教育研究方法论体系构建的思路。

第一节 国内外比较职业教育研究方法运用现状的比较分析

通过前述对国内外比较职业教育研究方法运用情况的总体分析,在本部分,将结合国内外比较职业教育研究方法运用情况进行综合比较和分析。

一、比较职业教育研究方法运用整体情况的国内外比较分析

(一)比较职业教育研究分析框架运用情况的国内外比较分析

首先,从使用分析框架文献的数量来看,分析框架的使用在国内比较职业教育研究中偏少,仅有不到十分之一的文献使用了分析框架;在国外研究中,分析框架的使用相对国内研究而言较多,接近一半的文献使用了分析框架。在比较研究中,研究者所采用的理论视角生成了对于某种社会现象的理解和研究假设,从而构成了比较维度。[①] 比较职业教育研究分析框架的运用,可以在一定程度上表明对理论的关注。从这一角度来看,比较职业教育相关研究仍然缺乏理论层面的思考。部分研究有时仅仅采用了比较的方法,而没有系统的分析框架,因此,不能称之为有一定理论支撑的比较职业教育研究。

其次,从使用分析框架的研究主题来看,国内外文献在职业教育与经济以及教育与教学主题上使用分析框架比较普遍,区别则在于国外研究在对课程改革相关主题进行研究时,通常会使用分析框架,而国内相关主题研究所占比例则相对较小。这一共性与差异的产生可能源自研究范式层面的差异,如职业教育与经济主题一般以研究职业教育与经济的关系为主,大多数偏向量化研究,国内研究范式与国外研究范式比较相像,且通常需要通过分析框架确定维度才能进行研究,因此,会比较多地使用分析框架;而课程改革主题在国外以微观层面研究为主,国内以中观层面研究为主,且二者的研究范

---

① 王林浩,沈姗姗.比较教育理论分析框架的历史演进及其启示[J].清华大学教育研究,2020(3):52-65.

式也存在一定的区别,国内课程改革研究仍然以思辨研究为主,而国外则是以实证研究为主,因此,同一主题下二者之间分析框架运用情况的差别较大。

最后,从研究范式的运用情况来看,国内采用量化研究的文献使用分析框架比例最高,而国外则是混合研究比例最高,量化研究则处于倒数第二位。量化研究与混合研究都属于需要通过分析框架构建研究工具或确定比较维度的研究范式,因此这一结果具有合理性,但是国内的混合研究使用分析框架的比例很小,这一完全与国外研究相反的情况值得研究者进行反思。混合研究作为将质性与量化研究结合的第三种教育研究范式,通常其中的质性研究与量化研究之间是相互联系的关系。① 因此,在采用混合研究范式时,通常需要构建分析框架将量化与质性研究串联起来,如果在没有分析框架的情况下进行混合研究,则有可能落入方法主义的窠臼,仅仅是使用了两种方法,对研究并无促进作用。同时也可以看到,无论国内,还是国外,在思辨研究中使用分析框架的比例均较小。

(二) 比较职业教育研究研究范式运用情况的国内外比较分析

通过对国内外比较职业教育研究范式的分析可以看到,思辨研究无论在国内还是国外都是使用占比较高的一种研究范式。在研究范式的使用上,国内外不同的是,国内思辨研究占据绝对主导地位,其他研究范式占比相当之小;而国外虽然思辨研究占比较高,但是与其他研究之间相差并不是很大。产生这一现象的主要原因还是在于国内外研究范式的差异。在国内的教育学研究中,无论是比较教育②还是职业教育③,本身都更偏向思辨研究,这与中国的文化传统不无关联。因此,在进行比较职业教育研究时仍然以思辨研究为主。而国外在实证主义的导向下,比较职业教育研究不仅有思辨研究,同时也注重量化研究、质性研究与混合研究的使用。实际上,在比较研究中,比较的方法取决于研究的内容和任务,各种方法应该结合起来使用。④ 因此,对于国内比较职业教育研究而言,需要关注研究的内容和任务,从研究本身出发,选择合适的研究方法,而不仅仅局限在思辨研究之中。

(三) 比较职业教育研究资料收集方法运用情况的国内外比较分析

通过对国内外比较职业教育研究资料收集方法运用情况的分析可以看到,无论国内,还是国外,都是以文献法为主要资料收集方法,且占比相对都较大,尤其国内文献法的使用几乎占到了文献总量的95%。其次使用较多的是数据库法。在资料收集方法上,国内外表现出相似的取向。文献法有助于获得大量的包括学校或政府相关档案、教

---

① 张绘.混合研究方法的形成、研究设计与应用价值——对"第三种教育研究范式"的探析[J].复旦教育论坛,2012(5):51-57.
② 苗学杰.中国大陆比较教育学博士学位论文研究方法运用的实证分析[J].研究生教育研究,2011(4):86-90.
③ 刘璐璐,林克松.近十年我国职业教育研究发展状况评析——基于博士学位论文的定量分析[J].当代职业教育,2021(1):74-80.
④ 蒋凯.比较教育研究方法的相关问题分析[J].教育研究,2007(4):35-40.

案、日志、学生档案、成长记录、学习文件等书面资料;数据库法可以从已有研究和权威数据库中获得相应的研究数据。与其他方法相比,这两种方法不仅在资料获得上具有便利性,同时获得的资料数据等也更为客观,更具科学性。通过更加深入地对国内外比较职业教育研究的对比分析,可以发现,虽然都是采用的文献法进行数据收集,但是国内外研究一个很大的区别在于,国外研究多以一手资料为主,而国内一些研究尤其是一些侧重国别比较的研究收集的资料多为二手文献,引证文献大部分是中文文献或是引证国外已有的比较职业教育研究文献。由此带来的反思是,上述相关研究更像是比较职业教育研究的文献综述。

(四)比较职业教育研究资料分析方法运用情况的国内外比较分析

在比较职业教育研究资料分析方法的运用上,国内外研究均以定性分析为主,其次为案例分析与统计描述。此外,国内外研究几乎都没有采用民族志和文献计量这两个资料分析方法。国内外研究在资料分析方法的运用上具有一致性。定性分析本身是对收集到的资料进行哲学解释、归纳演绎、迭代分析、回顾、综述等的分析过程,是认识事物发展规律的重要方法。从定性分析的运用情况来看,国内比较职业教育研究中一些定性分析的文献仅仅是把收集到的资料进行平铺直叙,缺乏对资料本身的分析和总结;国外部分文献虽然也存在类似的情况,但更多的定性研究是对收集到的资料进行哲学解释或是归纳演绎。同时,需要注意的是,定性分析容易受研究者个人的价值观影响。因此,在定性分析时还需要辅以定量分析,以便得出更准确、更客观和更科学的结论。

(五)比较职业教育研究资料收集和分析方法综合运用情况的国内外比较分析

在资料收集和分析方法的综合运用上,可以发现,国外比较职业教育研究综合运用资料收集方法和分析方法的文献较多,接近一半的文献使用了至少两种资料收集方法,接近三分之二的文献使用了至少两种资料分析方法。在国内研究中,这一比例则相对较小,仅有不到十分之一的文献使用了至少两种资料收集方法,不到五分之一的文献使用了至少两种资料分析方法。如前所述,一方面,比较职业教育研究方法的选择并不存在孰优孰劣的情况,更多的是根据研究需要进行科学选择。比较职业教育研究既可以是思辨的也可以是实证的;资料收集方法既可以通过文献法收集现有资料,也可以通过田野观察、量表等由研究者自己来获取分析资料;资料分析方法既可以通过定性分析进行哲学层面的探索,也可以通过统计测量进行数据层面的分析。另一方面,正如前面所言,目前国内比较职业教育仍然以"思辨—文献—定性"的研究方法组合模式为主,这一方法组合模式受研究者个人主观性影响较大,因此,需要通过与别的方法的综合使用来提高研究本身的信效度。仅仅使用一种资料收集或资料分析方法很难保证这一方法组合模式下研究的信效度。从现有文献来看,类似的问题已经凸显,一些仅采用单一资料收集和分析方法的研究有时便沦为国外相关研究或某一政策、框架等的介绍性文章。综合来看,在比较职业教育研究中只注重定量方法而忽视定性方法,或者只注重定性方法而忽视定量方法,都不利于全面准确地解释职业教育发展规律。

(六)比较职业教育研究范式与资料收集、分析方法相关性的国内外比较分析

通过分析可以看到,国内外比较职业教育研究在研究范式和资料收集与分析方法的相关性上具有一致性,思辨研究通常采用文献法进行资料收集工作,并采用定性分析进行资料分析工作;量化研究则以数据库法为资料收集方法,资料分析多通过数据统计的方式进行;质性研究通常以田野考察作为资料收集的方法,以案例分析为资料分析的方法;混合研究一般采用量表(问卷法)和田野观察法进行资料收集工作,采用案例分析和统计描述进行资料分析。总的来说,可以总结为"思辨—文献—定性""量化—数据库—统计""质性—田野—案例"三种方法组合模式。可以看到,不同研究范式采用的资料收集与分析方法往往是本研究通常使用的经典方法。从混合研究的方法运用上也可以看到,混合研究作为一种量化与质性结合的研究范式,资料收集与分析的方法相较其他研究而言也更为多元,而且集合了量化与质性研究的优点。

二、比较职业教育研究方法运用趋势的国内外比较分析

通过对国内外比较职业教育研究方法运用趋势的分析可以看到,首先,相比国外而言,国内比较职业教育研究方法运用整体变化不大,思辨研究、文献法与定性分析占据绝对的领先位置,且其他研究方法的变化幅度都相对较小。而国外研究方法的变化则相对较为明显,起伏变化较多。从这一角度来看,国外比较职业教育研究似乎一直都在尝试各种方法,力图寻找最优解,如在研究范式中,量化研究与质性研究在20年间几乎完全相反的发展态势就说明了这一问题;而国内仍然拘泥于传统,一般仍然以"思辨—文献—定性"的组合方式进行比较职业教育研究。同时可以看到,目前比较职业教育研究中除思辨研究外,近年来,质性研究以及内容分析方法的运用都在增多,比较职业教育研究方法的运用有向质性研究发展的态势。依照国外研究方法的发展趋势,质性研究与量化研究可以四年为界,每四年进行一次占比的更替,最后展现出混合研究在比较职业教育研究中的发展趋势。此外,可以看到,无论是国内还是国外,比较职业教育思辨研究和质性研究、文献法以及定性分析和内容分析都在2016年以后呈现上升的趋势,且思辨研究、文献法与定性分析的上升趋势相当明显,而其他研究方法呈现下降趋势。无论国内,还是国外,目前质性研究及相对应的资料收集与分析方法在比较职业教育研究中逐渐受到重视。

三、比较职业教育研究主题与运用方法关系的国内外比较分析

通过对国内外比较职业教育研究主题与运用方法的关系比较可以发现,首先在研究范式上,思辨研究在国内研究中占据绝对统治地位,无论什么主题的研究大多采用思辨研究作为研究范式,且占比通常相当之大,除职业教育与经济这一主题外,其余主题的占比都超过了90%;而国外研究中仅有职业教育发展、教育与教学以及课程改革三个主题思辨研究占比较大,且占比最大的教育与教学比例仍然小于国内研究中思辨研

究占比最小的职业教育与经济主题的比例。思辨研究是个体对事物本质的认识,显然并不是所有研究主题都适宜大量采用思辨研究。例如,人才培养等主题,更多的可能涉及实践层面的一些问题,关注的是对实践的探索与问题的解决。因此,在比较职业教育研究的过程中,仍然需要根据不同研究的需要进行研究范式的选择。

其次,在资料收集和分析方法上,国内研究以文献法为主要资料收集方法,以定性分析为主要资料分析方法,国外研究也表现出相似的方法选择取向。区别在于,国内研究使用这两种资料收集和分析方法的比例要远大于国外研究,且不同研究主题均大量选择这两种方法,不同主题间资料收集与分析方法选择的同质性较大。从国外研究来看,虽然文献法和定性分析是最为主要的资料收集和分析方法,但是,不同主题间资料收集与分析方法的选择具有异质性。方法的选择通常与主题的内容相关。不同研究主题所要研究的问题往往侧重点不同,如职业教育与发展往往研究的是中宏观层面的问题,而人才培养通常研究的是中微观层面的问题。因此,不同的研究问题所需要的研究资料的内容和性质也有所不同,不同的研究资料往往需要通过不同的资料收集方法来获得。同时,不同的研究问题和研究资料对资料的分析和处理也有不同的要求。因此,在选择研究资料的收集与分析方法时,需要根据研究本身的问题和资料本身的性质进行选择,而不能一概而论。

第二节 比较职业教育研究的方法论反思与体系构建

长期以来,来自研究方法的不足阻碍了中国职业教育走向国际的进程,削弱了中国职业教育国际化的对话基础,也影响到比较职业教育研究水平的系统提升。

一、方法贫瘠是制约比较职业教育研究水平的顽疾

如前文所言,比较职业教育研究属于广泛的社会科学研究范畴。而在社会科学研究领域,特别强调研究方法尤其是实证研究方法的使用。没有研究方法的支撑,将很难基于证据做出因果推论,方法运用是社会科学研究范式的基本要求。正如社会学家风笑天所言,社会研究方法也被称为社会科学研究方法,它是各门社会科学的重要组成部分之一,它也是社会科学区别于哲学等具有思辨色彩的人文学科的重要标志之一;正是以经验性、实证性为特征的社会研究方法使社会科学与哲学相区分,与人文学科相区分;当我们要实实在在地去探索一个现实问题时,离开了研究方法或许就会寸步难行。[①] 由此可见,对社会科学研究而言,研究方法是必不可少的工具与手段。

对比较职业教育研究而言,方法的重要性同样不言而喻,它可以为深入挖掘和解释

---

① 风笑天.社会研究方法[M].北京:中国人民大学出版社,2013:3.

职业教育实践问题提供必不可少的帮助。值得一提的是,国内已经出现了借助实证研究方法开展比较职业教育研究的典型案例。在博士论文《我国企业参与现代学徒制动力问题研究——基于中德企业的对比》中,贺艳芳设计了统一的比较分析框架,并深入德国、中国企业收集一手资料,借助质性研究方法展开比较研究,研究发现,企业参与现代学徒制受行为结果性动力、社会性动力和内部控制性动力影响,采取非市场治理手段是保障企业参与现代学徒制的关键,学校职业教育和企业内部培训融合能使现代学徒制更高效,职业院校要基于企业特征考量谨慎选择现代学徒制合作企业。[①] 与以往传统比较职业教育研究相比,该研究的独特之处在于,深入调研对象国家收集了大量一手资料,并严格按照规范的质性研究流程整理并分析了资料,基于证据得出具有一定说服力的研究结论。

然而,总体而言,比较职业教育研究领域仍然呈现出方法贫瘠的基本样貌。方法贫瘠可以进一步划分为两类,一类是显性方法贫瘠,一类是隐性方法贫瘠。显性方法贫瘠在自然科学研究中较为常见,通常表现为,实验器材配备方面的差距往往会带来研究结果的千差万别;隐性方法贫瘠则在社会科学研究中更为常见,表现形式往往较为隐秘,而不为研究者所重视。显然,比较职业教育研究领域属于隐性方法贫瘠。与社会科学其他研究领域相比,真正采用规范研究方法进行比较职业教育研究的学术成果仍然较少。具体而言,比较职业教育研究领域的方法贫瘠主要包括以下三个方面。其一,比较职业教育研究缺乏方法意识。主要表现为,比较职业教育研究主动运用研究方法的意识不强,更偏向于宏大叙事,而缺少自觉采用研究方法的微观研究。其二,比较职业教育研究缺乏方法思维。主要表现为,没有用发展的、普遍联系的、系统的观点来思考比较职业教育研究的着力点,思维方式缺少一定的开放性与延展性。其三,比较职业教育研究缺乏方法能力。主要表现为,规范运用各种类型研究方法的能力不足,难以科学开展资料收集与分析,导致难以得出有说服力的结论,遑论产生有现实指导意义的研究成果。

二、比较职业教育研究创新呼唤方法论层面的思考

从20世纪80年代开始,国内学术界掀起了一股方法论研究的热潮,并持续了相当长的一段时间。在这一热潮中,社会科学研究、人文学科研究领域都出版了一系列具有代表性的方法论著作,包括《方法论全书》[②]《方法论系统引论》[③]《方法学:科学发现的理论基础》[④]等,大大推动了方法论研究的进程。相比之下,教育研究领域整体对于方法论的重视不够。比较系统的探讨教育研究方法论的学术专著为《教育研究方法论初

---

① 贺艳芳.我国企业参与现代学徒制动力问题研究——基于中德企业的对比[D].上海:华东师范大学,2018.
② 李志才.方法论全书[M].南京:南京大学出版社,2000.
③ 韦诚.方法论系统引论[M].合肥:安徽大学出版社,1999.
④ 韦诚.方法学:科学发现的力量基础[M].合肥:安徽大学出版社,2008.

探》。在该书中,叶澜教授指出,教育学科也时有学者呼吁或撰文,提出教育研究要有突破性进展,必须首先在方法论上取得突破;然而,和者甚寡,无论是反应的速度还是强度,都远远不如其他学科;这并不意味着教育研究尚未遇到严重的方法论问题,相反,反映出这一领域中研究主体方法论的意识薄弱;实际状态是,更多的人感受到教育研究方法的贫乏,尚未深思过方法论问题,对方法论这个名词也尚未深究过。① 随着比较职业教育研究规范性的不断提高,亦出现不少主动运用研究方法的文章,但方法的运用是否就意味着研究深度的提高呢? 恐怕二者不能画等号。在此仍然有必要详细考察下方法与方法论的重要区别。

在研究实践中,经常会出现混用方法和方法论的现象。实际上,方法和方法论是两个不同的范畴,将二者不做任何区分而混用显然是不妥的。方法是关于认识世界和改造世界的策略、手段、途径、工具、操作程序等。无论从事任何研究工作,都需要遵循一定的方法法则,并掌握一定的符合对象实际的方式方法,否则不可能取得研究上的成功。顾名思义,方法论则是关于方法的理论。从某种意义上而言,方法是方法论的研究对象。一种完整而全面的知识,都必须回答两个方面的问题:第一方面,必须回答所研究的对象"是什么"和"不是什么"的问题。第二方面,必须回答根据我们对研究对象的认识,我们的行动应该"怎么做"和"不怎么做"的问题。前者是关于对象的理论,它的任务是揭示对象的本质和规律;后者是关于行动的理论,它的任务是揭示行动的规律,并根据对这种规律的认识,提出从事各种活动的方法。② 所谓方法论,更多的是一种关于行动规律的科学,而非关于对象的科学。

对于有深度的比较职业教育研究而言,不仅要"知其然",而且要"知其所以然"。由此,关于比较职业教育研究方法论层面的思考就显得尤为重要,而这恰恰是本书致力于完成与解决的核心任务。基于当前背景,比较职业教育研究领域亟须一场"方法论革命"。在本书中,比较职业教育研究中所指的方法论不同于一般意义上的方法,更多的是关于具体研究方法的理论研究,重点在于对比较职业教育研究行动规律的揭示,而非一般意义上的理论探讨。如美国物理化学教授在《科学研究方法论》一书的引言中所讲的那样,本书的意图在于帮助科学工作者计划并实施研究工作。它主要阐述科学研究方法,而不是以一般的哲学观点为出发点。更确切地说,其目的在于,要切实地把那些在科学领域中已经被证实是有用的诸多原理、警句、工作程序以及带着普遍性的技术归纳在一起,成为一本实用的书籍。③ 就此而言,以行动为指向的比较职业教育研究方法论重点解决的问题是,如何在方法的指导下有效地开展比较职业教育研究,以及如何在比较职业教育研究过程中避免研究方法的滥用。

---

① 叶澜.教育研究方法论初探[M].上海:上海教育出版社,2018:1.
② 韦诚.方法论系统引论[M].合肥:安徽大学出版社,1999:4.
③ 韦诚.方法论系统引论[M].合肥:安徽大学出版社,1999:8.

三、比较职业教育研究方法论是一个多层体系结构

接下来,所面临的问题就是如何建构比较职业教育研究的方法论体系。本书认为,比较职业教育研究方法论是以比较职业教育研究方法为主要研究对象的理论体系,以多层次、多类型的立体、多面、有机联系的形式存在,从上到下依次为哲学层方法论、比较原理层方法论和社会科学层方法论(如图 6-1 所示)。

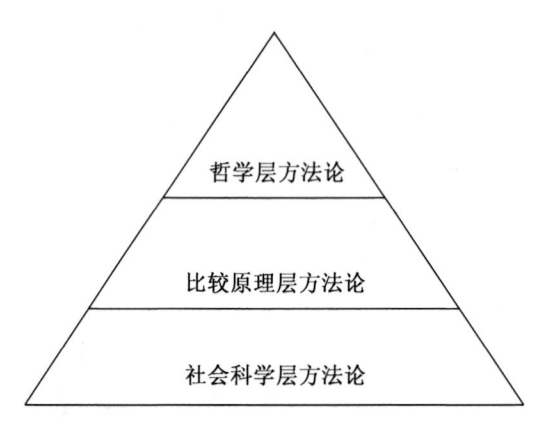

图 6-1 比较职业教育研究方法论体系

哲学层方法论处于比较职业教育研究方法论体系的顶层。作为一门原始的学科,哲学长期以来发挥着指导各门学科的作用,对于比较职业教育研究而言,亦不可回避其指导意义。但这并不意味着比较职业教育研究将成为哲学的附庸,而是将哲学方法融入比较职业教育研究方法论体系中。哲学中有关人与世界的观念和认识可为比较职业教育研究提供前提性认识,即理论基础;还可对研究路线、价值导向的确定发挥构建性作用,对研究观念和技术手段的反思发挥批判性作用,对研究范式和研究视角的创新发挥开拓性作用。哲学层方法论强调:第一,比较职业教育研究不能停留在对国外教育现象、事实的描述层面,而应树立问题意识,深入问题层面进行批判性反思。第二,比较职业教育研究应坚持中国立场,避免陷入西方中心主义的话语体系,构建面向世界又具有中国特色的本土理论体系。第三,比较职业教育研究应以逻辑推断方式分析事物或事实产生和发展的规律,"以史为鉴",树立历史发生学思维;避免"只见树木不见森林",树立系统发生学思维;"刨根问底",树立现象发生学思维;避免"盲人摸象",树立认识发生学思维。

比较原理层方法论处于比较职业教育研究方法论体系的中层。与职业教育其他研究领域相比,"比较"是比较职业教育研究的基本特点,这也凸显了比较职业教育研究的使命与职责。对比较职业教育研究而言,由于涉及对不同国家职业教育现象、事实的比较等,因此具有较强的跨界属性,这就决定了其要将比较方法作为基本的研究方法,以进一步彰显该研究领域的独立性。比较原理层方法论强调:第一,比较职业教育研究应注意分析单位的确定与选择,这不仅影响研究的对象选择与结论得出,而且关乎整个研究的成败,面对复杂的职业教育比较情境,尤为需要关注比较职业教育研究中多层次分

析单位的确定与选择。第二,比较职业教育研究需要考虑可比性问题,主要涉及研究对象的可比性和资料数据的可比性两个方面,解决该问题的关键在于参照系统的选择,包括自我参照系统、历史参照系统、同行参照系统、国外参照系统。第三,比较职业教育研究从碎片化走向系统化,从浅层次走向深层次,从片面性走向全面性,离不开模型的构建,这是应对复杂职业教育比较情境的关键策略,两相比较模型构建、多方比较模型构建、焦点—边缘模型构建、历史阶段模型构建、象限模型构建、多层嵌套模型构建等都是较为常见的模型构建方式。

社会科学层方法论处于比较职业教育研究方法论体系的底层。需要明确的一个前提是,探讨比较职业教育研究方法论的目的并非在于找到其独有的研究方法,也并非通过独立研究方法的明晰确立其学科地位。作为比较教育学和职业技术教育学的学科交叉地带,比较职业教育研究本来就是一个跨学科的研究领域,追求研究方法的独立性并非其使命所在。与此相反,本书更倾向于将比较职业教育研究视为一个独立的研究领域,而非学科。由此,比较职业教育研究在方法的使用上更加具有开放性、包容性。实际上,比较职业教育研究问题本身的复杂性,也使其必然要依赖更多类型的社会科学研究方法。总体来看,比较职业教育研究常采用量化、质性和混合研究方法等。比较职业教育研究并不排斥其他研究方法,只要符合研究问题需要,无论是量化研究,还是质性研究、混合研究,均可采用。由于各种研究方法在社会科学层面均有其操作原则,需要进一步提高比较职业教育研究方法运用的规范性。

本章小结

基于前述对比较职业教育研究方法运用现状的检视,本章对国内外比较职业教育研究方法运用现状展开进一步的比较分析。从比较职业教育研究方法运用的整体情况来看,相比之下,国外研究对分析框架的重视要比国内研究高,国外研究对研究范式的使用呈现出明显的实证范式特点,国外研究的资料收集与分析方法运用比国内研究更为多元,国外研究更加注重方法的综合运用,"思辨—文献—定性""量化—数据库—统计""质性—田野—案例"是较为经典的方法组合模式。从比较职业教育研究方法运用的趋势来看,国内比较职业教育研究方法整体变化不大,思辨研究、文献法与定性分析占据绝对的领先位置,且其他研究方法的变化幅度都相对较小;而国外研究方法的变化则相对较为明显,起伏变化较多。从比较职业教育研究主题与运用方法的关系来看,国外研究在相似研究主题的方法运用上更为多样。在此基础上,本书提出,方法贫瘠是制约比较职业教育研究水平的顽疾,比较职业教育研究创新呼唤方法论层面的思考,比较职业教育研究方法论是一个从上到下包括哲学层、比较原理层和社会科学层在内的多层体系结构。

下篇

比较职业教育研究的方法论体系

与一般研究的方法论体系相似,比较职业教育研究方法论体系在结构上也应该具有多层次性。不同的层次意味着比较职业教育研究所需方法论的不同。把握比较职业教育研究方法论体系的多层次性,能够使我们更立体、更多维地认识比较职业教育研究中的问题。依据方法论各要素概括程度、适用范围和层次水平的不同,比较职业教育研究方法论体系可以划分为哲学层、比较原理层和社会科学层三个层面,分别发挥导向性、约束性和基础性作用。

第七章 比较职业教育研究方法论体系的哲学层

在比较职业教育研究方法论体系中,哲学层处于最高层,对于这一层面的深入论述,有助于我们对比较职业教育研究方法论获得更清晰、更准确的认识。本章将分别从比较职业教育研究的问题意识、本土立场、发生学思维出发进行具体阐述。

第一节 比较职业教育研究的问题意识

学术研究应以问题为导向,从问题开始,到问题结束。相较于问题,问题意识处于更为基础的地位。对于研究者来说,问题意识应是进行学术研究的第一选择。比较职业教育研究也不例外。当前,比较职业教育研究呈现出知识积累与创新的乏力,表现为比较职业教育研究缺乏批判力、解释力和凝聚力,而问题意识则是破解其知识积累与创新乏力的关键。

一、比较职业教育研究知识积累与创新的乏力

(一)比较职业教育研究批判力的缺乏

长期以来,比较职业教育研究的功能在于描述外国的职业教育现实,长于对外国职业教育制度与政策等方面的宏观描述,并对其进行理性的分析和借鉴。追根溯源,比较职业教育研究的产生源于职业教育实践领域的需求,但是,"比较职业教育到底如何对职业教育实践进行指导,如何改进和完善当前的教育实践"等问题往往让比较职业教育研究者无所适从。总体看来,比较职业教育研究的初衷在于探究职业教育的规律,以更好地指导职业教育实践,然而,由于各个国家和地区的政治制度、文化传统、社会背景以及心理结构等方面存在差异,比较职业教育研究的这种初衷往往较难实现。甚至有研究者认为,比较职业教育研究只能描述,而不能为职业教育决策提供依据,很难让人觉得这些研究具有现实价值与意义。

令人感到遗憾的是,比较职业教育研究成果的学术价值常常被质疑,这主要体现在两个方面:一方面,不少比较职业教育研究者缺乏对外国职业教育真实情况的考察,研究方法以文献法为主,缺乏对实践的切身感知,更多的是对外国职业教育情况的"转述"而不是"分析",真假难以觉察;另一方面,有些比较职业教育研究者用我国职业教育的问题以及分析模式去分析外国的职业教育现实,缺乏对外国职业教育现实本质的揭示。

究其根源,这些问题很大程度上与比较职业教育研究者缺乏批判力相关。一方面主要表现为,比较职业教育研究缺乏批判意识的"理论基因"。我国职业教育研究缺乏系统的理论体系,教育学原理、哲学、社会学、经济学等都曾被研究者作为职业教育的理论基础,比较职业教育研究也受此影响。但是,这种理论借用是缺乏批判力的,它更多的是一种理论"折中"的"大杂烩",原创性不足。然而,比较职业教育研究不应该仅仅是借用其他学科的理论,它应该基于不同的理论,形成自身的解释框架。

另一方面主要表现为,比较职业教育研究者缺乏批判意识的"历史基因"。比较职业教育研究的初衷在于,从外国寻求和汲取对本国有益的职业教育经验。因此,许多比较职业教育研究者都怀有西方职业教育办学实践优于我国的前提假定。目前,相较于其他研究领域,我国的比较职业教育研究尚未具备成熟的研究范式。比较职业教育研究者倾向于对西方的职业教育办学实践进行翻译式介绍,但是缺乏适当的批判和分析。我们一直强调对西方文化的借鉴要"和而不同",但是,现实中直接将西方职业教育研究理论套用在我国职业教育办学实践中的现象仍然比较普遍。虽然各种理论、研究范式不断出现,但缺乏批判意识的借鉴只能使比较职业教育研究成果流于形式,难以基于本国客观的职业教育事实做出批判,也很难实现突破性创新。

(二) 比较职业教育研究解释力的缺乏

比较职业教育研究需要关注教育中的现实,研究其发生的原因,并解释职业教育事实之间的关系。也就是说,比较职业教育研究不仅仅是描述,还要对比较的对象进行解释。这种解释不是研究的凭空阐述,而是需要比较职业教育研究者把握研究对象所属地域的文化,在此基础上去深度理解其职业教育办学实践。而我国的比较职业教育研究注重介绍外国的职业教育制度和政策,主要回答"是什么"的问题,关于"为什么""怎么做"探究较少。因此,传统的比较职业教育研究致力于外国职业教育客观事实的呈现,而不能解释其背后的基本原理和实践办学理念。

一方面,比较职业教育研究者对教育事实的解释力仍显单薄。比较职业教育研究属于跨文化比较范畴,其研究对象通常包含两个以上(含两个),而且分属于不同的文化语境。但是就研究对象而言,比较职业教育研究者来自不同的文化背景,总是习惯于带着自己的文化理解甚至偏见去解释职业教育问题,这种解释带有研究者自身的文化判断和话语体系风格,在这种判断的基础上,再将外国的职业教育思想转述为他人能理解的文字。因此,比较职业教育研究本身所具有的跨文化特性容易使研究者产生"多文化立场交错"的感觉,即表面上看,研究者似乎是在对不同民族文化立场的职业教育进行比较和研究,但实际上他们可能总是基于自身文化立场和职业教育发展需要对其他国家职业教育进行建构式理解。

另一方面,关键的问题不仅仅在于文化理解的异质性,更在于在这种不同的文化语境下,比较职业教育研究者是否能与研究对象进行平等对话。长期以来,不论是在比较职业教育研究领域,还是在比较教育研究领域,话语体系多以西方学者为主导,部分国内比较职业教育研究者在这种影响下常常意识不到比较职业教育本身所具备的民族文化特性,而陷入两难境地。若以西方的比较职业教育话语体系解释国内的职业教育现象,必然会出现排异性——本土的教育问题很有可能无法用这套话语体系来解释和理解。然而,作为一门学科存在的比较教育学发源于西方,某种意义上,比较职业教育研究属于比较教育学的一个分支,在此影响下,比较职业教育研究者就不可能抛弃这套话语体系另辟蹊径。以上种种问题的存在,往往导致比较职业教育研究对本土问题缺乏足够的解释力。

(三) 比较职业教育研究凝聚力的缺乏

与比较教育宏大的研究范围不同,比较职业教育研究聚焦于职业教育,并在职业教育的研究体系中发挥着独特的功能。因此,它应具有其本身独特的"同一性"特点。这种"同一性"包含两个方面:理论体系和研究者的心理。就理论体系而言,比较职业教育研究不仅应具有其本身独特的话语体系,包括独特的概念、理论、范式、原理等,而且,这一话语体系要具有延续性和发展性,这是比较职业教育研究的重要目标。就比较职业教育研究者而言,与其他职业教育研究者的基本区别在于,比较职业教育研究者最基本的角色是比较不同国家和地区的职业教育,寻找有益于本土职业教育发展的异域经验。但是,对于比较职业教育研究者而言,在教育现实中该扮演何种角色?是否能在教育改革实践的进程中找准自身的定位?这依旧是值得深思的问题。

但现实情况是,不管是理论体系,还是研究者的心理,都不足以具备构成比较职业教育研究"同一性"的条件。比较职业教育研究横跨比较教育和职业教育两大研究领域,这种交叉属性使得研究往往表现出发散性特点。突出表现为,比较职业教育研究者在课题的选择上往往不以专业知识谱系内容发展脉络为导向,选题较为宽泛且分散、凝聚力不足;在研究方法的使用上,零散而混乱,缺乏规章可寻;研究结果泛泛而谈,缺乏针对性,无法落地。尤其是,缺乏整合的理论基础,比较职业教育研究者很难将不同方向的职业教育研究思路进行统合,于是,这些研究便成为互不相关的一些信息碎片,长此以往,必然会影响到研究者对比较职业教育研究领域的归属感与认同感。

二、问题意识是破解比较职业教育研究知识积累与创新乏力的关键

(一) 学术问题与问题意识的内涵

教育研究要始于问题,终于问题。通俗意义上而言,问题是需要解决而尚未解决的矛盾,这个矛盾或许是现实生活(自然和社会)中需要采取行动解决的难题,或许是意识领域中需要解释的困惑……但不管它以何种状态出现在人们面前,首先在认识领域,它是被人们意识到,但又未被解决的。那么,什么样的问题才是学术研究中的问题呢?我们借由"最近发展区"这一概念来说明。维果茨基认为,人的心理发展存在两种水平,一种是实际发展所达到的水平,一种是经由努力可达到的潜在的发展水平,而这两种水平之间的差距,就被称为最近发展区。人们心理实际所达到的水平可以看作是已经解决了的问题,经由努力可达到的潜在的水平是我们现在的问题。如若超出了最近发展

区,到了更高一级的水平,而这种水平是人们所无法达到的,就会出现有待解决的问题。因此,学术问题是指处于研究成果逻辑体系中的未知事物状态,它必须是我们已经能够接触到或意识到的,并且能够具备条件去解决的问题。职业教育情境中的诸多问题只有经过这样的甄选,才能进入学术研究的领域,才可能展开系统研究,并予以理性回答。

问题的产生源于问题的发展。几乎所有的研究者都强调做研究要善于发现问题,任何一项研究都要围绕问题而进行。然而,一方面,很多人往往不知道如何发现问题,甚至觉得问题已被穷尽,无问题可找;另一方面,很多围绕问题而进行的研究最后没有新的知识贡献。如此看来,研究者最初认定的问题有待商榷。如果研究者是从问题出发,围绕问题做的研究,当问题解决时,或多或少会出现新的成果;反之,如果研究完成后,没有新成果,追根溯源,那么就是问题本身出现了问题。问题本身出现问题,会存在两种情况:一是将话题当作问题。研究者对某种具有意义的话题进行解释,虽然会融入研究者自己的思考,但是话题的描述已然存在,基于话题的评论是个人思考,这种研究难以创新。二是将个体问题作为研究目标。研究者确实是从问题出发,但这里的问题是其个人的问题,对于已有研究领域来说已不是问题,所以这种研究只是已有研究的重复,难有新成果。①

问题能不能发现,关键在于问题意识。相较于问题本身,问题意识更具有基础性,问题意识是研究者学术生命力的体现。事实上,研究所应关心的不是研究者是否具有问题意识,而是要弄清楚何为问题意识,要具备何种问题意识。问题与问题意识是相互关联的。问题是人们探索未知世界的过程中产生的,问题意识则是人们在进行认识或实践活动的过程中寻找产生的问题,并尝试解释或解决这些问题而产生的动机。因此,问题意识需要主体具备深刻的洞察和批判力,对自身的认知冲突有敏锐的觉察力与感知力。拥有问题意识的主体表现出一种好奇与探究的欲望,期望能探索其所关注的问题,并能解决这个问题,使自身达到从"无知"到"有知"的心理体验。

至于研究者的问题意识,我们首先应明确研究是什么。研究是旨在回答和论证某个问题的。那么,研究者的问题意识可以理解为研究者是否能针对其关注的现象提出问题,且提出的问题是否清晰具体以及是否能够转换成为一个可操作性的问题。② 因此,就研究者的问题意识而言,我们不能将其作为一个抽象的概念去理解,而是研究者在面对研究情境时"觉察"到问题的心理活动,也是在研究过程中贯穿始终的自觉行动。③ 那么,研究者的问题意识是怎么发生的?对于该问题,可从方法论层面进一步解释。

"问题"是人与客观环境之间的相互关系。在这一关系中,人作为认知主体与认知客观环境必然要产生一种认知冲突,倘若这种认知冲突能被认知主体原有的认知结构

---

① 刘庆昌.学术研究中的问题意识[J].山西大学学报(哲学社会科学版),2017(1):1.
② 金生鈜.教育研究的逻辑[M].北京:教育科学出版社,2015:57.
③ 吴原.问题意识与教育研究[J].教育发展研究,2014(3):61-65.

所接纳,那么,它就不能成为人们头脑中的问题;倘若认知冲突不能为认知主体原有的认知结构所接纳,认知主体只能改变现有的认知结构去认识,才会使认知冲突变成人头脑中的"问题",此时人的心理上会产生疑惑、焦虑、紧张、迷失等消极体验。然后,当认知主体不断尝试新的思路与方法,最终解决问题时,又会产生豁然开朗、如释重负之感。伴随着心理上的无序与混乱、对抗与冲突,问题意识逐步形成。因此,如果研究者本身缺乏觉知对立与差异的能力,不善于廓清心理上的混乱,问题意识则无法形成。事实上,对每一个问题的"意识"都不是一蹴而就的。不管是情绪体验上从焦虑到释然的过程,还是认知层面从模糊到澄清的过程,抑或是在语言表达上从寥寥几笔到下笔千言的过程,都需要经历反复的多次循环,直至清晰明了。

就一般研究而言,问题意识的形成基本遵循"发现问题、界定问题、综合问题、解决问题、验证问题"五个环节。比较职业教育研究可以借鉴这五个环节促进学术研究中问题意识的形成。也就是说,问题意识的产生需要比较职业教育研究者不断地进行自我反省:我是否提出了一个"问题"?该问题属于宏观层次,还是中观层次,抑或是微观层次?它属于哪一个研究领域?是"个人问题"还是"公共问题"?与前人研究的相似问题有何关系?问题本身所蕴含的求解途径是什么?有无解决的可能性?是否具有创新性?[1]

(二)比较职业教育研究问题意识的结构

要了解比较职业教育研究的问题意识,首先要明确比较职业教育研究中的问题是什么。职业教育是实践形态的实在,这个实在包含着职业教育观念与理论、职业教育实践活动以及外国职业教育理论、制度与政策等。因此,比较职业教育研究的问题也来自这些方面。接下来,我们对这些方面进行具体阐述。

首先是职业教育观念与理论。职业教育的理论与其他学科的理论是相互影响的,比较职业教育研究理论的发展可参照或借鉴其他学科,特别是相近学科的理论。所以,就职业教育观念与理论而言,比较职业教育研究可依靠其他学科的理论或者教育学、职业技术教育学自身的理论,提出有待于研究的理论问题进行研究。职业教育问题既可以是直接从现实情境中发现的问题,也可以是基于某理论领域提出的需要回答的问题。从理论而来的研究,如果能回答、解释或者论证比较职业教育研究中重要的理论问题,发现已有研究中的缺陷或不足,从而提出新的思想或理论观点,这对于推动比较职业教育研究理论发展具有重要意义。

其次是职业教育实践活动。从这个角度出发的比较职业教育研究中的问题更多的是指直面现实中的问题情境,尽可能透过现实中可能成为问题的职业教育现象,将其问题化,还原为比较职业教育研究所能回答的问题,并能以比较职业教育研究的方式进行思考、分析乃至"解决"这个问题。但是,比较职业教育研究中的"解决"并不是直接解决现实问题,而是对这一问题的回答,最终结果并非指向行动,是一种新的思想、认识、解

---

[1] 何善亮. 论教育研究者的问题意识[J]. 教育理论与实践,2017(19):6—10.

释,或者说新的观念。因为研究本身是进行探索,我们不能期待一项研究就能解决具体的现实问题。这意味着,可以从职业教育实践活动中生成比较职业教育的研究问题,这是对当前职业教育困境的基本认识或理解,也是对职业教育现实问题的深度把握。

再次是外国职业教育理论、制度与政策。一直以来,比较职业教育研究大多停留在对外国教育制度与政策的"描述性叙事"上,缺乏规范、严密的分析论证过程,难以产生真正具有一定影响力的学术成果。所以,从这一角度出发去寻找比较职业教育研究中的问题,要打破现有的研究范式,转移比较职业教育研究的重心。一方面,比较职业教育研究的逻辑起点可以是各国职业教育理论的比较。理论可以反映、解释、预测各种教育现象,但是没有一种理论是完美的,任何一种理论都有其局限性,都不可能成为认识问题的唯一角度。[1] 因此,比较外国职业教育的理论可以获得具有一定解释力的理论视角。另一方面,以比较为特征的教育研究的科学性在于研究者是否能够立足于特殊情境下的教育现象,运用既有的外国教育理论、制度与政策进行本学科情境知识的积累,借此高瞻远瞩,而不是随潮流的亦步亦趋。[2] 目前,比较职业教育的研究虽然集结了不同国家、不同论题、不同语言的相关文献,但是大多数研究成果缺乏明确的比较设计,而研究选择某国理论、制度与政策进行比较的依据是当下的潮流或热点。

因此,比较职业教育研究中的问题是这个研究本身要通过探究进行回答的问题。相应地,比较职业教育研究的问题意识是指能从比较职业教育的角度出发,形成一个可研究的问题的意识,即能提出比较职业教育研究可回答的问题,这个问题可能来自观念或理论,可能来自职业教育实践活动,还有可能来自对外国职业教育理论、制度与政策的认识和理解。

三、问题导向下的比较职业教育研究路径转型

(一) 从"概念域丛"到"扎根实践"

职业教育研究有其特定的生长土壤——社会背景、政治制度、文化环境、实践活动、心理结构等,比较职业教育研究也不例外。比较职业教育研究者若要有创新性研究成果,就必须根植于自身特定的生长土壤。在借鉴的基础上,汲取自身的营养,这才是其发展的根本。因此,对于比较职业教育研究而言,倘若没有问题意识,脱离职业教育实践与社会现实,无异于切断了比较职业教育发展的源头,必将成为无源之水、无本之木。教育现实是比较职业教育研究问题的源泉。职业教育事实与经验的不符、职业教育经验与理论的偏差、职业教育理论与事实的不兼容等,都向我们表明,在比较职业教育研究中问题无处不在。

因此,比较职业教育研究应该直面教育实践,并将研究问题置于文化背景与社会背

---

[1] S. W. Little john, et al. Theories of Human Communication[M]. Long Grove: Waveland Press,2017:18.
[2] 王林浩,沈姗姗. 比较教育理论分析框架的历史演进及其启示[J]. 清华大学教育研究,2020(6):52-65.

景中通盘考虑。比较职业教育研究旨在不断生发出更多更好的教育方法和规律,而不是单纯增加介绍异域的职业教育事实。比较职业教育研究的发生、发展离不开研究者对职业教育现实的深切感受和对职业教育实践过程的实际行动,因此,比较职业教育研究应实现"知"与"行"的统一。比较职业教育研究终归是有关"人"的研究,这是开展比较职业教育研究所要关注的核心"问题"。一旦教育研究不再是为了"促进人的发展"的研究,其研究结果必将成为"非教育"的意见,其教育行动的逻辑也必将成为"非教育"的逻辑。① 为此,比较职业教育研究者必须充分关注人的发展问题。这种对问题关注的特殊性在于,使比较职业教育研究能够以持续发展和探索的姿态处理职业教育活动,以更好地改进和变革现有的职业教育实践。

(二)从"自说自话"到"文献回顾"

比较职业教育研究"以问题为导向",也就意味着,研究要围绕着职业教育的问题而进行,同时研究过程和结果的问题导向要明确,而不仅仅是作简单介绍。但是寻找问题的过程不是"自说自话"的过程,而是依赖于研究者自身的知识结构,尤其是研究者自身的理论知识结构。如果比较职业教育研究者本身没有系统的教育理论知识积淀,他就不可能产生理性的怀疑,不可能具有独立、科学的批判力。因此,个体理论知识的丰富程度及水平高低影响着其提出问题的水平,以及课题研究围绕问题而展开的可能性。我们可以借助于维果茨基的最近发展区理论去解释这一观点。当研究者的理论知识程度与新的认知冲突的差距恰好是研究者通过丰富其理论知识积淀就可以解决时,研究者必然能提出问题,进而能尝试解决问题;反之,当研究者的理论知识与新的认知冲突相距甚远,那么,研究者必然无法从新的认知冲突中觉察出问题。因此,比较职业教育研究者的理论知识积淀越深厚,认知触角也就更多、更远、更广,研究者的未知领域也就越大,越能同化新知识,发现新旧知识的联系,进而提出问题。

因此,比较职业教育研究者必须不断丰富和完善其自身的理论知识结构。理论知识是对实践活动的提升,它能帮助我们以不同的视角去审视当下的职业教育实践。文献回顾是帮助比较职业教育研究者丰富和完善自身理论知识结构的一种比较好的方法。通过文献回顾,不仅能帮助我们了解已有的相关理论和信息,并能对相关资料进行分析和提炼,还能帮助我们对研究进行定位,进一步理清思路。

比较职业教育研究文献回顾至少包含两方面:一是经典文献;二是同行的最新学术研究成果。在进行研究之前,比较职业教育研究者就要对这些已有的学术成果进行综述。通过文献综述,研究者的理论知识会更加丰富,问题意识进一步增强。因此,文献回顾是必要的,如果没有文献回顾,则没有前人研究的理论基础,而比较职业教育研究者的问题意识也无法形成。对于比较职业教育研究者而言,其选择的研究问题是否具有争议性?是否有前人研究可借鉴?是否能够解决?是否具有创新性?这都要经历文献回顾的过程,需要研究者通过比较、归纳、分析、综合来衡量。

---

① 吴原. 问题意识与教育研究[J]. 教育发展研究,2014(3):61-65.

（三）从"点之探讨"到"面之规划"

长期以来，比较职业教育研究领域高质量的研究成果相对较少。关键原因在于，比较职业教育研究者的选题大多是孤立"点"的探讨，而忽略研究"面"的规划。这与研究者本身的学术研究使命有关。如果研究者本身缺乏高尚的教育情怀、高瞻远瞩的教育视野，那么研究者可能不会对职业教育现实拥有强烈的关怀意向，也不会具备敏锐的问题意识和发现问题的洞察力，其研究结果也必然不尽如人意。

那么，什么是"面之规划"？通常情况下，为撰写一篇学术论文，我们会经历认知冲突的产生，再到逐步形成问题意识，经由文献综述确认研究选题，这个研究选题仅供这一篇文章使用。但是，如果我们在选题时，深思熟虑后，由一个选题生发出后续研究的选题群，能够对这一选题进行持续的、系统的、深入的探讨，这就是"面"的研究。比较职业教育研究的初衷在于探究职业教育的内在规律，建构职业教育的理论，同时能够指导职业教育实践。职业教育问题研究得越透彻，越会深得其意。因此，比较职业教育研究者"视野要广、取材要精、角度要新、挖掘要深"。这不仅有利于比较职业教育研究的延续性和系统化，而且对于研究者来说，做好研究"面"的规划后，按部就班地进行探究，假以时日，必有所成。

比较职业教育研究者在进行研究选题时，不能只从职业教育的视角出发，并局限在这一领域之内进行探讨。比较职业教育研究是一门应用性很强的领域，与其相关的领域交叉甚多。多熟悉一个领域，多接触一门学科，多接触一种专业，能帮助我们进一步丰富自身的理论知识结构，获得不同的研究视角和思路，在遇到新的认知任务时，能促进问题意识的发生，增强进行学术研究的敏感度。因此，比较职业教育研究者要敢于打破传统的研究思路，只要有利于研究问题的解决，可以充分借鉴政治学、经济学、历史学、文化学乃至自然科学等的研究优势，以打破固有陈旧的思维局限。

第二节　比较职业教育研究的本土立场

比较职业教育研究的宗旨是，融会贯通不同民族职业教育的传统，通过比较彼此对话，丰富世界职业教育发展的"百花园"。然而，当前比较职业教育研究领域呈现出较明显的西方中心主义倾向，在研究中多以西方的标准来衡量，甚至存在将国际化理解为西方化的误区。在全球化进程不断加快的背景下，本土意识丧失和本民族特色虚化问题在比较职业教育研究中表现突出。在不断走向世界的过程中，我国比较职业教育研究如何对待经典理论的研究，在和西方学界对话过程中如何坚守本土立场，都有待于哲学层面的进一步厘清。

一、西方中心主义下的本土意识缺失

比较职业教育研究的重要目的在于，融通不同民族的职业教育传统，通过比较进行

平等对话、交流,从而促进本民族职业教育办学实践的改善。然而,现实中的比较职业教育研究并非如此,甚至长期存在西方中心主义的现象。

(一) 西方中心主义的历史探源

西方中心主义通常被理解为西方通过自身的文化规范、习俗和标准来看待世界并对其进行评估的倾向。[①] 比较职业教育研究在本质上属于社会科学研究的范畴,而社会科学建制的历史通常以西方为中心。现代社会科学起源于19世纪的欧洲,法国大革命之后,欧洲社会被政治冲突、城市化和社会动荡所震撼。[②] 彼时,欧洲社会的自然科学研究蒸蒸日上,自然科学研究方法受到推崇,特别强调以科学的研究范式探究事物发展的规律与原则,从而加强人类掌控自然的力量。在混沌动荡的社会中,这种研究倾向也被带入社会科学研究之中。以孔德等为代表的知识分子试图从剧变的社会生活中找到与牛顿物理学相似的法则,以期解释令人困惑的社会谜团,寻找新的出路。当时的社会科学研究正是为了应对欧洲社会问题而产生的,不可否认这是一场革命性的进步,大大推动了欧洲的现代化进程。而后,随着启蒙运动的兴起,西方中心主义思想逐步凸显,成为欧洲精英谋求社会利益的一套独特而有力的信念,并为其思想提供了学理基础。[③] 随着欧洲殖民力量的扩张,这种西方中心主义的思想逐渐渗透到非西方社会结构之中,成为"现代"与"发达"文明的代名词。然而,值得注意的是,社会科学与人文学科不同,其研究深深根植于特定时期、特定背景与特定文化情境之中,对于其他社会形态是否同样适用不能一概而论,其解释力也会随着时间与空间的变化而发生相应变化。遗憾的是,西方中心主义立场对社会科学研究各领域带来严重冲击。这种观点在包括比较职业教育研究在内的现代社会科学研究中广泛存在,导致西方中心主义立场的长期盛行。

从认识论角度来看,随着时间和空间的巨大变化,不少原有的西方理论已经无法解释特定国家的社会现实,尤其是发生在非西方社会的种种现象。然而,西方主流社会科学界在很大程度上选择对这些新变化视而不见。而这种"不作为"甚至演化出一种激励信号,激发更多研究者,尤其是非西方社会的研究者更为狂热地收集、挖掘西方社会科学研究与社会经验,试图去不断地验证或应用西方理论,而不是从本民族和本土实践出发去找寻问题的关键所在。西方中心主义不仅在西方世界得以崇尚与彰显,甚至可以超越自身文化特殊性而彰显于非西方社会。

(二) 西方中心主义在比较职业教育研究领域的蔓延

从本义来看,全球化的目的在于推动比较职业教育研究领域的学术繁荣,尊重不同文化传统、坚持多元立场是实现彼此平等对话的基本前提。然而,就现实而言,由于在

---

① 杨锐,叶薇.百孔千疮:当代比较和国际教育研究方法论批判[J].比较教育研究,2019(3):68-77.
② I. Wallerstein. Eurocentrism and Its Avatars: The Dilemmas of Social Science[J]. Socio logical Bulletin, 1997, 46(1):93-107.
③ 杨锐,叶薇.百孔千疮:当代比较和国际教育研究方法论批判[J].比较教育研究,2019(3):68-77.

职业教育实践层面落后于西方,不少学者在开展比较职业教育研究时仍会不自觉地陷入西方中心主义立场,并受到其学术话语体系的支配。比较职业教育研究是一种国际性的活动,西方中心主义立场势必会产生负面影响,使得比较职业教育研究领域失去多样化发展基础。

1. 价值取向的西化

目的是与价值紧密联系在一起的,目的的提出往往与研究者的价值取向密切相关。作为一种目的性较强的研究实践活动,比较职业教育研究从选题到设计再到实施各个环节都隐含着研究者的价值取向。就此而言,比较职业教育研究领域在价值取向方面呈现出较为明显的西方中心主义立场,甚至将国际化等同于西方化。在这种立场下,不少学者更愿意在 SSCI 数据库收录的国际期刊上发表论文,而不愿意将最前沿的研究成果发表在中文期刊上。大量比较职业教育研究者及其研究成果缺乏对本土文化的基本认知与尊重,并夹杂着对西方职业教育办学实践近乎偏执的模仿与照搬,从而导致价值取向的全盘西化问题。这样的价值取向已经超脱了学术立场的范畴,更暗藏了一种隐蔽的政治立场,代表着丧失主体意识的自我矮化。[①] 当越来越多的学者寻求将西方中心主义作为价值取向之时,将会在很大程度上忽视对本土职业教育实践的关注以及本土职业教育的理论创新,在不断为西方经典理论做注脚过程中迷失自我,甚至出现"问题在域外、解释在域内"的尴尬研究境地。

2. 研究思维的盲从

西方中心主义立场也塑造着比较职业教育研究者的思维方式,其典型特征是,研究者逐渐失去对本土职业教育实践的敏感性。在西方中心主义立场下,西方职业教育理论与实践具有先天的优越性,而对这种优越性的信奉容易使研究者陷入盲从,而意识不到其可能存在的不足与缺陷。对此,有学者发出善意的提醒,过往的许多比较职业教育研究有这样的预设:某国家在职业教育领域的实践是先进的、更高水平的,值得我们借鉴和学习,但即使发达如北欧,其职业教育实践与改革也会面临一些困境和挑战,且它们与我国职业教育实践所面临的一些挑战有类似之处,也许其背后可以反映出职业教育发展的一般规律。[②] 尽管有部分研究开始尝试突破西方中心主义的研究思维,从更为客观的本土化视角探究西方国家职业教育办学经验,但总体上来看,这种研究思维的彻底转变仍旧要经历一个漫长的过程。

3. 反思意识的缺失

在比较职业教育研究中,反思意识是研究科学性的重要保证,对于整个研究过程至关重要。无论是问题的提出,还是研究设计,抑或是研究发现的撰写,实际上都需要具备反思意识,并在不断反思的基础上优化研究。然而,在比较职业教育研究中,这一环

[①] 熊易寒.中国社会科学的国际化与母语写作[J].复旦学报(社会科学版),2014(4):116-123.
[②] 李俊,穆生华.职业教育公共政策的两难困境——北欧职业教育的现状、改革与启示[J].高等工程教育研究,2021(3):133-138.

节仍然比较薄弱。米尔斯(C. W. Mills)所提出的"抽象经验主义"概念可以为解释这一现象提供一定参考。所谓抽象经验主义,是指社会学研究中存在的从自身目的出发,大量收集数据却无法建立一个能够赋予这些数据以意义和价值的理论框架的现象。[①] 在比较职业教育研究领域,往往表现为,研究者倾向于将西方经典概念、理论框架等奉为圭臬,并直接以此为依据收集与分析本土数据,进而得出研究结论,而不去反思西方经典概念、理论框架的适用范围、应用空间与局限性。诸如此类的研究,表面上遵循了国际研究范式,并致力于为国际职业教育研究做知识贡献,但由于未能触碰到本土职业教育实践的核心问题,往往导致其很难实现真正意义上的重大理论创新。在此意义上,与其说研究者在进行比较职业教育研究时缺乏一定的反思能力,不如说其在本质上缺乏基本的反思意识。

二、西方中心主义下中国职业教育知识生产角色的争议

长期以来,比较职业教育研究者往往会不自觉地将中国的职业教育研究等同于经验,而将西方的职业教育研究等同于理论,似乎中国职业教育研究只能贡献地方性知识,而无法生产具有普世意义的全球性知识。如果将西方理论作为衡量标准,会下意识地将中国职业教育实践视为病态或残缺形态,这就陷入一种不平等的对话之中。从比较职业教育研究的功能和目的来看,这种观点有失偏颇。

(一) 基于主体间性关系视角的分析

就主客体关系而言,研究者可称为比较职业教育研究的主体,而职业教育发展事实可称为比较职业教育研究的客体。而在进行具体的比较职业教育研究时,由于研究者所处国别的不同,又可将本国职业教育发展事实定义为内客体,将他国职业教育发展事实定义为外客体。需要指出的是,此处所讲的事实本质上为主体对现实的反映。正是这种内外客体之间的差异为比较职业教育研究提供了必要条件,也为不同国家职业教育办学实践的交流与对话提供了可能性。当然,内外客体之间的交流与对话是以主体的介入为基本前提的。在这一过程中,如果有一方主体对另外一方主体形成压倒性优势,那么就有可能带来双方之间交流与对话的不平等。之所以中西方职业教育会陷入一种不平等的交流与对话,在很大程度上取决于西方比较职业教育研究者的优越心态,以及本土比较职业教育研究者的弱势心理。由于受到西方中心主义思想的影响,非西方研究者往往会不自觉地将西方职业教育发展事实置于上位,而将本土职业教育发展事实置于下位,实际上就隐含了一种不平等的关系立场,正是这种立场的存在导致双方无法实现平等交流与对话。

究其根源,作为职业教育的后发国家,中国职业教育在办学实践上相比西方国家长期存在各方面的不足,实践中的不足也影响到中国比较职业教育研究者的主体意识,甚至造成中西方比较职业教育研究者主体间性关系的失衡。对于学术而言,比"主体性"

---

① C. W. Mills. The Sociological Imagination [M]. New York: Oxford University Press, 1959: 3 - 58.

更为重要的是"主体间性",这是因为自我的发现往往是与他者进行比较的过程之中得到的。① 拥有良性生态的主体间性关系强调,主体之间具有平等的关系,虽然存在发展阶段的差异,但这种发展阶段的差异并不能成为强势一方对弱势一方进行文化霸权的理由。长此以往,受这种不平等主体间性关系的影响,研究者在进行比较职业教育研究时,往往以西方比中国发达为前提假定,在分析外客体职业教育事实时致力于分析其成功的一面,而较少甚至忽略其失败的一面。并且,在没有经过系统比较与深刻反思的基础上,仓促提出西方国家职业教育发展经验对我国的启示,其实质是对自身主体性的让渡。

(二) 基于理论与经验关系视角的分析

尽管不同国家在职业教育制度安排、办学思想、组织形式等方面存在一定差异,但还是存在一般性的职业教育发展规律,而对于规律的探索过程实际上也是理论生成的过程。对于比较职业教育研究而言,经典理论一定是具有实践关怀的,缺乏实践基础的理论很有可能由于虚假概念的堆砌而成为"空中楼阁"。而且,理论的生成并没有国界之分,基于本国或他国职业教育办学经验提出具有生命力、解释力的职业教育理论是比较职业教育研究者的使命所在。在比较职业教育研究中,中国学者的研究同样要将理论的生成作为重要价值取向,这是与西方职业教育实现理论对话的基本前提。比较职业教育研究者不能简单地将理论创新视为西方学者的任务,而将经验解释作为中国学者的任务。这意味着,在进行比较职业教育研究时,不能一味地用西方职业教育经典理论裁剪中国职业教育实践经验,而是将西方视为经验上的他者。

然而,这一朴素想法在现实的比较职业教育研究中却很难得到验证,甚至出现"学术殖民主义"的现象。其主要表现形式是,过分强调西方经典职业教育理论的神圣性,不将本土职业教育理论的生成作为研究目的,片面强调借助西方经典理论解释中国复杂的职业教育实践,其本质上是为西方提供一个了解中国职业教育实践的窗口。在传统的西方霸权主义话语背景下,比较职业教育研究往往会产生这样一种分工,即中国学者通过提供关于本土经验的案例与数据为西方经典理论体系做"注脚",西方学者在此基础上对来自中国的经验材料做进一步加工,并上升到抽象理论的高度,进而反过来继续指导中国职业教育的办学实践。长此以往,就容易陷入一种循环往复之中。如此一来,中国比较职业教育研究者容易陷入"拿来主义"的思维定式,频繁使用西方的研究概念、分析框架等,较少主动产出具有原创性的理论知识,更多扮演的是理论应用者而非生产者的角色。当然,以削足适履的方式用西方职业教育理论裁减中国职业教育办学实践经验固然存在不妥,但也不能一味地以中国主位为理由拒绝理论对话。否则,很容易陷入矫枉过正的地步。

(三) 基于特殊性与普世性关系视角的分析

回顾当下的比较职业教育研究成果,需要反思的问题是:所谓西方职业教育的经典

---

① 熊易寒. 中国社会科学的国际化与母语写作[J]. 复旦学报(社会科学版),2014(4):116-123.

理论是否真正具有跨越国界、适用于其他社会的普世性价值？而中国职业教育办学实践的特殊性又是否会在与西方职业教育理论对话中被遮蔽？亦即，我们应该如何看待比较职业教育研究中特殊性与普世性之间的复杂关系，以及如何看待地方性知识和全球性知识生产的使命。对于比较职业教育研究者而言，应该更多地从自身问题出发，而不是从他人问题出发，寻找有价值的研究课题，并通过规范的研究设计与资料分析，找到可能的问题解决方法与对策。当然，这种问题的提出可能与个人经验密切相关，甚至带有较强的地方文化色彩，展现出一定程度的特殊性。但这种特殊性的存在，并不意味着对普世性的忽视。比较职业教育研究者要做的是，超越自身狭隘的认识，抛弃自我的偏见，尽可能地以一种开放的心态融入国际职业教育交流中，并为促进职业教育研究领域理论知识体系的完善做出贡献。

相对而言，具有特殊性的地方性知识生产存在一定局限性，其适用情境往往较为有限。与此不同，具有普世性特征的全球性知识生产往往以实在性事实为基础，其生产过程往往要经历较为复杂的比较与反复思量。遗憾的是，长期以来，受西方中心主义立场的影响，中国比较职业教育研究者更习惯于从西方借鉴学习具有普世性价值的理论与经验。作为舶来品，职业教育在20世纪初引入中国。新中国成立以后，尤其是改革开放以后，为提升职业教育办学水平，不少地区探索将德国、英国、澳大利亚等国家的职业教育办学模式引入中国，甚至在学习西方职业教育办学经验的道路上陷入路径依赖之中。这种实践层面的落后局面也在一定程度上影响到比较职业教育研究者的学术立场，导致其对于生产具有普世性价值的本土理论缺乏信心，而更愿意扮演地方性知识生产者的角色。事实上，改革开放以来，中国职业教育发展取得举世瞩目的成就，并逐渐形成职业教育发展的中国经验，为推动国内经济社会发展做出了巨大贡献。[1] 伴随着"一带一路"倡议的实施，中国职业教育办学模式也推广到不少沿线发展中国家。作为中国的比较职业教育研究者，需要拥有更多的理论自信，并自觉承担起为世界职业教育发展生产全球性知识的重任。

三、走向世界的中国比较职业教育研究

当今世界，全球化已然渗透到教育的各个领域，不同国家之间的职业教育交流也更加频繁。随着网络技术的不断进步、研究工具的日益完善，研究者可以更为便捷地从他国获取所需要的资料，前往对象国进行实地考察也比以往更加便利。站在新的历史起点上，比较职业教育研究者的使命不再是单纯意义上对国外职业教育办学经验进行简单介绍，而是努力将"论文写在中国大地上"，讲好"中国故事"，将中国立场贯穿于整个研究过程之中。当然，这种对中国立场的坚持并非排斥世界，而更多的是为世界职业教育理论与实践领域发展做出中国贡献。

---

[1] 郝天聪.服务"一带一路"建设的职业教育：经验与挑战[J].教育发展研究，2017(17)：62-68.

(一) 培植对本土职业教育实践的文化认同感

由于起步较早,西方国家在职业教育实践领域已经形成一定的先发优势,并将其实践经验不断传递到以中国为代表的职业教育后发国家之中。但这种先发优势并不是绝对的,而且其发展经验不可能适用于所有国家,盲目照搬只会带来"南橘北枳"的问题,这是比较职业教育研究中应该具有的基本常识与判断。中国比较职业教育研究水平的提升有赖于对本土职业教育实践的深刻体悟,更重要的是培育对本土职业教育实践的文化认同感。

就具体路径而言,一方面,培育对本土职业教育实践的文化自觉。文化自觉是费孝通先生在20世纪末提出的概念,指对本民族文化的自我觉醒、自我反思和理性审视,即生活在一定文化历史圈子中的主体对自己的文化应该有自知之明,既清楚长处,也了解短处,同时也要了解和认识其他文化,处理好本土文化与外来文化的关系。① 费孝通先生所提出的"差序格局"正是基于对本土文化的自觉,并在与西方"团体格局"比较过程中产生的概念。对比较职业教育研究者而言,这种文化自觉意味着从个人熟悉的经验出发,探讨中国职业教育办学实践中的真问题,并站在世界性的高度审视这一问题的重要性。此处所讲的世界性并非浮于表面的对空洞的乌托邦的追求,而是扎根于大地之上的对美好世界的现实憧憬。即便是对世界职业教育发展实践的观察,也需要以具有地方色彩的本土经验为起点,批判性地分析其对于中国职业教育办学实践的可借鉴之处以及不可借鉴之处。

另一方面,培育对本土职业教育实践的文化自信。文化自信实际上是对文化自觉的进一步深化,即将本文化与异文化之间的区别更多地看作是一种差异,而非简单意义上的差距。面对全球化的大潮,尤其是西方文化的侵袭,民族文化理应在碰撞中守望优秀传统,在多元中彰显自身的个性与特色,实现文化自信。② 这种文化自信意味着,比较职业教育研究者既不能妄自菲薄,也不能抱有自卑姿态,要客观地去总结职业教育办学实践的成功之道,而不将国别作为影响职业教育成功办学实践的唯一变量。这提醒我们,在具体研究过程中要抛弃对西方文化的盲目崇拜,客观地分析其职业教育成功办学实践的发生机制,不在西方经典理论框架下对中国职业教育办学经验进行剪裁,而是扎根于本土职业教育实践,致力于生产具有全球性特征的职业教育理论知识。

(二) 彰显比较职业教育研究的民族性

长期以来,比较职业教育研究在介绍国外职业教育发展动态、服务政府职业教育决策咨询等方面做出重要贡献。但是,比较职业教育研究者不仅要"向外看",而且要"向内看"。通过深入了解世界各国职业教育发展的实际状况,为中国职业教育发展实践服务,为解决中国职业教育问题提供指导方案。如果在未对本国职业教育实际情况加以

---

① 张友谊. 从文化自觉到文化自信[N]. 光明日报,2017-11-29(第11版).
② 李政涛. 文化自觉、语言自觉与"中国教育学"的发展[J]. 华东师范大学学报(教育科学版),2010(2):9-16.

分析的基础上,单纯探讨国外的职业教育办学经验,必然会造成比较职业教育研究与本土职业教育发展实践的脱节。如此一来,不仅很难生成具有生命力的职业教育理论知识,而且很难真正指导职业教育办学实践。为扭转这一不利局面,需要在比较职业教育研究中进一步彰显民族性。

一般而言,民族性是指本民族特有的行为方式、思维方式等,是其区别于外来民族的外显特征的集合。具体在比较职业教育研究中,就是使研究成果根植于本民族的职业教育实践土壤。其中,最为关键的一环就是能够直面中国职业教育实践,提出贴近本民族实际、彰显本民族特色、推动本民族发展的本土化职业教育问题,并在此基础上展开国际比较研究。问题提出的基本方法是深度挖掘职业教育发展的事实,反思问题与个人经验和知识背后所蕴含的民族精神内涵,探索在中国语境下职业教育研究者才能感受到的内隐观念、法则和规范等,并在对前人研究成果回顾的基础上进一步明确研究问题。而后,通过比较研究方法的运用,探讨造成不同国家职业教育办学实践差异的关键影响因素,并探讨可能的解决路径。当然,比较职业教育研究并不直接指向现实问题的解决,而是致力于为解决现实问题提供实证依据,其最终结果也并非指向现实行动,而是为引导现实发展提供新的思想、认识或解释等。

由此,当我们冲破禁锢思想的西方中心主义立场的影响,以平等姿态寻求中西方职业教育之间的对话时,不仅可以促进本土职业教育理论知识的生产和实践经验的积累,而且可以为世界职业教育办学模式的不断完善贡献中国智慧。

(三) 构建中国特色的职业教育研究话语体系

在全球化时代,不同国家职业教育办学之间的互动已不可避免。理想形态是,不同国家职业教育之间可以在互动中取长补短、彼此互鉴。如有学者所言,发展出一套以反映不同文明、尊重多元文化为特征的思想在人类历史上第一次变得真正可能,这将对消除文明冲突大有裨益。[①] 然而,就现实情况来看,比较职业教育研究者往往将西方职业教育办学实践优于我国作为前提假定,导致研究成果具有明显的西方中心主义色彩,即便文章撰写使用的语言为中文,但理论和思路却常常来自西方,而忽视了本土职业教育研究话语体系的构建。由此,也未能形成成熟的研究范式。不少比较职业教育研究者满足于对西方职业教育办学实践的经验式介绍,直接套用西方职业教育理论的现象仍较为普遍。虽然比较职业教育研究的理论工具应用比以往更为广泛,但缺乏批判意识的借鉴只能使相关研究成果流于形式,难以对本土职业教育话语体系的构建带来实质性帮助。

为进一步提升我国比较职业教育研究学术水平,我们需要的不仅是对西方话语体系的借鉴与吸收,更重要的是在与西方话语体系对话过程中,基于对本土职业教育实践的深刻体悟,生成具有本土特色的职业教育研究话语体系,着力挖掘话语体系的中国风

---

① J. S. Gundara. Global and Civilizational Knowledge: Eurocentrism, Intercultural Education and Civic Engagements[J]. Intercultural Education, 2014, 25(2):114-127.

格与中国气派。具体而言,要做到以下三点。一是在全球化背景下,中国比较职业教育研究不仅要为世界提供中国经验,而且要致力于在职业教育知识创新方面做出理论贡献。二是要进一步梳理比较职业教育研究与广泛意义上的社会科学研究之间的关系,加强不同学科之间的跨界合作,并从其他学科话语体系中汲取营养。三是要善于回到自身的文化传统,从中国文化传统出发解释职业教育实践中的现象,在继承传统中不断开拓创新,生成具有较强解释力的本土概念,并积极寻求与其他国家在相关发展议题上的平等对话,努力在国际交流舞台上讲好"中国故事"。

当然,构建中国特色的职业教育研究话语体系,并非走向另一种极端的民族中心主义,而是以民族之眼洞察本国职业教育发展事实,以更加开放的姿态寻求与其他民族传统的交流与对话,努力融入职业教育发展的全球化格局之中,使世界了解我们、承认我们,并为世界职业教育的理论与实践创新贡献中国力量。

第三节 比较职业教育研究的发生学思维

发生学最早起源于生物学领域,是遗传学的一门分支学科,主要研究的是生物学中有机体的遗传性及其变种问题。这一概念后来被引入社会科学研究领域,内涵和适用范围得到了扩展,已经成为一种具有普遍意义的科学研究方法。从学理层面来看,发生学是反映和揭示自然界、人类社会和人类思维形式发展、演化的历史阶段、形态和规律的方法。其主要特点是把研究对象作为发展的过程,在动态的分析考察过程中重点关注主要的、本质的、必然的因素。[①] 本书试图结合发生学思维方式,从历史发生学思维、系统发生学思维、现象发生学思维和认识发生学思维四个方面出发探讨比较职业教育研究的创新路径。

一、历史发生学思维

发生学本质上包含历史分析的内容与方法,而比较职业教育研究本身就具有跨学科性和开放性的属性特征。因此,从历史发生学思维来看,比较历史分析是比较职业教育研究的应有之意。比较历史分析是理解职业教育,特别是探索宏观职业教育问题的重要手段,也是从历史视角透视职业教育变迁轨迹的重要途径。例如,对职业教育与国家/民族发展、体制机制变革等大问题、大结构、大过程的因果关系研究和过程研究,必然需要研究者具有历史发生学的思维。

(一)比较职业教育研究中历史发生学思维的应用价值

早期的比较历史分析主要集中在社会学研究领域,后因行为主义的冲击而陷入沉寂,又因战后社会科学家对当时研究的非时序性和过度抽象性弊病的反思而复兴。几

[①] 冯契.哲学大辞典[M].上海:上海辞书出版社,2001:318.

经发展,现代比较历史分析的研究视野不再局限于宏观问题,而是纳入了中观问题,探索其因果关系、过程及连接机制,强调纵向历时性进程并进行横向共时性背景制约式比较。现代比较历史分析更加积极地借鉴、融合多学科的研究方法,如比较法、案例分析法等,以此加强社会科学因果解释的洞察力和分析力。

比较职业教育研究强调以他者视域解读和理解他者职业教育,在阅览全球中实现认识自我和尊重他者,"和而不同"是其重要研究宗旨。比较职业教育研究并不是简单地罗列共同点和不同点的描述性研究,而应是对关系和关系方式的更高水平的抽象研究。从比较角度探索教育现象的特殊性在于,它真正的对象就是从两个或更多的教育领域中发现的、抽象的关系类型;它真正的目的就在于从更高的抽象水平上建立和阐述这些类型之间的新关系。[①] 而且,从历史视角进行比较职业教育分析具有重要的决策价值。明天有关教育的不断的对话必须包括一个有力的比较的成分,所有的国家和教育制度同时受到挑战,这一事实明显地要求进行比较分析。[②] 其意在表明,今日的比较研究,可以为明日的科学决策提供依据。当然,比较职业教育研究亦不例外。

然而,长久以来,比较职业教育研究中存在大量跨时空拼凑和零散思维碎片化知识的现象,生搬硬套、矫揉造作的无效结论过多,有实践指导意义的研究较少,常常受到外界的质疑和批评。要想使比较职业教育研究摆脱危机,就需要在思想深化和理论创新方面下功夫。在具体研究中,要从浅表的形式化比较走向跨文化、跨学科的内在透视,从借鉴与模仿走向批判与融合,从外部的翻译介绍走向内在的精神抽象,实现研究对象及学术知识在主体知识结构内部进行对话、阐释、互动及重组的过程。[③] 如前所述,比较历史分析既注重一般性规律,又注重对特定现象的深度分析,有助于拓宽比较职业教育研究的广度和深度,为比较职业教育研究实现科学化提供了必要性与可能性。另外,比较历史分析注重通过多元方法的交叉融合来深化对研究对象的认识与理解,有助于推动比较职业教育研究方法的多元化发展。总之,比较职业教育研究可以借鉴现代比较历史分析法从更高的抽象水平层次获取对职业教育问题的深刻洞察,丰富比较职业教育研究的路径与手段,提高比较职业教育研究领域的整体水平。

(二)比较职业教育研究中历史发生学思维的应用原则

1. 关注历史演变和时间序列

注重真实的历史顺序和时间过程是唯物辩证法和历史比较分析法在比较职业教育研究领域的自觉运用,也是马克思主义历史发生学的基本原则。如同社会革命、国家形成等宏观现象,职业教育的产生与变革并非是某个单一的、固定时间点或时间阶段发生的事情,也不是一成不变的事件,而是随着时间的推移,在时间的持续形塑中展开的过

[①] 卡洛斯·E.奥利韦拉.比较教育:什么样的知识?[M]//赵中建,顾建民.比较教育的理论与方法——国外比较教育文选.北京:人民教育出版社,1994:309+327.
[②] 埃德蒙·金.别国的学校和我们的学校——今日比较教育[M].王承旭,等译.北京:人民教育出版社,2000:4.
[③] 付轶男,饶从满.比较教育学科本体论的前提性建构[J].比较教育研究,2005(10):1-6.

程。在历史发生学思维下,比较职业教育研究强调按照职业教育自身产生、发展的轨迹探索职业教育办学规律。因此,比较职业教育研究者需要将职业教育办学实践的时间结构纳入分析中,还要考虑相对另一职业教育办学实践发生所产生的影响。具体而言,基于比较历史分析视角探讨职业教育问题主要关注两个方面内容:一方面是职业教育办学实践持续时间的长短如何影响职业教育办学实践,另一方面是职业教育办学实践出现的时机如何影响职业教育办学实践。

对于真实的历史顺序和实践过程的关注,可以使比较职业教育研究形成多种分析时间影响的方法,包括建立职业教育实践活动的因果顺序、分析随着时间出现的职业教育实践协变、非线性以及不对称的过程、关注职业教育实践的周期效应、关注职业教育实践的路径依赖过程等。上述方法深化了时间对于职业教育实践因果影响的洞察力和分析力。无论从哪个角度来讲,历史发生学思维始终是审视、理解和阐释职业教育的一个极为重要的参照系。正如许美德所言,要想理解各种教育制度与实践,就要通过向历史回溯,以求穿透眼前的各种教育表象。[①] 无论是横向的共时性比较,还是纵向的历时性比较,都无法脱离历史顺序和时间过程,这样才能从职业教育实践的内在机理切入,回到客观的历史显示,实事求是地按照职业教育实践活动的发展逻辑理路进行研究。

2. 注重因果规律的探索

历史联系往往是多样的、立体的,而且通常呈现为纵横交错的状态。从这一角度来看,历史发生学思维就是人们把握和领悟历史事件之间相互联系的能力。历史发生学思维强调理解和诠释,注重将原因假设和结果嵌为一体的连接机制,企图以此阐明因果关系。传统的比较职业教育研究主要以静态描述为主,这种基于固定思维做出的浅表化、碎片化比较职业教育研究存在一定的弊端。相比之下,从历史视角切入比较职业教育研究,强调基于问题导向的历史重建和背景制约式比较的规律总结。由此,运用比较历史分析的方法,探讨因果关系以及因果连接机制就成为比较职业教育研究的重要内容。

对因果关系的探索可以使比较职业教育研究超越"浅层描述"而逐渐走向"深度解释",并通过严密的研究程序实现比较职业教育研究的系统化和完整性,进而提升其科学性。按照因果关系推断的一般流程,可以将比较职业教育研究划分为五个阶段,包括形成假设、选择案例、数据收集与分析、研究发现、研究结论和讨论,整个研究过程具有较强的系统性和结构性特征,有助于实现对职业教育现象及规律的深度挖掘。依照上述研究步骤,基于比较历史分析方法展开职业教育研究将更加具有现实可行性。通过比较历史分析,可以将历时性过程追溯和因果证据串联起来,形成完整的因果关系链和因果机制,构建清晰的职业教育认知地图,推动比较职业教育研究提高对过往职业教育问题的解释力,对现时代职业教育办学实践症结的揭示力,以及对未来职业教育科学发展方向的洞察力。

---

① 许美德. 为什么研究中国教育?[C]//中国教育:研究与评论(第3辑). 北京:教育科学出版社,2002:3.

概而言之,历史发生学思维强调,比较职业教育研究不能停留在传统的对某一阶段职业教育办学实践片段的浅层分析,而是应该在长时段的历史长河中分析该段历史在其中的位置,以史为鉴,有助于在比较职业教育研究过程中理清历史发展的脉络。同时,借助历史发生学思维对某一阶段职业教育办学实践进行因果关系的探索,有助于深入历史情境中思考职业教育办学实践问题,厘清其在历史发展进程中的内在性逻辑而不是预生性逻辑,从而不至于对特定历史环境下的职业教育办学实践妄作是非价值判断。

二、系统发生学思维

系统发生学就是指循环、周转、社会再生产等活动的系统生成和相互构成的层级,以此形成社会演化空间,推进社会时空结合。[①] 在此意义上,系统发生学思维强调,系统就是不断生成的规定性,且是具有多维度子系统的动态生成及子系统交互发生作用的动态过程。职业教育是一种跨界的教育类型,也是一个开放的教育子系统,职业教育的形成和发展具有复杂的系统发生学机制。对比较职业教育研究而言,同样需要系统发生学思维。

(一) 比较职业教育研究中系统发生学思维的应用价值

在比较职业教育研究中,自觉运用系统发生学思维具有重要意义。一方面,宏观研究是比较职业教育研究领域的重要特点,该领域对于职业教育体系、职业教育制度、职业教育改革等重大问题的整体把握是职业教育研究其他领域无法做到的。因此,无论从其功能取向上看,还是从价值定位上看,比较职业教育都需要重视宏观研究。另一方面,比较职业教育研究对象具有多重因素决定性、结构和功能统一性的特征。一个国家或一个地区的职业教育观念、职业教育制度和职业教育实践活动的影响因素多种多样,包括文化传统、政治、经济、科学技术、哲学思想、国际关系等。在比较职业教育研究过程中,这些因素都会带来不同程度的影响。另外,职业教育内部各要素之间在一定的时间和空间中存在着特定的关系,这些关系形成特定的结构,相应地发挥着特定的功能。同样的职业教育结构未必会有相似的功能,只有从系统的视角整体看待职业教育内部要素、结构与外部影响因素,才能弄清一定的职业教育结构所反映的社会政治、经济和文化背景、概况与面貌。

对职业教育问题和职业教育现象的探究必须将其置于社会大背景下进行系统考察和比较分析,这样才能形成整体性认识,从而实现对研究问题的全景透视。如有学者所言,在每一个教育背景之内,人们成功地参与教育和文化活动已不局限于看问题时要力求合理的客观性了;这种参与成为他们自己的一部分;它提供他们的生活语言、联系网

---

① 许光伟.《资本论》第二卷的逻辑:系统发生学[J].当代经济研究,2012(1):1-7.

络、希望网络,以及他们自己在活动中的任何扩展。[①] 从某种意义上而言,该观点强调"学校外部的事情甚至比学校内部的事情更重要"。这就意味着,深化推动比较职业教育研究,不仅要研究各国职业教育的客观现象和解决各种职业教育问题的经验,还要深度分析不同国家在内外部职业教育办学环境方面的差异,探究各国职业教育发展的有利条件,明确各国在政治、经济与文化等方面的独特背景,从而揭示各国职业教育的特点和共同规律,探索职业教育办学实践的必然趋势。

(二) 比较职业教育研究中系统发生学思维的应用原则

1. 进行系统的背景嵌入式比较

在系统发生学思维下,比较职业教育研究假定要分析的职业教育现象或职业教育问题扎根于特定国家或社会的经济、政治、文化等大背景之中并受到其综合影响。因而,通过对经济、政治、文化等社会子系统的综合性考察可以进行因果解释和规律总结。比较职业教育研究往往不是以得出全世界范围内具有普遍意义的结论为直接目标,而是从研究主题、时间、地理等方面出发框定研究范围,只选择可以合理分组在一起的研究案例和研究对象。对比较职业教育研究者而言,需要建构一个在理论上合理的,具有客观可比性的关于职业教育特定现象或特定问题的子集,然后致力于对属于该范畴的案例进行理论化、抽象化、概括化。

基于系统发生学思维的比较职业教育研究不是就职业教育本身谈职业教育,而是主动关联职业教育的多重要素、多重结构、多重维度,自觉进行有系统比较视角的研究。这就意味着,比较职业教育研究不仅要关注职业教育要素和结构的静态比较分析,还要关注各种要素的关系构成、作用方式、功能实现及其动态变化的过程,并在此基础上厘清研究主体和客体之间多维度、多层次的关系及其相互作用的过程与结果。如此一来,将更有助于形成关于比较职业教育研究的体系化思考,并在该研究领域形成知识的持续积累与创新。

2. 关注意识形态和价值观的影响

虽然知识研究不鼓励直接宣传或弘扬意识形态,但几乎所有的社会研究作品都具有潜在的意识形态立场。[②] 因此,在比较职业教育研究中如果对意识形态立场缺乏洞察,就会出现"只见树木,不见森林""只知局部,不知整体"的问题。例如,从某一国家借鉴了某种职业教育理念、职业教育理论或者职业教育概念,但却没有意识到该种理念、理论或概念背后隐藏的意识形态立场,结果就会导致对这种理念、理论或概念的无效移植,反而增加了职业教育改革的成本和阻力。

除了意识形态,比较职业教育研究还受价值观的影响。如果有彼此相近的价值观,则会使引入的别国的职业教育理念、职业教育理论或者职业教育概念更容易转化、内

[①] 埃德蒙·金. 别国的学校和我们的学校——今日比较教育[M]. 王承旭,等译. 北京:人民教育出版社,2000:42.

[②] 张静. 社会学论文写作指南[M]. 上海:上海人民出版社,2018:24.

化。就某种程度上而言,比较职业教育研究不仅生产知识,同时也传播某种价值观,因此在研究中需要格外注意对他国价值观的筛查和甄别。

概而言之,系统发生学思维强调,在比较职业教育研究中,要跳出单纯职业教育研究的"围城",不仅从教育角度思考问题,还要从经济社会、政治、文化传统等角度思考问题。每个国家特定的职业教育办学实践,其实离不开包括经济、文化、政治、技术等在内的社会系统支撑。如果没有这样一种全面系统的思维,将无法深刻理解国外特定职业教育办学模式形成的经济社会基础。

三、现象发生学思维

现象发生学是将存在(本质)同时确立为现象(本质),相应确立现象对本质的依归关系以及它们彼此发生转化的中介关系或过程的逻辑和认识。[①] 亦即,现象发生学是关于现象生活、变化的系统性研究和辩证阐述,脱离本质的孤立性现象研究难以解释事物的内在联系,不能称之为真正的科学。社会科学是要研究外在于具体的人及其主观世界的人类社会的各种现象,揭示一般规律的科学。这就要求社会科学研究者必须具有现象发生学思维,从事比较职业教育研究也概莫能外。

(一)比较职业教育研究中现象发生学思维的应用价值

马克思的主要理论贡献在于对范畴的历史规定性的发掘,并将规定性全面带入对经济现象的观察中去,最终找到了剖析社会历史内在发展规律的"钥匙"。具体而言,马克思主义政治经济学的科学性强调,在历史中、在现实关系中、在实践中通过寻求"本质"(阶级关系)与"现象"(现实关系)的联系,并对存在本身和现实形态在运动结构中的"各种联系"(运动条件、运动形式、转化过程等)进行科学的说明。[②] 马克思主义现象发生学思维对比较职业教育研究的启示是,事物之间往往具有普遍的联系,且这些联系是事物固有存在的,只有通过对这种事物内在联系的挖掘才能探求到其内在本质。在比较职业教育研究中,如果没有现象发生学的思维方式,就会局限于"蜻蜓点水式的现象描述"和"牵强附会式的表层现象类比",容易被批判为"国外职业教育翻译机"或"综述式的外国职业教育报道",从而引致比较职业教育研究的"合法性"危机。

(二)比较职业教育研究现象发生学思维的应用原则

1. 注重对现象内在本质的挖掘

现象发生学思维强调,事物之间的联系具有普遍性和客观性。任何事物内部的各个要素、各个部分都是相互联系的,且是事物内部固有的,因此需要对事物之间的联系进行科学研究。就职业教育而言,职业教育现象与其本质是具有内在联系的运动存在(形式),二者是不可以相互拆分开的。无论哪个国家的职业教育,其现象与本质之间都不可能像一一对应的公式那样的简单关系,而是需要实现在职业教育发展历史中的"发

[①] 许光伟,谌洁.《资本论》第三卷的逻辑:现象发生学[J].经济评论,2012(1):5-15.
[②] 许光伟,谌洁.《资本论》第三卷的逻辑:现象发生学[J].经济评论,2012(1):5-15.

展规律"(历时生长)与职业教育办学实践中的"现象规律"(共时生长)的统一。在比较职业教育研究中,要特别关注现象与本质的微妙关系,不可凭借个人的主观经验妄加判断。唯有如此,才能防止现象与本质的分离,将职业教育视为真正意义上的"有机整体",而不是沦落为认识表象上的理解总体。

对比较职业教育研究而言,发现职业教育一般规律是其重要使命。基于该使命的认识,需要比较职业教育研究更加注重对现象内在本质的挖掘。如有学者所言:真正的一般教育理论源于对不同类型的人类文明开展的深入研究,探讨教育与社会之间的相互关系。这种工作所形成的规律虽然不具有自然科学形成规律的效度,但在时空上却呈现出相对恒常性关系。[①] 显而易见,比较职业教育研究绝不是对简单现象和事实的描述,而是对关系和关系方式的深层揭示与分析。

2. 强调运用多元方法解释现象

与自然科学世界中的一般性因果解释不同,职业教育现象本身极具复杂性,一定程度上妨碍了职业教育一般性规律的生成。因此,职业教育科学的关系以及规律性研究通常被分为两类:一般的普遍性解释和特殊的表意性解释。在比较职业教育研究中,一般的普遍性解释是广泛适用于不同国家或地区的多种职业教育现象的一般性规律,而表意性解释是指某个特定国家或地区的职业教育现象是什么、为什么会形成以及有什么特征。

由于比较职业教育的重要研究对象是一个或多个国家的职业教育制度,而职业教育制度与历史、文化、经济、政治等不同要素之间的关系的复杂性必然导致方法的多元性。此外,基于对职业教育规律的科学性和普遍主义的追求,长期以来,比较职业教育研究者从哲学、经济学,乃至自然科学等其他学科借鉴了许多理论与方法,如"比较四步法""问题研究法"等,几乎各种传统学科的研究方法都可以用在比较职业教育研究中,使比较职业教育研究的分析框架渐趋科学、多元。比较职业教育研究者普遍认识到,多元研究方法的运用和革新不仅可以深化对职业教育现象的理解,还可以丰富研究的路径。在此基础上,才能使比较职业教育研究在一般普遍性解释和特殊表意性解释之间实现平衡,进而使现象与本质之间的张力得以生成。

进一步而言,为了解释更为复杂的职业教育现象,根据不同的研究问题和理论框架,运用不同的专门方法来做比较职业教育研究具有现实可行性。在方法的选择上既可以包括定量研究法,也可以包括人类学、民族志等方法。总之,比较职业教育研究者也需要坚持多元主义方法论,多元方法可以使研究者以不同的分析视野深入到各种文献和实践中,使用适切、有效的方法对研究假设和研究结果进行考察,并通过同一性检测来检验研究结果的效度和信度,从而实现研究方法的优势互补和效用最大化,深化对职业教育现象的认识以及对职业教育本质、规律的探寻。

---

① L. T. Khol. Toward a General Theory of Education [J]. Comparative Education Review,1986,30(1):14-15.

概而言之,现象发生学思维强调,比较职业教育研究一方面要关注现象,注重从现象、经验观察入手,探索不同分析单位(可能是国家、区域等)下职业教育办学经验的差异;另一方面要善于跳出现象,分析现象背后的本质问题,使用多样且具有针对性的研究方法探索其中蕴含的各种关系,从而为通过比较之后发现的差异提供更有说服力的解释。

四、认识发生学思维

除了历史发生学思维、系统发生学思维、现象发生学思维之外,认识发生学思维在比较职业教育研究中同样发挥着重要作用。认识发生学思维是历史化批判和实践化批判互动下的认识结晶。简而言之,认识发生学思维强调认识的过程变化,即从原始的非认识状态向认识状态的过渡,也就是从认识的低级阶段向高级阶段的过渡。

(一)比较职业教育研究中认识发生学思维的应用价值

在马克思主义认识发生学思维之下,人类的认知过程并非断裂的,而是具有一条完整的链条。在这样一条完整的链条中,马克思遵循从具体到抽象,再从抽象到具体的基本逻辑,将思想还原成历史,再将思想回炉再造,进而形成对认识的不断深化。对此,从《资本论》的内容安排中即可管窥一二。在《资本论》中,首先进行的是历史研究,即从对思想史的批判入手;其次对实践史进行批判,这是以历史发生学为基础的各种认识发生学的起始站;最后一个环节则是思想史批判研究,是形成终局性历史认识的历史研究,起到收尾和升华的作用;这样,逻辑本身必然获得了历史和科学的双重规定性,思想史成为逻辑科学的工作汇总,成为科学逻辑形式的大写字母意义的认识,而经由扎实的工作批判,最后的成型也必然就是科学认识论本身。[1] 因此,认识科学的发展有赖于从认识生产到理论批判的过程,从而使范畴、认识、理论在生产与批判的工作机制上达成高度一体化的目标。

在比较职业教育研究中,自觉应用认识发生学思维同样具有重要的现实意义。这种思维方式带给我们的启示是,要遵循从具体到抽象,再从抽象到具体的认识规律,在研究过程中不可违背职业教育发展的基本规律。比较职业教育研究所强调的知识生产不可建基于"高屋"之上,而应该深深扎根于实践、并最终服务于实践。而且,之所以要具备认识发生学思维,就是要防止比较职业教育研究停留在范畴自足和理论自明的状态之中,避免以构筑某种知识论体系为幌子,而去做似"空中楼阁"般的学问。这就变成了为认识而认识、为理论而理论,并最终演变为纯粹的符号知识生产和逻辑思辨演绎。此外,认识的局限性同样提醒我们,不可根据事物的表面状态妄加判断,要善于抽丝剥茧、小心推理,并在此基础上提出可能的解决方案与路径。

---

[1] 许光伟.保卫《资本论》[M].北京:社会科学文献出版社,2017:468.

(二) 比较职业教育研究中认识发生学思维的应用原则

1. 注重批判性反思

认识发生学思维启示我们,要带着批判的眼光审视职业教育问题,做有批判意识的比较职业教育研究。从狭义上看,比较职业教育研究者对于具体研究问题要形成批判性反思。从广义上看,比较职业教育研究在范式上也具有一定的批判性特点。具体而言,可以从两个方面入手。一方面,基于对现实问题的深切认知,比较职业教育研究者要始终保持清醒的认识头脑,实事求是地开展比较职业教育研究工作,并不断进行批判性思考。社会发展节奏不断加快,甚至达到日新月异的地步。比较职业教育研究者要不断进行理论与现实的相互关照与反思,随时做好推翻现有"理论"的准备,并在历史不断发展前进的轨道上适时调整研究方向,伴随不断涌现的需求去探索未知世界的"异域风情"。另一方面,在比较中外职业教育过程中,比较职业教育研究者不能局限于对当下发展阶段与水平的简单认知层面,而是要站在更高层次和意义上审视二者的差异表征,及其背后的原因。如果陷入对职业教育发达国家职业教育办学经验的简单认知中,很有可能带来的是失败的教训。一项对德国和加拿大职业教育教师师范教育的比较研究指出,尽管德国职业教育教师培养具有丰富的经验,但两国在职业教育立法、经济基础、文化背景等方面都存在重要的差异,不可盲目地借鉴。[①]

2. 注重对外国经验的本土改造

随着全球化水平的不断提高以及国际关系格局的变化,传统的以西方为中心的世界正在发生变化,我们在研究过程中尤其需要保持批评意识,树立文化自信,避免陷入对西方职业教育办学实践的盲目崇拜中。如前所述,长期以来比较职业教育研究领域都存在"西方中心主义"的现象,研究受到西方学术话语体系的支配。这一困境体现在学术研究和实践开展两个方面。从学术研究来看,已有的比较职业教育研究著作不少是以教材翻译和学术编译为主,在学术论文中,普遍存在对国外经验的简单描述,或者是利用西方理论分析本国职业教育现象,又或者是用本国职业教育现象证实西方理论。从实践层面来看,在我国产生重大影响的一些职业教育概念多源于国外,例如"双元制"(德国)、"现代学徒制"(英国)、"综合高中"(美国)、"TAFE 学院"(澳大利亚)、"学校工厂"(新加坡)等,这些概念或模式流传的五花八门、广为人知,但中国本土的、最有特色的职业教育办学模式仍很少有人能总结出来。因此,我国职业教育办学发展至今,需要对各种国外的职业教育办学模式和概念进行系统的反思,并根据我国的职业教育实践问题,结合他国经验与理论小心推断,系统思考其前提条件、内在机理等问题,进而对合适的外国经验进行适应性改造,使其适应我国职业教育发展的现实土壤,并提炼出具有中国特色的职业教育办学模式。

---

① A. Barabasch, B. Watt-Malcolm. Teacher Preparation for Vocational Education and Training in Germany: A Potential Model for Canada? [J]. Compare: A Journal of Comparative and International Education. 2013,43(2):155-183.

概而言之，认识发生学思维强调，在比较职业教育研究过程中，一方面要意识到人类认识的局限性，对于比较职业教育研究中存在的问题结合事实证据小心地加以推断。另一方面要意识到可借鉴经验的有限性，对于他国经验是否可以应用于本国，在多大程度上可以应用，应用需要哪些前提条件等问题都需要进行系统思考与分析，才能得出具有一定说服力的结论。

本章小结

哲学层方法论包括比较职业教育研究的问题意识、本土立场和发生学思维。比较职业教育研究知识积累与创新的乏力表现在批判力的缺乏、解释力的缺乏、凝聚力的缺乏三个方面。问题意识是破解比较职业教育研究知识积累与创新乏力的关键。在问题导向下，比较职业教育研究要从"概念域丛"转向"扎根实践"，从"自说自话"转向"文献回顾"，从"点之探讨"转向"面之规划"。受西方中心主义立场影响，比较职业教育研究成果表现出价值取向西化、研究思维盲从、反思意识缺失等方面特征。从知识生产角度看，比较职业教育研究者习惯于用西方经典理论剪裁中国职业教育经验，认为中国只能贡献地方性知识，而无法生产具有普世意义的全球性知识。为提升比较职业教育研究学术水平，需要重塑比较职业教育研究的中国立场，培植对本土职业教育实践的文化认同感，彰显比较职业教育研究的民族性，构建中国特色的职业教育研究话语体系。结合发生学思维方式，从历史发生学思维、系统发生学思维、现象发生学思维和认识发生学思维四个方面出发，有利于探索出比较职业教育研究的创新路径。在历史发生学思维指导下，比较职业教育研究要关注历史演变和时间序列；在系统发生学思维指导下，比较职业教育研究需要进行系统的背景嵌入式比较，关注意识形态和价值观的影响；在现象发生学思维指导下，比较职业教育研究需要注重对现象内在本质的把握，强调运用多元方法解释现象；在认识发生学思维指导下，比较职业教育研究需要注重批判性反思，注重对外国经验的本土改造。

第八章　比较职业教育研究方法论体系的比较原理层

对比较职业教育研究而言,基于比较的基本原理探究不同国家职业教育办学模式的差异,可以为我们打开一扇观察世界各国职业教育办学实践的窗户。通过对这种域外职业教育办学经验的总结与现象的观察,可以为明确新时期我国职业教育改革与发展方向提供重要参考。本章从比较职业教育研究的分析单位、参照系统和模型构建出发,分析比较职业教育研究方法论坛体系的比较原理层。

第一节　比较职业教育研究的分析单位

分析单位是研究的基本元素,确立分析单位是研究设计的关键环节和研究实施的基本前提。分析单位的选择和确立,服务于研究目标的实现及研究问题的解决,不仅如此,还影响到研究的观察对象、聚焦层面、研究范围和具体边界。接下来,本节将从三个方面探讨比较职业教育研究的分析单位。一是厘清分析单位的基本内涵,回答比较职业教育研究分析单位的指向和实质。二是探讨分析单位的主要功用,确立分析单位在比较职业教育研究中的地位和作用。三是借助经验分析,考察比较职业教育研究分析单位的主要类型。通过以上三个方面的剖析,力图对比较职业教育研究的分析单位展开准确而深入的考察。

一、比较职业教育研究分析单位的内涵

社会科学研究是研究的重要类型,以社会问题、社会现象、社会规律为研究对象。相较于自然科学研究以发现自然规律和改造自然界为目的,社会科学研究以认识社会现象、理解社会问题、增进共同的社会认识为目标,可以被称为经典社会分析的是一系列可以界定和可以利用的传统。[①] 准确界定分析单位是有效开展社会科学研究的基本前提和要求。分析单位亦称为研究对象,是比较职业教育研究的基本要素。分析单位不同于研究内容与研究对象,也不同于抽象单位。分析单位具有不同的层次,对应于不同的研究目的。在具体研究中,确立分析单位是比较职业教育研究的重要环节。有效确立分析单位的关键在于,对比较职业教育研究分析单位的实质内

---

① C.赖特·米尔斯.社会学的想象力[M].北京:北京师范大学出版社,2017:26.

涵有准确的把握。

（一）分析单位的定义

在社会科学研究中，对于"研究什么"或"研究谁"并没有限制。[①] 社会研究分析单位或社会研究的研究对象，指社会研究中的分析单元或分析对象，是与社会研究内容、社会研究对象既有内在联系又有明确区别的基础概念。比较职业教育研究中，分析单位影响和决定着研究的内容。分析单位的确立往往意味着研究内容的层次和向度的明确化。

首先，比较职业教育研究的分析单位是研究的分析单元或分析对象。分析单位是研究的对象，反映研究的主题，体现研究的价值，促进研究目标的实现。分析单位是衔接研究目标、研究方法和研究工具的桥梁。在社会科学研究中，最典型的分析单位就是个体。社会科学家通常将个体作为分析单位。只不过，比较职业教育研究中，分析单位多为宏观和中观层面的，即便有微观层面的分析单位，也很少会牵涉到个体。

其次，比较职业教育研究的分析单位决定着研究的对象和具体内容。在分析单位和总体之间做出区分是十分必要的。例如，研究对象为一群人（大学生）的就业意愿，分析单位便是这些大学生的职业价值观、职业态度、就业优先考虑事项、就业取向等。但是，如果研究者试图探索、描述或是解释这一群体中的个体行为如何发生，那么分析单位就是个体，而不是群体。分析单位不一样，研究的对象和内容也会有所不同。

再次，比较职业教育研究的分析单位与研究对象关系密切。从实施过程看，任何一项研究的开始均需要确立分析单位。在分析单位的确立中，将出现以下三种情况。第一，分析单位与研究对象相一致。如一项研究职业教育经费投入政策的比较研究，分析单位和研究对象均为国家的职业教育经费投入相应政策。第二，研究对象是分析单位的一部分。如一项研究发达国家技术本科发展路径的比较研究，分析单位为发达国家发展技术本科的具体路径，而研究对象为具体研究的国家。第三，研究对象是分析单位的具体化。如一项对职业教育文化的比较研究中，分析单位为职业教育的文化，是一个较为抽象的概念。在具体的实施中，可能会从社会对职业教育的态度和观念、受教育者对职业教育的理解和认识等方面展开分析，此时研究对象便为分析单位的具体化。

（二）分析单位的类型

尽管典型的分析单位是个体，但不是所有的社会科学研究都如此。事实上，很多研究问题需要通过个体以外的分析单位来给予恰当的回答，个体、群体、组织、制度、空间、文化以及社会单位均为分析单位。接下来将从更为常见的个体、群体、组织出发，介绍社会科学研究的分析单位。

[①] 艾尔·巴比.社会研究方法[M].11版.邱泽奇,译.北京:华夏出版社,2009:96.

1. 个体

个体是社会科学研究中最为常见的分析单位。在社会科学研究中,任何个体均可以成为分析单位。对社会科学研究而言,由于概括性规则可以应用于所有的个体,因此,获得概括性规则是最有价值的科学发现。但是,在实践中,社会科学家很少研究所有个体。至少,他们研究的对象基本上局限于居住在某个国家的个体,尽管有些比较研究跨越了国界。一般而言,社会科学研究的范围具有一定的边界性。作为分析单位的个体被赋予了社会群体成员的特性。

2. 群体

在社会科学研究中,社会群体本身也会成为分析单位。不过,把社会群体作为分析单位与分析群体中的个体不同。例如,如果针对流浪汉群体的成员去研究乞讨,分析单位是乞讨的个体;但是,如果研究整个城市流浪汉群体之间的差异的话,那么,分析单位就是流浪汉群体,即社会群体。和其他分析单位一样,我们可以根据群体中个体的属性来划分群体的属性。

3. 组织

正式社会组织也是社会科学研究的重要分析单位。以学校为例,一个学校的特征包括教职工数量、学生数量等,这些都可以作为分析单位。适合作为分析单位的其他正式社会组织还有企业、行业协会等。将正式社会组织作为分析单位,往往可以发现这类组织的本质特征、发展规律、演进动力及与外部环境的关系。

二、比较职业教育研究分析单位的功用

分析单位的选择与确定直接影响到研究的结论,甚至在很大程度上决定整个研究的成败。具体而言,分析单位决定着研究问题的领域归属、范围宽窄、目标层次,根本上还决定着研究的宗旨能否实现。

(一)分析单位与问题领域聚焦

研究目标决定研究的对象和分析单位。研究目标通过研究问题的解决得到体现。研究问题需要通过对分析单位的考察来加以解决。换言之,研究问题也决定分析单位的范围、层次和规模。在比较职业教育研究中,研究问题决定分析单位,分析单位的确立使得研究问题更为聚焦,两者之间是双向互动的关系。比较职业教育研究者借助比较研究方法,着力于探讨发达国家职业教育发展中所面临的主要问题及应对策略,将问题作为分析单位,围绕这些问题,通过对多个国家在解决这些问题上的策略对比分析,探寻共性与差异。各国职业教育之所以呈现出不同的风貌,一定程度上是本国特点文化传统在职业教育领域中的反映;每个民族都应该正确、辩证地看待自身的文化传统,从中汲取丰富和鲜活的营养,为职业教育改革注入活力。[①]

---

① 翟海魂,等.规律与镜鉴:发达国家职业教育问题史[M].北京:北京大学出版社,2019:232.

(二) 分析单位与研究边界确定

在比较职业教育研究中,分析单位的确立还有利于明确研究的边界。通常而言,研究问题确定以后,需要围绕解决这一问题需要研究和观察的对象进行讨论。不过,这时的对象还是一个并无具体指向的概念。要使这一概念更为具体实在,关键就在于进一步确立分析单位。通过分析单位的确立,可以使研究的具体对象得以清晰化的体现。比较职业教育研究分析单位的确定,至少应注意以下基本原则:首先,分析单位的确立应与研究的目标在内涵上一致,进而确保研究过程对于目标的实现而言是有效的。其次,分析单位服务于研究问题的解决,也即通过对分析单位的研究和考察,应能解决研究问题,从而实现研究的预期目标。再次,应考虑到分析单位在不同文化之间的意涵差异性,并确保即使文化背景不同但分析单位的所指是一致的。

(三) 分析单位与考察层级定位

分析单位还在某种程度上反映出比较职业教育研究的范围。比较职业教育研究可以从宏观、中观和微观三个层次展开。职业教育体系、职业教育制度、职业教育政策等侧重于宏观研究,分析单位也相应偏向于职业教育法律、法规、政策等国家或政府的宏观和全局性官方文本。职业教育师资、职业教育科研、职业教育课程等侧重于中观研究,分析单位多为职业教育领域中的某一专门问题的考察和研究,分析单位也更为聚焦,旨在增进对该问题的理解和认识,并试图寻找改进的策略。职业教育课堂教学方法、职业教育学生生涯发展等侧重于微观研究,分析单位更为具体和微观,旨在探讨促进职业教育个体专业学习和生涯发展的有效路径。

三、比较职业教育研究的多层次分析单位

世界各地的职业教育与培训体系具有鲜明的文化多元性、体系复杂性和区域差异性,意味着比较职业教育研究问题的解决面临着巨大挑战。应对这一挑战的关键在于,建立多层次的分析单位。

如图8-1所示,地域/地理层次包括:世界/大洲、国家/地区、州/省、市/区/县、学校/企业、课堂/车间、教师/学生;教育主题方面包括:职业教育体系、职业教育制度、职业教育政策、职业教育课程、职业教育教材、职业教育教学、职业学习;人口统计学变量包括:性别、年龄、学历、年级、民族、户口、家庭收入。而后以教育主题为主线,分别阐述可能存在的比较,即与地域/地理层次、人口统计学变量可能存在的两两交叉、三三交叉等。

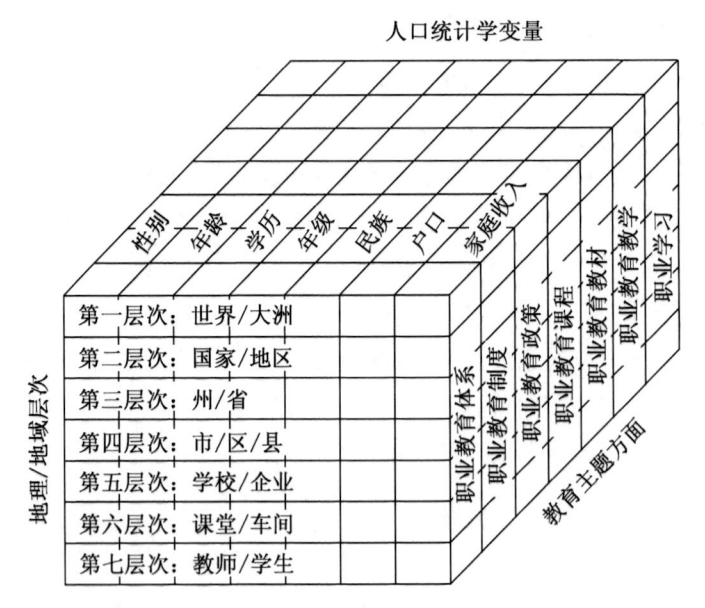

图 8-1 比较职业教育研究多层次分析单位

(一) 职业教育体系比较

职业教育体系属于国家职业教育系统的顶层设计，是对职业教育在国家教育体系中的功能、结构、层级等根本问题的总体规定，是国家发展职业教育的标准和依循。对不同国家、不同区域的职业教育体系展开深层次的比较分析，对于更系统地认识不同类型职业教育体系的共性，更深刻地理解本国职业教育体系的不足，更有效地改进本国的职业教育体系具有重要意义。由此，职业教育体系比较成为比较职业教育研究中备受关注的研究主题。

1. 比较价值：分析职业教育体系的共同要素

职业教育体系是法律规约下的职业教育国家政策、制度安排及改革意见等的系统化和制度化的集合。对职业教育体系进行比较研究，首先需要回答的问题便是为什么要进行职业教育体系的比较分析。职业教育体系与一个国家或地区的政治制度、经济体系、文化传统等因素密切相关。由于国家和地区间在政治体制和制度上、经济体系和发展水平上、文化传统和习惯上均有不同程度的差别，职业教育体系的安排上也各不相同。为此，开展职业教育体系的比较分析，至少有以下方面的意义和价值：一是加深对不同国家职业教育体系的基本面貌、运行状况、基本特征等的理解和认识，有益于拓展职业教育领域研究者和具体从业人员的视野。二是有利于对宏观职业教育体系进行深入比较，这种比较相对较为集中，思考的视野宽广，具有思考分析的深度，有益于增进对各国职业教育体系优势和不足的认识，促进对自身职业教育体系的反思。三是达成职业教育体系建设的相应共识，如职业教育体系的基本要素、核心特征、演进动力、发展机制等。四是推动各国职业教育体系的完善，由于政治诉求的变化、技术环境的变革、职业世界的变迁、工作能力的重组，职业教育体系本身也处于持续的改进和完善之中。通过比较,可以为各国寻找符合自身政治、经济和文化环境的职业教育体系提供思考和改进的思路。

2. 比较框架:体系层、制度层与内容层相统一

从目的来看,职业教育体系的比较分析,关键在于确立具有普遍性的职业教育体系的比较分析框架。从比较职业教育体系研究的应然状况来看,分析框架至少应包括以下层次:首先,在体系层上,关键是明确比较国家或地区的职业教育与普通教育的关系、职业教育内部不同层级之间的衔接路径和实施方式等核心问题。其次,在制度层上,紧扣体系层的核心问题,构建确保体系得以细化和实现的关键制度保障。例如,职业教育法律法规、职业教育学生入学考试制度、职业教育产教融合制度等。再次,在内容层上,立足职业教育办学和人才成长规律,具体明确师资培养、专业建设、教材开发、教学实施等形式。以上从体系层、制度层和内容层三个层面明确职业教育体系的分析框架,可以为职业教育体系比较研究提供有益的借鉴和参考。

3. 比较策略:展开职业教育体系的对比分析

以上说明,对职业教育体系展开比较研究是十分重要的。同时,职业教育体系比较研究应有合适的分析框架,还要探索出职业教育体系比较的研究策略。具体而言:(1)确立科学可行的研究设计思路,即明确职业教育体系比较研究的问题、确立分析的单位、选定分析的方法、确定研究的具体步骤;(2)聚焦于职业教育体系的比较和分析,比较研究侧重于职业教育宏观体系方面,在研究问题和分析单位的确定上,均要有利于问题的解决和研究目标的实现;(3)确定职业教育体系比较分析的价值追求,即扩大对职业教育体系的理解和认识、完善职业教育体系,更好地发挥职业教育的功能,服务于个体生涯发展和经济社会的人力资源需求。

(二)职业教育制度比较

职业教育制度的比较研究处于较为宏观的比较分析层面,对分析单位的科学界定和准确理解是职业教育制度比较的重要前提和基础。

1. 比较价值:探析职业教育制度安排的社会背景

在现代社会中,由于职业教育多被国家和政府视为或解决教育问题、或解决经济问题、或解决就业问题的重要公共手段,职业教育制度通常涉及极为复杂的社会背景。在此背景之下,职业教育制度的比较研究,不仅要分析制度本身的异同,更要考察和探究制度背后的背景之差异,为此,职业教育制度比较研究的真正价值在于,透过制度形态的比较分析,发掘背后的背景之差异。具体而言,至少应考察的制度背景有:一是政治背景。例如,有的社会职业教育致力于解决社会中某些社会群体的就业问题,而有的社会则是发挥制造业优势的重要制度保障,政治体制不同,职业教育的制度设计也便不一样。二是经济背景。职业教育通常被置于发展经济学的视角之下加以审视。例如,人力资本理论通常被视为职业教育制度建构的理论依据。三是文化背景。一个国家或地区对职业教育的态度、对技术的立场、对人才的看法,会直接影响到职业教育制度的建设方向。

2. 比较框架:确立影响职业教育制度的因素

制度分析学派认为,从历史的角度看,制度并非独立的,而是特定社会的政治、教育、经济、文化等因素综合影响下的创造物。不仅如此,制度的变化和改进亦受到以上三个方面因素的影响。一个基本的共识是,职业教育制度可以反映国家和政府对职业教育功能的定位、经济对劳动力的需求、社会对教育筛选的诉求。从国家和政府对职业教育的功能定位看,职业教育在政府中的功能越是重要,职业教育制度越是得到关注,制度越是得到有力的实施。从经济对劳动力的需求看,进入工业社会以来,职业教育制度化进程快速推进;随着后工业社会的到来,职业教育与普通教育的融合、职业教育制度的结构变化亦有明显的体现。在不同的社会中,职业教育所发挥的社会筛选功能在侧重点上也是各不相同。有的强调对人才类型的筛选,而有的则发挥了阶层筛选和固化的功能。尽管社会背景各不相同,然而,政治、经济、文化以及技术等,始终是影响职业教育制度的关键性因素。

3. 比较策略:制度设计的意图及逻辑

相较于一般的公共教育制度,职业教育制度具有自身的特殊性。对职业教育制度的比较分析,应充分考虑到这一特性,综合考虑政治、经济、文化等现实背景,综合分析制度设计的意图、制度设计的逻辑,以便更深入地了解彼此之间的异同。具体而言:一是职业教育制度设计的意图,主要集中于人的培养的考虑、服务经济发展的考虑、促进就业的考虑,由于不同的立场,职业教育制度的导向会有相应的区别,这也是职业教育制度安排方面差异的深层根源。二是职业教育制度设计的逻辑,实际上,设计的逻辑是受职业教育制度的立场影响的,甚至可以说是立场的反映。

(三) 职业教育课程比较

相较于职业教育体系和制度的比较分析,职业教育课程的比较更为聚焦。职业教育课程与教育理念和文化传统同样有着错综复杂的关系,开展职业教育课程的比较分析意义重大。

1. 比较价值:探究职业教育课程的共通原理

开展职业教育课程的比较分析,旨在从广阔的视野考察职业教育课程设置的通用原则、制约因素及具体运用。首先,从职业教育课程设置的一般原则来看,课程设置既与技术技能人才培养的目标密切相关,更与国家意识形态有着千丝万缕的联系。在绝大多数情况下,职业教育在社会中发挥着促进社会成员社会化的功能,而社会化则包含着某种社会的价值准则和观念。其次,职业教育课程设置与一个国家和地区的教育理念内在统一。这意味着职业教育理念对课程设置发挥着影响作用。例如,有的国家的职业教育依托课程实现,而有的国家则是在独立的职业学校中开设职业教育课程。显而易见的是,两者之间课程设置的目标和具体路径是不一样的。最后,课程设置通过不同的路径得到实施。之所以实施的路径各不相同,关键在于对职业教育的理解和认识不同。其背后反映的是各国经济发展水平对技术技能人才的需求,以及教育发展阶段不同对职业教育的影响的差异。可以明确的是,职业教育课程比较可以通过宽广的视野、课程设置的基本原则及具体运用的考察,为职业教育课程设置的优化提供经验和实践支撑。

2. 比较框架:确立职业教育课程的体系结构

职业教育课程的比较分析具有较强的实践性,可以为职业教育的实践提供具体可操作的行动方案。但关键在于,确立合理的职业教育课程分析的框架。从应然看,需要考虑:第一,课程的纵向体系结构,即不同层次职业教育课程之间的知识层级和能力层级差别,以及不同层级之间的衔接,关键是不同体系结构之间的互动衔接模式;第二,课程的横向结构体系,即面向职业的文化基础类、职业知识和理论类、岗位能力和技能类课程之间的结构与比例,重点是不同国家之间的组合模式;第三,职业教育课程体系与普通教育课程体系的对比分析,透过该对比分析,试图呈现出两者之间的异同。

3. 比较策略:课程体系、课程结构与课程衔接三位一体

职业教育课程比较分析应从课程体系、课程结构及课程衔接三个维度分别展开,并通过课程内容串联起来,为课程的设置及优化提供新的思路和借鉴。从课程体系层面来看,可从各国产业发展模式、产业人才的能力结构及职业教育课程体系之间的相互关系加以分析,探明彼此之间的衔接和联系方式。从课程结构层面来看,可从产业人才的能力结构这一视角出发,着力分析课程结构与能力结构之间的关系加以考察,并可进一步考察能力结构变化与课程结构调整之间的互动特征,以将技术变革、劳动组织变化等深层因素纳入课程视野,更有针对性地优化课程。从课程衔接层面来看,可重点考察职业教育高移的背景下,各国中等职业教育与高等职业教育衔接进程中课程衔接的典型模式及其经验启示。依托以上三个层面的比较分析,对职业教育课程的全面立体比较分析,可以为职业教育课程变革提供重要参考。

(四)职业教育教材比较

教材比较分析将职业教育比较研究推进到微观层面。教材比较研究虽然处于微观环节却又十分重要。教材承载着知识,体现着知识的呈现方式、组织形式,同时连接着教师和学生,还为学生的学习提供了基本的框架。教材的比较分析可以为职业教育提供更加贴近实际的思路和参考。

1. 比较价值:探究职业教育教材的理想呈现形态

职业教育教材可以反映出职业教育的育人理念。职业教育教材的比较分析可以在更为宽广的视野下审视职业教育教材的知识选择、知识组织、表现形式。首先,分析知识选择的依据。例如,不同国家和地区依据什么原则选择有限的知识,这样的依据合不合理,不同国家和地区的知识选择依据有什么差别,具体原因又是什么。其次,分析知识的组织方式,即原理性知识、程序性知识、默会性知识等不同知识所占比重,以何种方式加以呈现,不同呈现方式之间效果的差异等。再次,分析知识的表现形式,即文本、图片、表格、事物等之间的搭配与组合,以及不同表现形式的效果。以上三方面的分析,可以为寻找职业教育教材比较分析的理想状态提供积极有效的支持。

2. 比较框架:确立职业教育教材比较的分析层面

职业教育教材的比较分析可以从知识层面、表现层面及规范层面确立分析的框架。透过广泛的对比分析,职业教育教材比较分析应注重以下三维目标的达成。从知识层面看,知识的选取应立足职业岗位,兼顾知识的实用导向和发展空间,前者侧重于知识应面向职业世界,后者侧重于知识应有发展性,服务于受教育者生涯的持续发展。两者有机结合可以形成知识的选取依据。从表现层面看,应立足职业教育受教育者的学习特征、能力倾向、思维特点,透过多种表达方式的优化组合,实现最佳的表达效果,为学习者带来卓越的视觉效果和实用体验。从规范层面看,应注重质量,尤其是知识自身的准确性、选取的科学性、合理性和实用性,还有表达方式的多样性、丰富性和适当性。

3. 比较策略:知识选取、知识组织、表现规范的相互融合

就教材的实质和形式来看,职业教育教材比较分析应从知识选取方面体现教材的质量,彰显教育意义,从知识组织方式与表现规范层面体现教材的美感。两者有效结合可以帮助使用者获得理想的职业教育教材使用体验。职业教育教材知识的选取是一个异常复杂的问题,比较分析中应着力探讨选取的依据及其科学合理性;知识组织涉及学习心理学、艺术表达等多个领域的知识,更应突出学习者的行为特征;表现规范既是基本的要求,又能够突出教材的综合质量、设计理念和育人定位。不同国家和地区由于文化、经济、社会背景以及教育价值观等方面的差异,在职业教育教材知识选取、知识组织、表现规范等方面都会存在重要差异,这将成为职业教育教材比较分析的重要关注点。

(五) 职业教育教学比较

职业教育教学比较属于微观层面的比较分析,其与教师和学习者联系密切。透过教学比较分析,可以反映出不同国家或地区间的教学理念、教学方式、学业评价等方面的共性和特殊性,进而改进自身的教学行为,改善人才培养的质量,培育教学特色。

1. 比较价值:探析职业教育教学的共性规律

职业教育面向职业世界,与劳动生产实际衔接紧密。职业教育教学在实施主体、具体方法、教学内容、教学目标等方面均有较为明显的独特性。职业教育教学在理论和实际中均有较强的共同性。职业教育教学比较研究的价值是多元的,其一,有利于了解不同国家或地区职业教育教学的具体方式,开拓视野,提供丰富的实践范式;其二,有利于在不同教学方法之间展开对比,以对现有教学方法开展反思和批判;其三,有利于改进现有教学方法,增强职业教育教学方法的多样性和丰富性,揭示职业教育教学的共同规律。

2. 比较框架:教学理念、方法与评估的基本架构

职业教育教学是在特定教学理念引导下,运用多种教学方法,并对教学效果进行监测和评估,以获得持续改进的完整链条。职业教育教学比较应立足教学中的关键环节和要点,确立以教学理念为出发点、以教学方法为重点、以教学效果监测和评估为保障

的分析框架。具体而言,在教学理念方面,关键是透过比较分析,探寻符合职业教育人才成长规律的思想和理念,引导职业教育教学的改进和优化;在教学方法方面,应突出多样性、科学性和适切性,尤其要关注学习者特征和学习兴趣倾向;在教学评估方面,应注重过程性评价和能力性评价,有效突破知识评价的束缚,提升评价的开放性和科学性。

3. 比较策略:教学理念、方法、评估的良性互动

职业教育教学比较分析的根本目的在于,透过不同国家和地区间的广泛比较分析,在教学理念更新、教学方法优化、教学评估改善等之间产生良性互动机制。对职业教育教学的比较分析,一方面要在教学理念的类型、异同点及借鉴意义等方面展开持续的比较分析;另一方面,要在不同地区的教学方法运用、不同方法之间的优化组合上进行比较分析,以为构建科学高效的教学方法提供借鉴。此外,应提供教学评估的比较,选择适当的评估方式。通过评估方式的改进,促进教学方法的变革。概言之,通过跨越国界的知识和经验分享,改善各国职业教育的办学实践。

(六) 职业学习比较

与职业教育教学相比,职业学习同样属于微观层面的比较分析。职业学习的重要主体是学生,其学习场所也更为多元,包括职业院校、企业以及第三方培训机构等。透过对职业学习的系统比较,可以了解到不同国家职业教育育人理念的重要差异。

1. 比较价值:挖掘职业学习的基本规律

与学术学习相比,职业学习在学习方式上存在重要的差异。这种差异主要表现为其与工作场所的联系更为密切,具有较强的工作情境性特征。在整个职业学习过程中,学习者需要有相当长的一段时间投入到工作场所学习中。而且,由于经济社会体制的不同,不同国家的产业、行业、企业等往往表现出不同的特征,因此,也会带来工作场所环境的重要差异。对职业学习进行比较职业教育研究的目的,也正在于探索工作场所环境的不同会对职业学习路径、效果等带来何种影响,以及如何根据本国工作场所的特点营造具有自身特色的职业学习环境,并积极创新职业学习的有效方式。

2. 比较框架:职业学习目标、内容与评价的有机统一

职业学习是一个较为笼统的概念,对职业学习展开比较职业教育研究需要进一步解剖职业学习概念的内在结构。按照职业学习的一般规律与所涉及的核心要素,可以将职业学习划分为三个方面,包括职业学习目标、职业学习内容与职业学习评价。职业学习目标是指学生旨在通过职业学习活动在知识、技能等方面达到的高度。职业学习内容是围绕职业学习目标实现的需要,为学生职业学习所提供的经验材料。职业学习评价是对职业学习目标达成程度以及学生学习过程表现所做出的评价。

3. 比较策略:职业学习目标、内容与评价的多维比较

以职业学习目标、职业学习内容与职业学习评价为基本的比较框架,可以在不同国家或地区之间展开系统的比较职业教育研究。从横向上来看,可以对不同国家或地区职业教育办学实践中职业学习目标、职业学习内容、职业学习评价的具体内涵展开梳

理,并通过对比分析,寻找不同国家和地区职业学校学生职业学习目标、职业学习内容、职业学习评价存在的共同点与不同点。从纵向上看,同一国家和地区职业教育办学实践中的职业学习目标、职业学习内容、职业学习评价,在不同的历史时期既会显示出一脉相处之处,也会显示出存在差异之处。此外,为做更进一步的深入比较分析,还可以将横向比较分析与纵向比较分析两个维度结合起来做交叉分析,即探索不同国家和地区在不同发展阶段职业学习目标、职业学习内容、职业学习评价等方面存在的差异,并探讨其对职业教育后发国家的重要启示。

第二节 比较职业教育研究的参照系统

在方法论层面上,比较职业教育研究必须要回应的一个问题就是可比性问题,其中参照系统的选择决定了比较职业教育研究是在哪一个层面上进行比较。然而,在以往的比较职业教育研究中,不重视参照系统或者不知如何挑选合适的参照系统的现象仍然较多,亟须对参照系统的内涵、标准、分类等问题进行系统分析。

一、比较职业教育研究参照系统的内涵

从比较的操作过程可知,要进行比较就需要有参照物、参照点或参照标准等,也可统称为参照系统。因为比较本身是一个思维过程,所以它可以是直观的,也可以是逻辑的。但是,作为一种思维方法,我们需要强调它的可操作性,即思维过程的具体化和程序化,以使其成为可以检验和重复的过程。[①] 值得思考的是,是否只要研究某一国家的职业教育,就能将其研究归类到比较职业教育研究的范畴? 如果单纯把比较看成是一种思维方法,那么答案是肯定的。不过这里有一个条件,那就是它应该具有明确的参照系统。不少比较职业教育研究者常常忽略这一点,忽略了是根据某一参照系统来看待问题,而把自身的比较分析看成是超越某种价值标准的,这显然不够科学。那么到底什么是参照系统呢?

参照系统是由各个不同的维向构成的。维向是指主体用以度量客体某一性质及其量的关系序列。由于物质世界的普遍联系,对任何事物现象的把握,都必须在一定具体、现实的物质关系中进行。维向正是作为这种具体、现实的物质关系而引入的。但这种关系又不是与主体无关的,它是一种对象性存在,也是一种形式化、序列化的符号集合。在这种符号集合中,各元素按性质、程度和数量上的差异而呈现为一种顺序排列的序列化特征。借助于这种符号化物质关系序列的维向,我们就可以确定事物的性质和量。[②]

[①] 薛理银.当代比较教育方法论研究[M].北京:人民教育出版社,2009:80.
[②] 蒙爱军.维度之维度——参照系的意义分析[J].自然辩证法研究,2007(3):40-44.

在比较职业教育研究中,参照系是由一定维向构成的符号化的物质关系系统,本质上是一种实践关系系统。它能在主客体相互作用中以一种具有符号意义的状态将客体的性质及其量显现出来,获得经验知识,并在参照系变换中丰富比较职业教育研究理论体系。

二、比较职业教育研究参照系统的构建依据及理论流派

在比较视野之下,职业教育研究可以展现颇为不同的一面。比较职业教育研究的可贵之处正在于,可以通过比较视角来帮助我们重新审视中国职业教育发展中的现实难题。在比较职业教育研究中,参照系统的构建主要是为了解决可比性问题。在不同研究立场之下,比较职业教育研究参照系统的构建同样依托于不同的研究立场。

(一)参照系统的构建依据

在不同国家之间,职业教育与培训体系的结构迥然不同,这不仅是因为不同国家的职业教育体系目的不同,而且是因为不同国家的职业教育体系内嵌于具有本国特色的教育体系、劳动力市场体系之中。[1] 由于不同国家在职业教育体系方面千差万别,且在历史背景、经济基础与社会文化方面同样存在较大差异,这就很难不加考量地对职业教育进行跨国比较,可比性问题由此成为一个难题。如果可比性问题无法解决,比较职业教育研究也就失去了意义。对于可比性问题,解决的关键在于参照系统的选择。在参照系统的依托下,可以为比较职业教育研究提供一个基本的标准。在该标准下,可以总结出不同国家职业教育办学实践的共同点,也可以总结出不同国家职业教育办学实践的不同点。而如果没有这种参照系统,那么任意进行的比较都可能缺乏基本的"合法性"基础,即便得出不同国家在职业教育办学方面存在一定差异,也很难具有足够的说服力。

在职业教育国际交流与对话的过程中,主体的观察和感知与其所处的环境有关。参照系统的不同决定了比较职业教育研究是在哪一个层次上进行的,或比较职业教育研究分析单位的大小。如果参照系统是文化传统,那么我们就可以根据文化传统来划分比较职业教育研究的分析单位,这样就可以比较东西方不同文化背景下的职业教育,例如职业教育体系、职业教育制度、职业教育政策等。如果参照系统是社会制度,那么我们就可以比较社会主义国家和资本主义国家的职业教育。这里的核心问题是参照系统的具体参照标准的选择。例如,我们是以西方的思维方式、概念系统、认识方法和价值标准来作为分析和评价中国职业教育的根据?还是以中国本土的思维方式、概念系统、认识方法和价值标准来作为评析本国职业教育的依据?抑或是以一套所谓的国际公认的思维方式、概念系统、认识方法和价值标准来评价中国的职业教育?

---

[1] M. Pilz. Typologies in Comparative Vocational Education: Existing Models and a New Approach[J]. Vocations and Learning, 2016, 9(3): 295 - 314.

(二) 参照系统构建的理论流派

根据主体对客体感知方式的差异,可以将比较职业教育研究划分为民族主义、全球主义和实证主义等不同立场,这为不同类型参照系统的构建提供了基本的理论基础。

1. 民族主义

在比较职业教育研究中,民族主义强调基于本国立场对异域的职业教育办学实践进行批判性分析,并根据本民族的文化价值标准对其予以评价。基于不同的目的,民族主义在比较职业教育研究中往往会表现出不同的形态,并为参照系统的选择提供了基本的价值观定位。在具体的比较职业教育研究情境中,民族主义往往会表现出不同特征。

民族主义旨在向他国输出本国的职业教育办学模式,其主要表现形式是,由职业教育发达国家为欠发达国家设计职业教育办学改革项目,提供必要的职业教育援助等。基于民族主义的立场,相关的比较职业教育研究致力于将本国的职业教育办学经验推广到其他国家中,并倾向于以本国为中心构建参照系统。例如,德国联邦职业教育研究所(BIBB)就设置有专门的职业教育国际部。职业教育国际部下设五个研究中心,分别负责国际职业教育与培训比较、研究与监测,国际咨询服务与合作制度研究,国外专业资格认证研究,德国职业教育与培训国际合作研究,德国职业培训模式研究。该部门的主要任务是促进德国职业教育与培训的国际化,尤其是加强 BIBB 与其他国家和地区在职业教育与培训领域的国际合作,从而推动德国职业教育与培训模式走向世界。[①] 再如,随着"一带一路"倡议的发布与推进,我国也在不断加强与发展中国家职业教育的交流与合作,并援建了一批海外职业院校或办学点。当然,在这一过程中,还包括职业教育办学经验的对外输出。改革开放以来,中国职业教育发展取得巨大成就,并逐渐形成职业教育发展的中国经验,包括优化职业教育结构、建设现代职业教育体系、发起示范校建设项目等。基于上述理念,在进行相关的比较职业教育研究过程中,会倾向于以本国职业教育办学实践为参照系统,并参照本国办学经验为他国提供职业教育改革的建设方案。在这一取向下,相关比较职业教育研究主要致力于传播本国职业教育办学经验,并为制定职业教育对外服务政策提供参考。

2. 全球主义

相比民族主义,在比较职业教育研究中,全球主义强调建立国际公认的职业教育价值体系和文化认知方式等,并倾向于建立具有普世意义的职业教育办学"成功样本"。持这一立场的比较职业教育研究者多供职于具有公益性质的国际组织或者专门的国际职业教育与培训研究协会等。

持全球主义立场的比较职业教育研究者,目的是通过比较职业教育研究,向世界各国推广先进的职业教育办学理念,尤其是帮助发展中国家建立起更为完善与有效的职业教育与培训体系。因此,相比民族主义,在开展研究过程中会倾向于将人类社会的共

---

① 郝天聪.中德职业教育研究:差异,亦是差距[J].职教通讯,2019(24):1.

同发展置于核心价值地位,这是全球主义立场下构建参照系统的基本前提假定。例如,联合国教科文组织国际技术和职业教育与培训中心(UNEVOC),致力于设计各种技能提升方案与职业教育国际合作项目,其目的在于让人人都能够获得工作与生活所需要的技能,并通过该平台促进全球职业教育利益相关者的知识交流和协作互动,为全世界社会各阶层人士提供适合其生涯发展需要的基础技能,尤其是帮助青年群体实现高质量的就业,帮助部分国家降低失业率。再如,国际职业教育与培训协会(IVETA)同样是一个具有公益特征的国际职业教育与培训研究组织,致力于在全球建立起职业教育与培训的国际交流平台,并以此为依托帮助各个国家和地区建立更高质量的职业教育与培训体系。全球主义强调尊重和维护各民族的传统价值标准和利益,以及尊重科学和维护真理。基于上述立场的比较职业教育研究者,会倾向于建立具有普世意义的参照系统。依据上述参照系统,可以进一步描述各国的职业教育制度,收集各国的数据资料,然后分析、比较和评价各国的职业教育办学实践,判断不同国家职业教育办学的水平,并提供有一定参考价值的改革建议或方案。

3. 实证主义

所谓实证主义,是指在比较职业教育研究中,致力于发现具有普遍意义的规律或者法则,倾向于构建更为客观的、价值无涉的参照系统,基于证据解释不同国家的职业教育办学实践,并为促进职业教育与培训体系的可持续发展提供具有较强科学价值的职业教育办学指导方案或工作手册等。

基于实证主义的立场,比较职业教育研究者致力于通过科学的方式提出研究问题,通过收集相关证据验证假设,进而得出具有较强说服力的研究结论,并将此作为构建比较职业教育研究参照系统的重要依据。在具体的构建过程中,比较职业教育研究者会倾向于梳理学界对相关问题的已有研究,并在文献分析的基础上对其作出评价,从中梳理出参照系统构建所需要的核心要素,在此基础上突出本参照系统的创新之处,并为找到具有实证意义的职业教育办学规律提供基本的路径前提。在比较职业教育研究者看来,世界中存在的各种职业教育现象是可以被观察的,基于实践现象提出的研究问题也是可以被描述、解释、重复、确证和证伪的,最终可以构建出具有一定可操作性的职业教育改革方案。由于方案的开发过程遵循了严格的实证主义范式,因此,无论是对于职业教育发达国家,还是对于职业教育欠发达国家,以证据为支撑的职业教育方案都将具有重要的参考意义。此外,实证主义还强调,从更加理性化的角度对不同国家的职业教育办学模式进行客观评价,要考虑到不同国家的职业教育文化传统与经济社会背景等,不可对他国的职业教育办学模式进行照搬,否则,肯定会出现"水土不服"的现象。持这种实证主义立场所进行的比较职业教育研究,往往遵循更加科学的流程,而不会受到太多主观价值判断的影响,也更有利于推动比较职业教育研究领域实质性的进步与知识创新。

三、比较职业教育研究参照系统构建的基本类型

在比较职业教育研究中,我们不可避免地要运用到各种参照系统。其中最为典型

的即施瑞尔(J. Schriewer)的自我反射法,又称为自我参照系统。除此之外,我们还可以以历史、同行、国外等作为参照系统进行研究。

(一)自我参照系统

基于系统功能主义理论视角,比较教育学者施瑞尔提出了构建自我参照系统的理论。所谓自我参照系统,是指被研究的国家或系统外化时的"参照国家""参照单元"的选择必须与系统的变化着的自我反射需要联系起来。[①]其核心思想是,在对不同国家的教育进行比较时,需要充分遵循自我反射的原则,立足本土实践提出相应的研究问题,并根据解决本国教育问题的需要,构建相应的参照系统。此外,施瑞尔还特别重视对教育跨国研究的事实传统、实践和参照框架进行社会历史分析,以及跨社会功能子系统的比较分析。基于此,对中国的比较职业教育研究历史传统和现实进行经验分析,以确证或反驳施瑞尔的观点是摆在研究者面前的一项重要任务,它可以推动我国比较职业教育研究从概念层面向理论纵深层面发展。笔者在硕士学位论文《教育转换研究——基于现代职业教育体系运行的考量》中的国际比较部分便采用了施瑞尔的自我反射法构建自我参照系统。由于各个国家职业教育与培训体系的差异,在缺乏一定参照标准的情况下,很难对其进行有效的比较。此外,考虑到现代职业教育体系的概念在中国具有一定的政策意味,而且《现代职业教育体系建设规划(2014—2020年)》的颁布已经描绘了现代职业教育体系的建设蓝图,且具有较强的结构性与清晰的维度。鉴于此,笔者以我国现代职业教育体系的内涵结构为参照,去寻找典型职业教育发达国家现代意义上的职业教育体系概念,并从不同层次职业教育之间的关系、职业教育与普通教育之间的关系以及职业教育与继续教育之间的关系出发,构建了分析框架,进而对德国、美国、澳大利亚的职业教育体系做了系统比较。

(二)历史参照系统

所谓历史参照系统,是指在比较职业教育研究中,以别国职业教育的历史发展作为参照系统进行分析。以史为鉴,可以知兴替,历史思维应该在比较职业教育研究中得到广泛应用。一方面,各国职业教育办学初期所形成的理念、传统、模式往往会对后期职业教育发展产生潜移默化的影响。回溯各国职业教育的办学历史,有助于在历史的长河中精准定位各国职业教育的办学背景,在漫长的时间轴上较为精准地把握他国职业教育办学中的时代影响因素。另一方面,各国职业教育在办学过程中取得的成功经验和失败教训,也可为本国的职业教育发展提供宝贵的借鉴。例如,当前本科层次职业教育的相关研究在我国开展得如火如荼,而发达国家此前就有相关办学历史,通过历史纵向追溯,我们可以了解到主要发达国家的本科层次职业教育的发展进程,从而能够进一步分析全球本科层次职业教育发展的影响因素;另一方面,当我们聚焦某一国家的本科层次职业教育的办学历程时,可以透视其办学经验和失败教训。以英国多科技术学院

[①] 薛理银. 当代比较教育方法论研究[M]. 北京:人民教育出版社,2009:203.

为例,其在办学中不断升格导致"学术漂移",1992 年英国结束了高等教育二元制,将所有多科技术学院升格为大学,被称为"92 后大学"。虽然"三明治"课程仍是许多"92 后大学"的办学特色,但总体上学校的职业教育属性有所减弱。这带给我们的启示是,我国在本科层次职业教育办学中要警惕"学术漂移"现象,真正将本科层次职业教育办成一种以工作为本位、以实践为导向的高等职业教育类型。

(三) 同行参照系统

所谓同行参照系统,是指在比较职业教育研究中,关照不同国家在同一职业教育领域的研究进程和发展动态,以此精准定位本国职业教育的发展进程,从而做更清晰的比较分析,获得更有针对性的启发。例如,当我们关注到德国出现一种新的高等职业教育机构——双元制大学时,这就意味着学徒制向高等教育领域的渗透。由此不禁反思,除了德国以外,其他发达国家是否也有相同的趋势？以同行作为参照系统,可以发现该种现象不仅发生在德国,意大利、英国、美国、澳大利亚等国家也同样出现此类趋势。其中,意大利于 2004 年启动高等学徒制项目。英国先是于 2010 年在其学徒制体系中增加了"高等学徒制"的层级,向学徒提供相当于学士甚至硕士层次的资格认证,2015 年正式推出"学位学徒制",学徒可以获得大学学位。不仅"92 后大学"积极提供学位学徒制,剑桥大学、诺丁汉大学、利兹大学这样的英国顶尖大学也纷纷参与其中。美国在 2014 年建立了"注册学徒制与院校联盟(Registered Apprenticeship-college Consortium)",通过第三方机构评定,学徒可以获得大学学分乃至学士学位。澳大利亚也于 2018 年确立了高等学徒制,学徒可获得澳大利亚资格框架 5 级或 6 级的文凭。相比于学校本位职业教育,工作本位的学徒制更具职业教育特点。[①] 通过同行参照对比,带来的启示是,我国在发展高等层次的职业教育时,也应当积极发展高等学徒制,由此使其更有活力和类型特征。

(四) 国外参照系统

作为一个独立的研究领域,比较职业教育研究的重要宗旨是,对不同国别之间的职业教育进行比较。在实际的比较职业教育研究中,也常常以职业教育发达国家的办学模式或经验等为参照系统,也就是国外参照系统。国外参照系统下的比较职业教育研究,其根本目的在于确立标准、寻找差距、开放办学。例如,当前我国正在重构现代职业教育体系,其中,国家资格框架的构建起到重要辅助作用。然而,当前我国的资格框架建设仍处于探索和起步阶段,尚未建立起符合国情、纵横贯通的国家资格框架制度,在此背景下,就可以对国外成熟的国家资格框架进行考察,从而寻找差距,借鉴经验。这里我们不妨以欧洲国家资格框架(European Qualifications Framework,简称 EQF)为例进行对比阐述。近 10 年来,基于 EQF 层级描述的欧洲国家资格框架陆续出台,EQF 虽然为各国制定了统一的学习评价标准,且能够在不同领域进行资格比较,但是其难以

---

① 关晶. 本科层次职业教育的国际经验与我国思考[J]. 教育发展研究,2021(3):52-59.

考虑到各国教育对象的特殊性与教育情境的复杂性。随着2008年EQF的颁布,大多数欧洲国家依据其层级描述内容与水平,开始构建起本国的国家资格框架。基于EQF下的层级描述,国家资格框架的制定可以分为"高度依赖型""内涵深化型"与"调整重构型"。其中,"高度依赖型"包括希腊、奥地利、罗马尼亚等10个国家;"内涵深化型"包括瑞士、意大利、瑞典等17个国家;"调整重构型"包括德国、比利时、芬兰等9个国家。[①]通过对欧洲诸国资格框架的比较,我们就可以对比分析出其特点和优势,进而为我国资格框架的构建提供启示,包括拓宽能力外延,深化资格框架的层级描述;依据岗位需求,指明工作和学习环境的复杂性程度等。

第三节 比较职业教育研究的模型构建

分析单位和参照系统为我们开展比较职业教育研究提供了基本思路。然而,实施比较职业教育研究必须要在一定的比较框架下进行。模型构建是开展比较研究的工具,也是在分析单位和参照系统的指导下进行比较的路径。前两者决定了"谁来比较"和"和谁比较"的问题,而模型构建则决定了"比较什么"和"如何比较"的问题。构建比较分析的模型,最重要的是确定比较职业教育研究内容的基本特征,以及希望从比较职业教育研究中得到什么样的结果。因此,本节将重点介绍六种比较职业教育研究的模型,分别为两相比较模型、多方比较模型、焦点—边缘模型、历史阶段模型、象限模型、多层嵌套模型。这六种比较的模型在复杂性上依次增加,这意味着比较的难度与信息获取的范围也在不断加大。

一、两相比较模型构建

(一) 两相比较模型的内涵

两相比较模型构建是指两个分析单位就某一主题或问题进行的比较。这是比较职业教育研究最基本的形式,也是较为常见的比较职业教育研究模型。"两相比较模型"存在两种形式:一是建立比较框架,并根据这一框架对两个分析单位进行全面比较。例如,比较德国和英国职业教育校企合作质量、制度建设、社会效益等,从而得出两国在职业教育校企合作方面的共同点与不同点;二是围绕一个比较问题或主题,从若干维度对一个分析单位进行深度剖析,然后将分析出的结论与另一个分析单位进行对比或迁移,得出另一个分析单位的改进举措或可借鉴之处。例如,分析德国双元制的发展历程、发展现状、校企关系、政府角色等,勾勒出德国双元制发展的基本样态和背后的发展动力机制,然后分析中国的校企合作是否应该复制德国道路,或者从哪些方面可以学习德国的经验和教训等。

---

① 过筱,石伟平.基于EQF层级描述的欧洲国家资格框架新进展[J].职业技术教育,2019(25):67-73.

(二) 两相比较模型的结构

1. 分析单位

在两相比较模型中,分析单位的选择尤为重要,因为两相比较的核心在于分析单位的选择要有可比性,或者比较带来的结论能够有可迁移性或可借鉴性。因此并非任何两个分析单位均适合用来做进一步的比较。比较的这种适切性并非是"西方中心主义"的翻版,并非认为比较仅是发达国家和所谓先进文明的职业教育对发展中国家或所谓落后文明职业教育的指导,而是体现在分析单位的属性上。例如,一个国家和一个城市、一所小学和一所大学、职业教育和普通教育之间的比较就不太合适,因为他们在属性上具有本质区别。确保分析单位的属性一致,是比较职业教育研究结果效度的基本保障。因此,在构建两相比较模型之前,要向读者澄清选择这两个分析单位的缘由及其合理性,从而为后续的比较职业教育研究提供逻辑基础。

2. 比较客体

比较客体是两相比较的内容。确定比较客体的根本依据是比较的目的,即研究者希望通过比较什么内容,以获得希望获得的结果。比较客体的选择需要遵循一定的逻辑,如根据时间逻辑比较不同阶段的发展特征,根据结构逻辑比较某一事物从内至外的不同结构等。在实际开展比较职业教育研究的过程中,研究者往往需要借助一定的理论寻找比较的逻辑,构建比较客体的基本框架,例如采取"规范系统、观念系统、组织系统、资源系统"的制度分类方法,对不同国家某一领域的职业教育制度特征进行分析,其中使用的制度分类方法正是基于不同学者对制度分类研究的结果所综合得出的比较框架。比较客体的选择也是决定两相比较模型效度的关键。

(三) 两相比较模型的应用案例

王维思、徐涵的《英国、澳大利亚学徒制新发展之比较》属于两相比较中的第一种模型。文章首先交代了选择这两个国家进行比较的原因,即两国为应对未来国家经济发展对技能的需求,分别发布了《英格兰未来的学徒制:实施计划》和《共同责任:面向21世纪的澳大利亚学徒制》指导本国学徒制的实施。而后,全文分别介绍了两国新政策发布的背景和学徒制新发展的内容,分析两国学徒制新的实施手段,总结英国、澳大利亚学徒制新发展的特征,并最终为我国现代学徒制的实施提供了可资借鉴的经验。[①]

笔者和贺艳芳的《德国应用科学大学获独立博士学位授予权争议与反思》属于两相比较中的第二种模型。该研究的核心是对"德国应用科学大学获独立博士学位授予权"这一议题的来龙去脉进行完整呈现,夹叙夹议,给出关于这一议题的客观事实和笔者的观点,即"这一争议源于后现代社会新旧知识生产模式的斗争"。在此基础上,提出了这一争议对我国当前阶段教育改革的启发,即"虽然目前我国也有所谓的专业学位博士,但是相比德国的专业学位博士仍然不够凸显专业性,尤其是专业博士缺乏一定的实践

---

① 王维思,徐涵. 英国、澳大利亚学徒制新发展之比较[J]. 职教论坛,2016(25):82-86.

能力"。① 与学术博士相比,我国的专业博士没有表现出较强的应用性特点。当然,这里所提倡的应用性,并不是指专业博士不需要理论,只需要实践。事实上,理论与实践是一个共同体,在人才培养过程中不可人为割裂。

二、多方比较模型构建

(一) 多方比较模型的内涵

在比较职业教育研究中,多方比较模型构建是指多个分析单位就多个主题或问题进行的比较。本质上,多方比较模型是两相比较模型的拓展,包括分析单位的拓展和比较客体的同步拓展。多方比较的设计和实施与两相比较模型无本质区别,但是由于分析单位和比较客体在数量上均超过两个,因此比较的内容会更为复杂,研究者可借助矩阵或列表的方式协助构建比较框架。表 8-1 就给出了多方比较模型的理解框架。可以看出,多方比较模型的比较结果,应该是基于 A1-B1-C1、A2-B2-C2、A3-B3-C3、A4-B4-C4 比较得出的结果。而如果是根据 A-B-C 得出的结果,则可能会出现比较思路混乱,或比较项目遗漏的情况。

表 8-1 多方比较模型表

	英国	德国	美国	比较结果
国家资格框架	A1	B1	C1	A1-B1-C1
生涯指导	A2	B2	C2	A2-B2-C2
职业资格证书制度	A3	B3	C3	A3-B3-C3
学校职业教育体系	A4	B4	C4	A4-B4-C4
比较结果	A	B	C	?

(二) 多方比较模型的结构

1. 分析单位

多方比较模型中的分析单位可以是国家、地区等地域单位,如德国、日本和美国的比较,也可以是学校、制度等事物形态,如应用型高等教育、职业高等教育和普通高等教育的比较。对比较职业教育研究而言,由于多方比较模型的分析单位超过两个,因此在选择分析单位时,应着重交代选择的理由,确保分析单位之间存在可比性,或者对分析单位的比较存在现实价值或理论意义。

2. 比较客体

多方比较模型的比较客体存在两种情况,一是比较多个分析单位的多个客体,如比较德国、日本和美国的国家资格框架、生涯指导、职业资格证书制度、学校职业教育体系等。二是比较多个分析单位的一个客体,但是从多个维度比较这个客体,如比较德国、

---

① 郝天聪,贺艳芳.德国应用科学大学获独立博士学位授予权争议与反思[J].比较教育研究,2018(1):105-112.

日本和美国的高职教育,从高职教育的学制体系、办学形态、管理、生源、就业、课程等维度进行比较。总之,比较客体越多,比较难度越大。

(三) 多方比较模型的应用案例

张蔚然、石伟平的《时代境遇下"金砖"国家职业教育与培训变革:经验与借鉴》一文可被视为"分析单位+比较客体"的拓展,其比较客体属于上述提到的第一种情况。研究者首先交代了选择金砖国家进行比较的基本逻辑,即金砖国家在当前发展职业教育与培训的过程中,面临着贫富差距不断加大、技能短缺、青年失业等共同的时代挑战。然后从国家资格框架制度、职业教育与培训治理、职业教育与培训和工作的联系、劳动力市场技能信息监测机制等四个方面,对金砖四国的职业教育与培训改革情况进行比较,并最终给出了我国推动职业教育与培训改革的若干经验借鉴。[①]

汤霓的博士学位论文《英、美、德三国职业教育师资培养的比较研究》也可被视为"分析单位+比较客体"的拓展,其比较客体属于上述提到的第二种情况。一方面,研究者比较的分析单位包括三个国家:英国、德国和美国;另一方面,尽管研究者的比较客体是职业教育师资培养,但是行文中研究者将职业教育师资培养解构为专业标准、资格认证、课程设置三个变量。这种分析单位和比较客体均进行拓展的比较,形成了3*3的比较格局,因此,研究者在论文结构上首先分别呈现三个国家在专业标准、资格认证、课程设置三个变量中的特点,然后专门使用一章,对英国、美国和德国职业教育师资培养在这三个方面的差异与共性进行分析,并发现了职业教育师资培养的一般规律:一是协调各方利益相关者;二是构建制度化培养框架;三是关注教师专业发展。[②]

三、焦点—边缘模型构建

(一) 焦点—边缘模型的内涵

在比较职业教育研究中,焦点—边缘模型构建是指以某一区域为焦点,与四周区域就某一主题或问题进行的比较。这一模型的典型特征在于焦点区域和周围区域之间围绕某一问题存在紧密的联动关系,且对焦点区域和周围区域的比较,能够揭示文化、血缘、地缘等深层次因素的影响。构建焦点—边缘模型的前提,是比较的分析单位之间确实存在地缘关系,如以地缘为纽带而形成的文化、经济、政治等密切关系。只有这样,才能构成围绕焦点和分析边缘的模型存在前提。因此,这类比较职业教育研究必须要深刻分析焦点和边缘间存在的地缘关系和其他关系,并以此作为比较分析的前提。常见的焦点—边缘模型如"中国—东亚文化圈""美国—北美"等。

---

① 张蔚然,石伟平.时代境遇下"金砖"国家职业教育与培训变革:经验与借鉴[J].现代教育管理,2017(11):87-92.
② 汤霓.英、美、德三国职业教育师资培养的比较研究[D].上海:华东师范大学,2016.

(二) 焦点—边缘模型的结构

1. 焦点分析单位

在焦点—边缘模型中,比较的分析单位存在若干个,焦点是分析单位之一,这是需要研究者解决问题的分析单位,因此也是分析单位中的核心。焦点的存在,决定了是否存在适合比较的边缘分析单位,以及边缘分析单位与焦点分析单位之间的关系。在比较职业教育研究中,焦点分析单位和边缘分析单位往往构成了一种地域上的联结,甚至成为耳熟能详或有现实意义的地域板块,这一板块决定了焦点作为焦点分析单位的合理性,以及比较焦点分析单位和边缘分析单位的可操作性。

2. 边缘分析单位

在比较职业教育研究中,边缘分析单位的功能是突出焦点分析单位在关系中的特点。分析这一特点,需要全面审视焦点分析单位和边缘分析单位的关系,在宏观上把握二者因地缘而产生的其他关系,并以此来解释焦点分析单位出现的现象,或解决焦点分析单位遇到的问题。

(三) 焦点—边缘模型的应用案例

张慧霞、王建民在《比较视阈下京津冀经济圈职业教育发展路径探索——与长三角和珠三角经济圈进行比较》一文中,将京津冀经济圈作为焦点分析单位,将长三角和珠三角经济圈视为边缘分析单位,通过对焦点分析单位和边缘分析单位在若干领域的比较,获得对焦点分析单位职业教育发展路径的答案。研究者首先陈述了京津冀、长三角和珠三角作为三大经济圈的关系,概述了该研究使用焦点-边缘模型的可行性和必要性。其次,从三大区域经济社会发展特征、与职业教育的匹配度等方面,比较三大区域差别,并通过对长三角和珠三角的分析,找到经济圈与职业教育互动的机制和发展的策略,最后在此基础上得出结论,即三大经济圈的职业教育表现出较大的专业建设的同质性,随着当前京津冀协同发展国家战略的实施,京津冀区域发展模式将发生实质性转变。[①]

四、历史阶段模型构建

(一) 历史阶段模型的内涵

在比较职业教育研究中,历史阶段模型比较是指进行跨历史阶段的比较,根据比较职业教育研究问题需要,划分出特定的历史时期。与其他类型的比较职业教育研究模型不同的是,历史阶段模型强调的是时序性,是在历史发展的进程中找到一个或多个分析单元的演变特征。因此,历史阶段模型存在两种情况:一是比较同一个分析单元在不同历史阶段的变化,从而分析事物发展的规律、脉络和未来可能演变的方向;二是比较

---

① 张慧霞,王建民.比较视阈下京津冀经济圈职业教育发展路径探索——与长三角和珠三角经济圈进行比较[J].高等职业教育(天津职业大学学报),2018(4):3-7+17.

不同的分析单元在不同历史发展阶段的变化,这是将横向的历史比较与纵向的内容比较相结合而形成的比较模式,不仅强调时代变迁对分析单元的深度影响,还试图探究时代变迁对两个分析单元所产生的影响的不同之处。

(二) 历史阶段模型的结构

1. 比较客体

在历史阶段模型中,比较客体往往只有一个,因为追踪一个对象的历史发展进程往往更为精准和聚焦。在比较职业教育研究中,所选择的比较客体应有较长的发展历史,且不与其他客体之间有模糊的边界,以避免引用错误的史料。常见的比较客体包括制度(如公平教育制度的历史演化)、客观事物(如应用型本科学校的发展历程)、思想(如关于如何发展职业教育的"普杜之辩"及其当代表征)等。

2. 历史特征

在比较职业教育研究中,在对一个比较客体进行历史阶段的划分时,存在两种基本路径:一是对比较客体在特定时间段中的发展进行梳理,收集大量的经验材料,并从经验材料中找到较为典型的、具有历史阶段划分意义的几份材料,从而确定比较客体发展的几个阶段。这种划分方式类似于寻找历史制度主义中强调的"关键节点"。二是用已有较为清晰且公认度较高的历史阶段构建分析框架,建立比较客体的新的历史阶段划分。这种方式应用的前提在于公认度较高的历史划分方式与比较客体之间存在较为紧密的联系,否则会掩盖比较客体内部存在的更具意义的历史阶段划分方式。三是通过构建分析框架,对跨国比较客体在特定历史阶段所形成的职业教育发展模式进行系统总结,并探究对我国职业教育办学实践的启示。

(三) 历史阶段模型的应用案例

关晶在其博士学位论文《西方学徒制研究——兼论对我国职业教育的借鉴》一文中,采用了第一种历史阶段模型的建构策略。研究者围绕学徒制的历史发展进程,将其划分为前学徒制时期(史前至 11 世纪)、手工业行会学徒制时期(11—15 世纪)、国家干预的行会学徒制时期(16—18 世纪)、集体商议的工业学徒制时期(19—20 世纪 50 年代)、现代学徒制时期(20 世纪 60 年代至今),并从生产力、技术水平、劳动组织形式、社会民主、教育理念与技术等四个方面对不同时期的学徒制特征做出系统梳理(如图 8-2 所示)。[①]

李政在《职业教育现代学徒制的价值审视——基于技术技能人才知识结构变迁的分析》一文中,采用了第二种历史阶段模型的建构策略,即使用已经得到较大公认度的历史阶段划分方式构建历史阶段模型。研究者使用的是贝尔对人类社会阶段的划分模型,贝尔在他的概念性图式中以生产方式和技术的变化这一中轴将人类社会划分为三个阶段:前工业社会、工业社会和后工业社会。他之所以采用这一模型,是因为技术技能人才的知识结构演变,与贝尔划分这一阶段所依据的"生产方式和技术变化"有高度

[①] 关晶. 西方学徒制研究——兼论对我国职业教育的借鉴[D]. 上海:华东师范大学,2010.

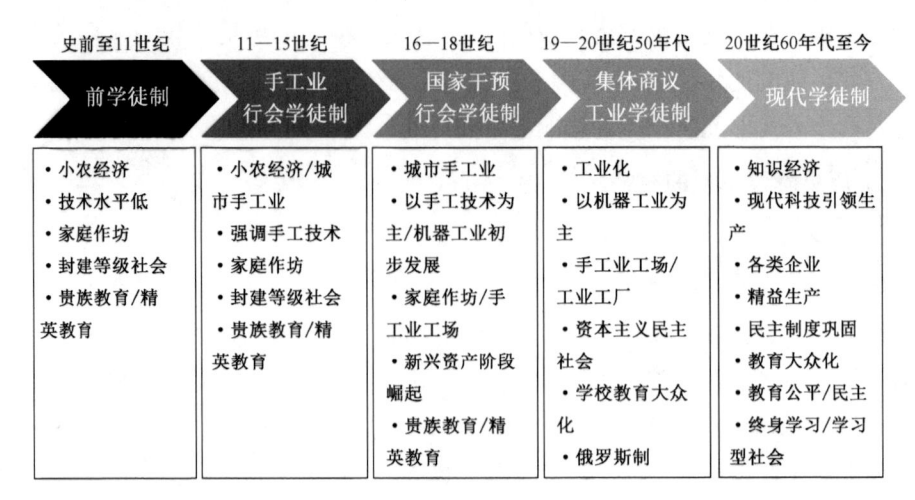

史前至11世纪	11—15世纪	16—18世纪	19—20世纪50年代	20世纪60年代至今
前学徒制	手工业行会学徒制	国家干预行会学徒制	集体商议工业学徒制	现代学徒制
• 小农经济 • 技术水平低 • 家庭作坊 • 封建等级社会 • 贵族教育/精英教育	• 小农经济/城市手工业 • 强调手工技术 • 家庭作坊 • 封建等级社会 • 贵族教育/精英教育	• 城市手工业 • 以手工技术为主/机器工业初步发展 • 家庭作坊/手工业工场 • 新兴资产阶段崛起 • 贵族教育/精英教育	• 工业化 • 以机器工业为主 • 手工业工场/工业工厂 • 资本主义民主社会 • 学校教育大众化 • 俄罗斯制	• 知识经济 • 现代科技引领生产 • 各类企业 • 精益生产 • 民主制度巩固 • 教育大众化 • 教育公平/民主 • 终身学习/学习型社会

图 8-2 不同时期的学徒制特征

的重合和相关,因此采用这一阶段划分具有可信度和分析意义。通过使用这一较为成熟的历史阶段划分模型,研究者发现,技术技能人才知识结构总体上表现出以下几个阶段性特征:一是前工业社会时期以学徒制技能传承为中介,形成了经验型技术知识的单维度知识结构;二是工业社会前期随着科学知识的逐步介入及其与经验技术的共存,形成了包含实体型技术知识与经验型技术知识的双维度知识结构;三是工业社会后期科学理论知识对技术发展的先导作用以及技术作为独立体系的发展,形成了包含理论型技术知识、实体型技术知识、经验型技术知识的三维度知识结构;四是后工业社会时期智能化生产、个性化定制带来了对技术综合分析与运用能力的需求,形成了包含理论型技术知识、实体型技术知识、经验型技术知识、方法型技术知识的四维度知识结构(如图8-3所示)。[①]

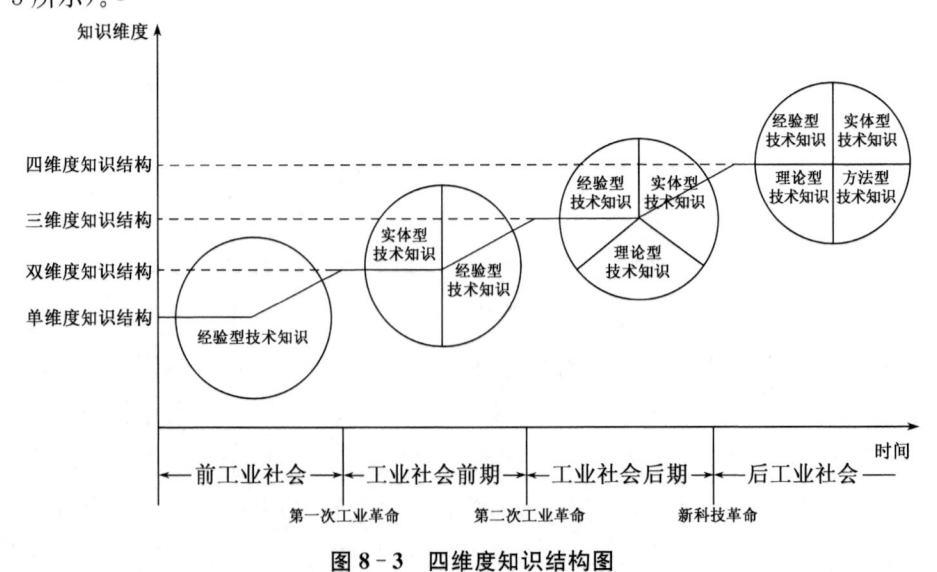

图 8-3 四维度知识结构图

[①] 李政. 职业教育现代学徒制的价值审视——基于技术技能人才知识结构变迁的分析[J]. 华东师范大学学报(教育科学版),2017(1):54-62+120.

刘晓、陈志新在《英、法、德三国职业教育与培训体系的发展演变与历史逻辑——一个历史制度主义视角的分析》一文中,采用了第三种历史阶段模型的建构策略,即在构建分析框架的基础上,总结出典型的职业教育发展模式。基于历史制度主义的分析框架,研究者从历史时段、关键节点、路径依赖以及制度断裂四个要素出发,总结出英国、法国、德国职业教育发展模式的典型特征,分别是"自由市场经济"模式、"国家—政府"主导模式、"双元制"模式,进而纵向上对英国、法国、德国三种典型模式的历史背景、演变与发展的宏观因素、制度演进的路径依赖以及制度变迁的动力机制进行分析;横向上对三种模式的内涵与特征进行比较分析,以更加清晰地了解三种典型职业教育与培训体系的发展演变和历史逻辑,并进一步探讨其对我国构建现代职业教育体系的借鉴意义(如图 8-4 所示)。[①]

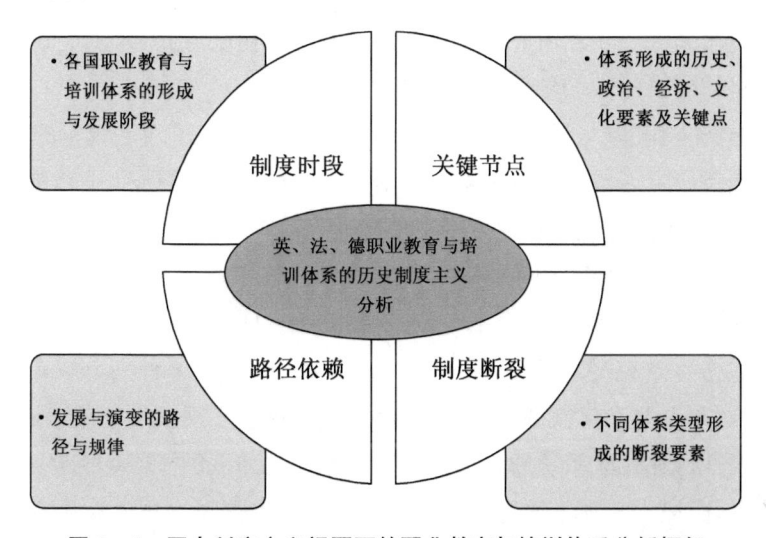

图 8-4 历史制度主义视野下的职业教育与培训体系分析框架

五、象限模型构建

在比较职业教育研究中,象限模型构建是指以二维象限或三维象限为基准,就某一职业教育研究问题进行多维度的比较分析。象限模型的本质是对世界运行的本质进行抽象和极简化后形成的认识工具,它用"谱系"和"对立"的基本思路,对现象进行划分,并抽离出对世界认识的若干类型,从而方便他人寻找到相对合适的定位,高效率地解剖和认识纷繁复杂的问题。

(一)象限模型的内涵

所谓象限分析法,就是围绕分析框架中的核心要素,相较于"点"式方法与"线性"方法所进行的"面"上的分析。就此而言,点式分析和线性分析是象限分析的基础。所谓

[①] 刘晓,陈志新.英、法、德三国职业教育与培训体系的发展演变与历史逻辑——一个历史制度主义视角的分析[J].外国教育研究,2018(5):104-116.

"点"式分析,是以点(包括一个理论、一个概念、一个现象)为分析单位开展的研究。这里的点包括单个点、两个点和多个点。单个点的研究既可以是对某个理论的阐述,也可以是对某个概念的演绎,还可以是对某个现象的分析。总之,其逻辑起点是单个分析单位,这也是为当前不少职业教育研究所采用的重要范式,如研究 1+X 证书制度、职业教育教师的自我效能感等;两个点的研究则是从一个事情的两个方面或两个极端开展的研究,如职业教育国家办学与市场办学的对立统一、国家取向的技能水平评价制度与市场取向的技能水平评价制度的比较分析、就业导向职业教育与生涯导向职业教育的冲突博弈等。通过对立统一中的分析,可以找到其中蕴含的本质内容,建构所需要的理论;多个点的研究则是在一个研究内部涉及两个以上的分析单位,如研究职业教育教材、教法与教师关系的"三教改革"研究,抑或是职业教育政府、市场和第三方评价间的质量保障机制研究等。多点研究是单点和两点研究的拓展,当引入多个分析单位时,对问题的思考将需要更深入的分析框架和更宏观的视野。

"线性"方法是在"点"式方法的基础上形成和发展的,有了对立统一的"点"式思维,也就形成了围绕两点连成的线段的"线性"研究思路。"线性"研究思路强调"谱系"思维,认为万事万物应该是在一个包含两个极端的光谱中运动和排列。例如,在加拿大生活水平研究中心(CSLS)的一项研究中,研究人员比较了德国、法国、爱尔兰、澳大利亚等国的学徒制实践,将这些国家的学徒制系统分为北欧系统(Northern European Systems)和盎格鲁撒克逊系统(Anglo-Saxon Systems)。[①] 这种划分以市场经济发展环境、制度规约与企业和学校的参与情况等为维度,揭示了现代学徒制形成背后的主导因素和区域表征。在北欧系统和盎格鲁撒克逊系统之下,不同国家的学徒制系统分布在不同的位置,凸显出上述不同国家的经济、社会、政治等因素对学徒制的形塑。

在"点"式方法和"线性"方法的基础上,两者的叠加形成了象限分析法。因为象限分析法构成要素包括维度与极点。由"两维"与"两极"构成的象限即为一个平面,故可将象限分析法称为"面"上研究方法。象限分析法既可以通过以坐标轴为基础的象限的方式进行呈现,也可以通过矩阵的方式进行呈现。两者虽然在表现形式上不同,但本质上都是利用点和线对认识的分析单位进行多个维度的划分,并最终形成多种类型的认识结果。

(二)象限模型的结构

1. 维度

所谓维度,指的是建立分析坐标的两条或三条轴线,也就是线性分析中的"线",它是划分分析单位类型,解剖分析单位本质的视角和逻辑。例如,我们在认识一个组织生存环境的不确定性程度时,往往可以通过环境的复杂性和环境的稳定性进行判断,因为

[①] H. Steedman. Apprenticeship in Europe: Fading or Flourishing? [R]. London: Centre for Economic Performance, 2005.

这两个维度能最大程度地覆盖对组织生存环境不确定性的本质特征的认识。① 因此，在选择维度时，最关键的是要找到两个能涵盖分析单位或问题的最关键维度，这决定了象限构建的意义与价值。需要指出的是，二维象限模型并不仅仅局限于两个维度，有些研究也会将象限扩展至三个维度，从而形成一个立体的比较框架。

2. 极点

极点是指坐标系轴线两端所代表的方向完全相反的两种描述性标准，也就是点式方法中的"点"。在确定维度后，围绕每个维度所形成的两个极端就被称为极点，这是维度能够起到划分作用的依据。每个维度在两端都存在对立的极点，如表 8-2 中的"环境复杂性"就拥有简单和复杂两个极点，"环境的稳定性"则有稳定和不稳定两个极点，两者之间则属于"中间状态"。

（三）象限模型的应用案例

象限模型在职业教育研究中的作用主要包括四种类型：构建新模型、提出新假设、进行新分类、排序与评价。需要说明的是，目前来看，上述四种类型虽并未在比较职业教育研究领域得到全部应用（某些类型应用于职业教育研究其他领域），但通过进一步的案例分析可以发现，其在比较职业教育研究领域具有广阔的应用前景。

1. 构建新模型

构建新模型指的是通过象限模型的设计，实现对原有现象的新认识，从而形成一个新的理论框架。这类应用情境常出现于职业教育领域构建评价指标体系、素质结构模型等相关研究中。例如，李锋等人在《职业教育教师专业素质的模型建构及提升策略》一文中，通过比较普教教师和职教教师的相关特点，结合我国教师素质的要素说和结构说的重要观点，以及冰山模型和洋葱模型的研究成果，构建了职教教师专业素质的三维模型（如图 8-5 所示）。②

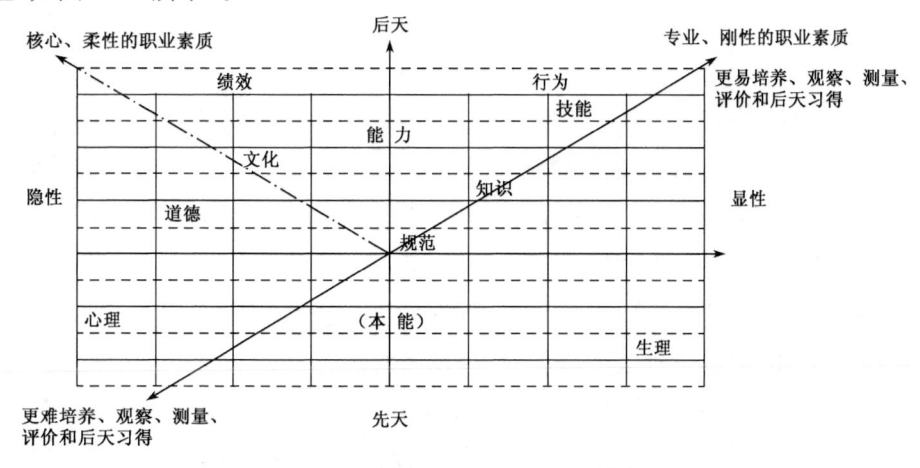

图 8-5 职教教师专业素质的三维模型

---

① 斯蒂芬·罗宾斯,玛丽·库尔特.管理学[M].7 版.北京:中国人民大学出版社,2004:76.
② 李锋,闫智勇.职业教育教师专业素质的模型建构及提升策略[J].教育与职业,2016(15):23-27.

2. 提出新假设

提出新假设指的是利用象限模型构建的原理,创设关于某个议题的假设,并基于这一假设开展相关研究。例如,潘海生等在《职业教育产教融合政策框架建构与困境消解》一文中,利用政策执行过程的模糊-冲突模型以及政策执行的四种情境模型,构建了职业教育产教融合政策的分析框架。该分析框架将职业教育产教融合的4个政策区域、8个政策模块、12条政策演进路径统一起来,形成了一个认识职业教育产教融合政策路径的新的理论框架,提出了职业教育产教融合政策演进的四条路径:最佳协调路径、最差拮抗路径、磨合中走向优化路径、失调中走向恶化路径。这一框架对于认识当前该领域的政策走向以及为后续关于产教融合的政策研究,均提供了一个新的理论框架(如图8-6所示)。①

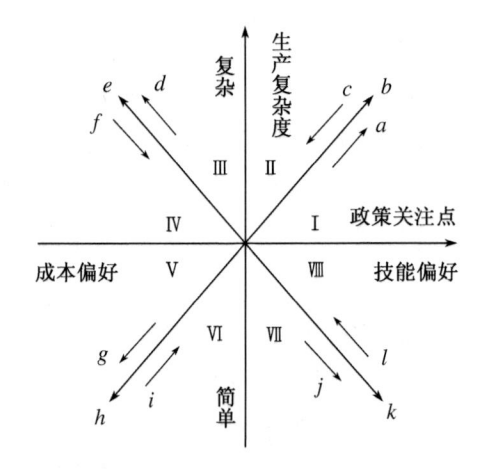

图8-6 职业教育产教融合政策的分析框架

3. 进行新分类

进行新分类指的是利用象限模型对一个事物的内部特征进行分类,以加深对这一事物的认识,并明确该事物变化的规律或方向。由于象限模型构成的四个空间在性质上存在不同,这就为划分事物类型提供了一个很好的思路和框架。例如,邱懿等人在《我国高等职业教育考试招生制度现状、问题与展望》一文中,使用"职业技能"和"文化素质"两个维度,以及"高"和"低"两个极点,对当前各地实施的各种类型的职教升学考试进行了分类。通过该二维框架,研究者提出,未来使评价模式由当前的第三象限、第四象限的"低技能、低文化""低技能、高文化"评价向第一象限、第二象限的"高技能、高文化""高技能、低文化"评价聚集(如图8-7所示)。②

又如,笔者在《产业结构转型与职业教育办学模式改革——对美国、德国、日本、中国的比较分析》一文中,使用"主体多元""内部衔接"和"产教融合"三个维度,以及"高"

---

① 潘海生,宋亚峰,王世斌.职业教育产教融合政策框架建构与困境消解[J].吉首大学学报(社会科学版),2019(4):69-76.
② 邱懿,薛澜.我国高等职业教育考试招生制度现状、问题与展望[J].中国考试,2021(5):33-39+55.

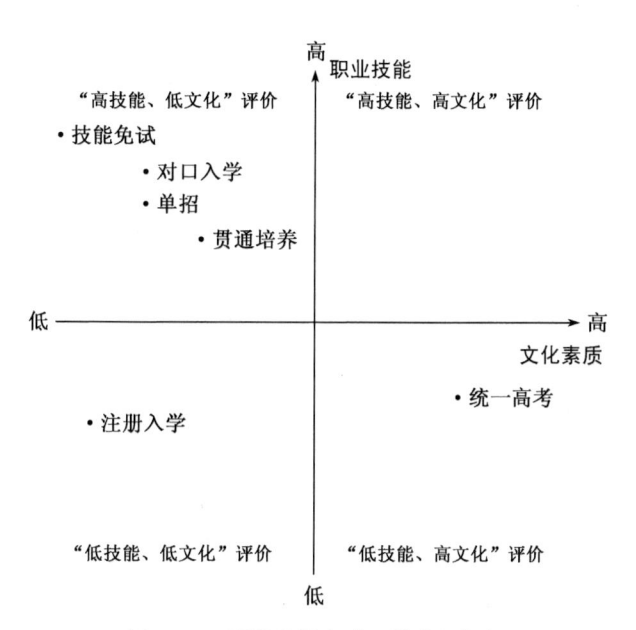

图 8-7　职教升学考试二维分析框架

和"低"两个极点,对美国、德国、日本、中国的职业教育办学模式进行了分类,并形成三对关系范畴:一是不同办学主体的协作配合,二是不同办学层次之间的内部衔接,三是职业教育产学关系的构建。通过该三维框架,笔者提出,美国职业教育办学模式表现出"低主体多元、高内部衔接、高产教融合"的特征,德国职业教育办学模式表现出"高主体多元、高内部衔接、高产教融合"的特征,日本职业教育办学模式表现出"低主体多元、低内部衔接、高产教融合"的特征,中国职业教育办学模式表现出"低主体多元、高内部衔接、低产教融合"的特征(如图 8-8 所示)。①

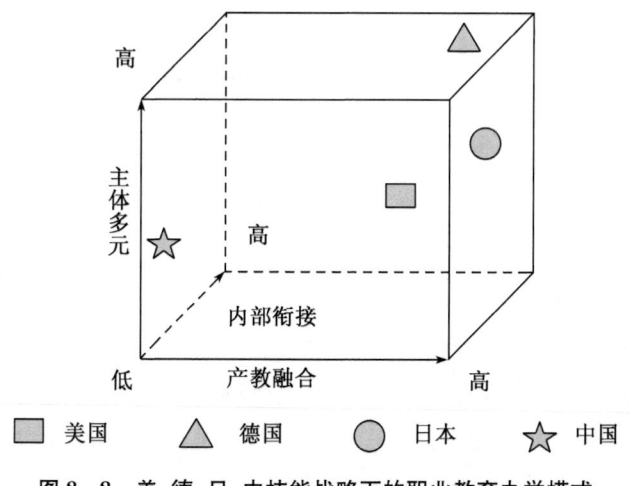

图 8-8　美、德、日、中技能战略下的职业教育办学模式

---

① 郝天聪,石伟平.产业结构转型与职业教育办学模式改革——对美国、德国、日本、中国的比较分析[J].现代教育管理,2020(8):122-128.

4. 排序与评价

排序与评价指的是利用象限模型对分析单位在这些维度上的程度进行比较。这类比较的目的是使用一个统一的框架对不同分析单位的若干种属性进行比较,从而让异质性的分析单位在同一个框架下发展的水平或程度能够得到展现,并因此得出有价值的结论。发挥象限模型的排序与评价功能,其关键在于找到合适的维度,并赋予维度内表达不同程度的刻度。刻度要能够赋予不同比较客体(无论是通过真实的数据,还是通过编码)以意义,要能够找到实证数据(无论是统计的数字,还是文字)的支撑。

例如,关晶在《英国和德国现代学徒制的比较研究——基于制度互补性的视角》一文中,借助了制度互补性理论构建了制度互补性的比较框架,以此来探寻不同国家现代学徒制的相关制度之间究竟是如何互补的,存在何种规律。研究者首先从制度的三大基础要素出发,构建了制度互补性比较的框架,然后利用这一框架对英国和德国的现代学徒制的制度进行了深入的比较(如图 8-9 所示),并以此得出了"相互加强或相互弥补是现代学徒制制度互补的两大形式"和"制度弥补的着力点在于规制性的制度要素"的两个基本结论。①

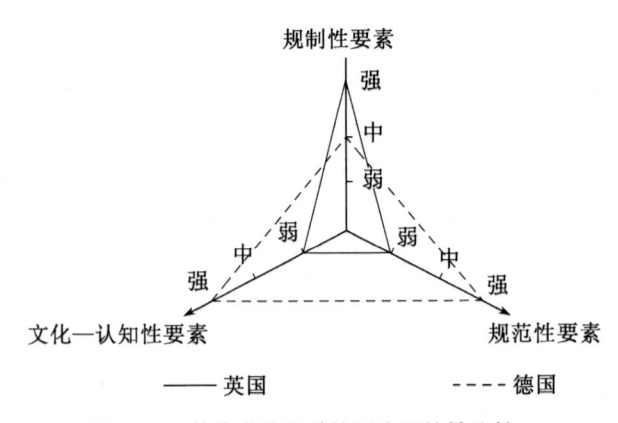

图 8-9 英德学徒激励的制度互补性比较

六、多层嵌套模型构建

(一) 多层嵌套模型的内涵

在比较职业教育研究中,多层嵌套模型构建是指划分出宏观、中观和微观等不同层次,通过不同层次的组合来体现特定的职业教育模式或主题。多层嵌套模型的最大特征在于,比较职业教育研究内部存在微观或中观层面的比较和宏观层面的叙述,且微观和中观比较应服务于宏观叙事(如图 8-10 所示)。研究以微观或中观比较为手段或切入点,其实质是对不同国家更为宏观层面的模式、取向等的比较和规律的揭示。

---

① 关晶.英国和德国现代学徒制的比较研究——基于制度互补性的视角[J].华东师范大学学报(教育科学版),2017(1):39-46+118.

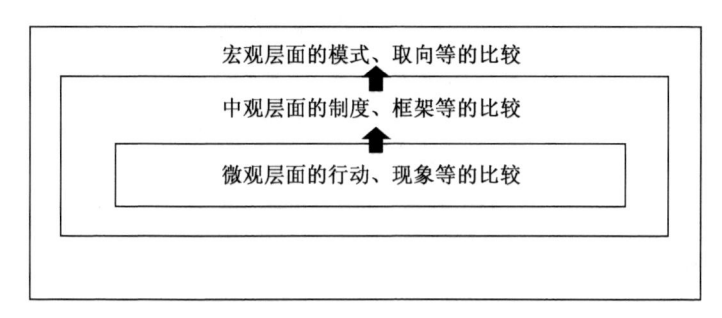

```
┌─────────────────────────────────────────────────┐
│         宏观层面的模式、取向等的比较              │
│                    ↑                            │
│         中观层面的制度、框架等的比较              │
│                    ↑                            │
│    ┌───────────────────────────────────────┐   │
│    │    微观层面的行动、现象等的比较         │   │
│    └───────────────────────────────────────┘   │
└─────────────────────────────────────────────────┘
```

图 8-10 多层嵌套模型

(二) 多层嵌套模型的结构

1. 问题的层次性

在使用多层嵌套模型时,必须要确定一个研究内部存在"宏观—中观—微观"或"宏观—微观"的问题域。比较的内容和试图解决的问题在表象上不处于同一个层次。尽管这些问题处于不同的层次,但是他们反映的本质问题都可以在宏观层面予以体现。通过不同层次问题的比较,可以为读者呈现一个不同证据相互联系、"小处着眼大处叙事"的比较职业教育研究成果。

2. 问题的嵌套性

问题的嵌套性指宏观、中观和微观层面的问题存在一个逻辑主线,可以将宏观、中观和微观层面的叙述串联起来,避免问题发散。问题的嵌套性考验的是研究者的联想能力,即如何将看似不相关的微观问题或现象,与中观和宏观问题联系起来,并用合理的逻辑和证据予以证明。某种程度上,嵌套的本质就是联系。

(三) 多层嵌套模型的应用案例

西伦(K. Thelen)的《制度是如何演化的——德国、英国、美国和日本的技能政治经济学》[①]一书可被视为是多层嵌套模型的典型代表。断点均衡模式、行动者中心制度主义、历史主义、功能主义等理论流派对于制度发展的理解更多的是强调"暂时性""现实性"。也就是制度的设计与运行必定受到重大历史事件的影响而发生功能失效、重大变革,乃至重构。但是,在西伦看来,制度的设计与运行本身是处于一个连续不断的过程中,这个过程可能会波澜起伏,也可能是平平静静,但是它的作用是一个连续的过程。无论是制度再生产,抑或是制度变迁,制度在其形成和发展的过程中都蕴含着继承和发展的元素,而并不是彻底否定先前的一切。制度的利益相关者在不同的历史时期扮演着不同的角色,在他们的影响下,制度的设计、运行、再生产乃至变迁会不断地重新塑造该制度的特征与功能。总之,必须在一个相对较长的时期内方能理解那些为某些目标而设计建构的制度。书中通过德国、美国、日本和英国四个国家的技能培训制度的变迁过程分析,揭示了制度变迁的连续性、历史性和复杂性。该书的特色在于生动地呈现了

[①] 凯瑟琳·西伦.制度是如何演化的——德国、英国、美国和日本的技能政治经济学[M].王星,译.上海:上海人民出版社,2010.

四国技能形成的制度历史,并深入剖析了制度形成背后政治力量的博弈过程,将"技能形成的制度历史"作为微观层面的比较内容,嵌入"制度是如何形成的"这一宏观问题之中,从而为梳理和发现制度形成背后的逻辑主线和主导因素提供素材。该书也为我国比较职业教育研究者探索本国技能培训发展史提供了一个新的视角与研究范式。

姜大源在《职业教育学位设置:文本分析与模式识别——基于比较视野的职教法律法规相关条款的释解》一文中,也使用了多层嵌套模型进行比较研究。在该文中,研究者通过对中国、德国、瑞士、英国、日本、法国职业教育的法律法规或政策的文本进行解读,以文本解读为微观视角,比较不同国家法律和政策文本中关于职业教育学位的名称、适用的范围、授予的机构、获取的途径等,并将其嵌套于各国职业教育模式之中,形成了"文本比较—学位设置—职业教育发展模式"的微观、中观和宏观三层嵌套。研究最后将不同国家职业教育的办学主体、调节方式、政府作用的三个维度,以及学校中心与企业中心、教育调节与市场调节、教育部门引导与经济/劳动/综合管理部门引导的三对要素作为判据,对该国职业教育进行模式识别,以此借鉴蕴含其中的经验和成果,为职业教育学位设置提供重要的法律法规和政策依据。①

笔者在《职业教育何以成为类型教育?——基于国家技能形成体制建设的观察》一文中,同样使用了多层嵌套模型进行比较研究。在该文中,笔者从宏观层面国家技能形成体制和微观层面职业教育类型地位出发,构建了二者的关系模型(如图8-11所示)。

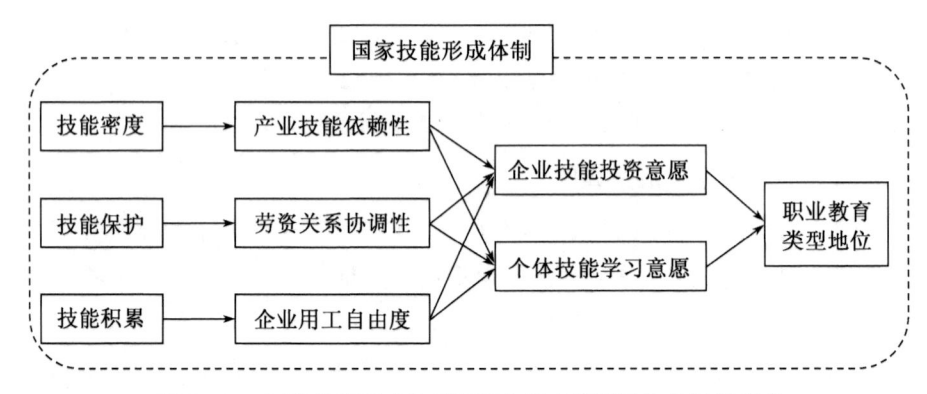

图8-11 国家技能形成体制与职业教育类型地位的逻辑关联

就具体影响机制而言,技能密度、技能保护分别对产业技能依赖性、劳资关系协调性产生正向影响,技能积累对企业用工自由度产生负向影响。产业技能依赖性会对企业技能投资意愿、个体技能学习意愿产生正向影响,劳资关系协调性会对企业技能投资意愿、个体技能学习意愿产生正向影响,企业用工自由度会对企业技能投资意愿、个体技能学习意愿产生负向影响。企业技能投资意愿、个体技能学习意愿会联合对职业教

---

① 姜大源.职业教育学位设置:文本分析与模式识别——基于比较视野的职教法律法规相关条款的释解[J].中国职业技术教育,2020(16):5-24.

育类型地位产生正向影响。① 而后,笔者对其内部关联机制做了进一步剖析,并通过三角形数量的多少表示不同国家在相应维度上的差异(如表8-2和表8-3所示)。

表8-2 德国、美国、日本、中国的技能战略与经济生产体制比较分析

国别	国家技能战略			经济生产体制		
	技能密度	技能保护	技能积累	产业技能依赖性	劳资关系协调性	企业用工自由度
德国	▲▲▲▲▲	▲▲▲▲▲	▲▲▲▲▲	▲▲▲▲▲	▲▲▲▲▲	▲▲▲
美国	▲▲	▲▲▲	▲	▲▲	▲▲▲	▲▲▲▲▲
日本	▲▲▲▲	▲▲▲▲	▲▲▲▲	▲▲▲▲	▲▲▲▲	▲▲
中国	▲▲▲	▲▲	▲▲▲	▲▲▲	▲▲	▲▲▲▲

注:▲表示程度高低

表8-3 德国、美国、日本、中国的职业教育参与意愿与类型地位比较分析

国别	企业技能投资意愿	个体技能学习意愿	职业教育类型地位
德国	▲▲▲▲▲	▲▲▲▲▲	▲▲▲▲▲
美国	▲	▲▲	▲
日本	▲▲▲▲	▲▲▲	▲▲▲
中国	▲▲	▲▲▲▲	▲▲

注:▲表示程度高低

在此基础上,该文得出结论:职业教育内嵌于国家技能形成体制,其类型地位受到国家技能战略、经济生产体制与职业教育参与意愿的结构性制约。职业教育类型地位的真正确立,离不开以夯实其经济社会基础为目标的国家技能形成体制再造。②

皮尔兹(M. Pilz)在《比较职业教育的类型学:现有模式与新路径》一文中,使用了更为复杂的多层嵌套模型进行比较研究,并融入了象限模型、排序与评价的思维方式。在该文中,研究者针对当前比较职业教育研究现有模式标准缺乏一致性、无法处理复杂比较情境的问题,提出从宏观层面技能形成路径和分层路径、中观层面标准化路径、微观层面实践学习路径三个层面建立新的比较职业教育分析路径(如图8-12所示)。

在此基础上,技能形成路径的四种特征形式和其余三个维度(分层路径、标准化路径和实践学习路径)高低等级共同组成了32种潜在组合形式(如表8-4所示)。

---

① 郝天聪.职业教育何以成为类型教育?——基于国家技能形成体制建设的观察[J].苏州大学学报(教育科学版),2020(4):63-72.
② 郝天聪.职业教育何以成为类型教育?——基于国家技能形成体制建设的观察[J].苏州大学学报(教育科学版),2020(4):63-72.

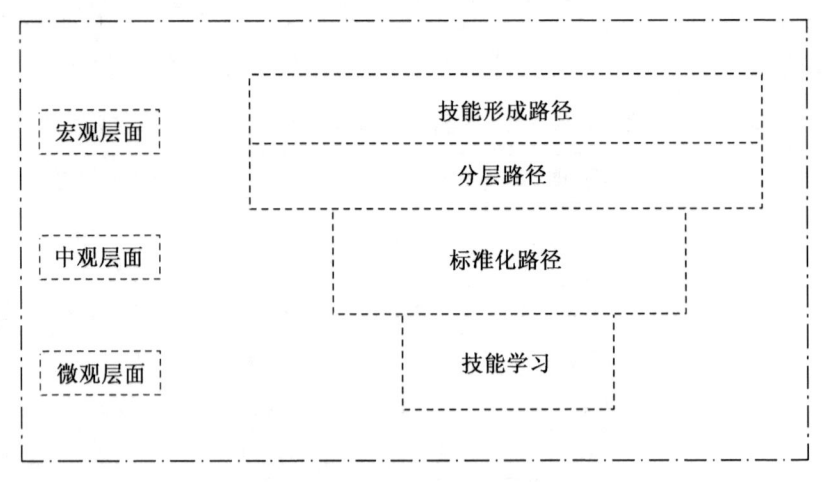

图 8-12 比较职业教育分析路径

表 8-4 特定层面划分背景下的四大维度

技能形成模式 →	分层 →	标准化维度 →	实践学习
政府主导	高	高	高
			低
		低	高
			低
	低	高	高
			低
		低	高
			低
企业主导	高	高	高
			低
		低	高
			低
	低	高	高
			低
		低	高
			低
政府与企业共同主导	高	高	高
			低
		低	高
			低
	低	高	高
			低
		低	高
			低

(续表)

技能形成模式 →	分层 →	标准化维度 →	实践学习
个人化 （低政府与雇主参与）	高	高	高
			低
		低	高
			低
	低	高	高
			低
		低	高
			低

基于前期开发的维度与模型，进而对不同国家的职业教育系统进行类型划分与排序（如表8-5所示）。

表8-5 不同国家职业教育系统的比较分析

国别	技能形成	分层	标准化	实践学习
美国	个人化（低政府与雇主参与）	低	低	高
法国	政府主导	高	高	低
日本	企业主导	高	高	高
德国	政府与企业共同主导	高	高	高
印度	个人化（低政府与雇主参与）	高	低	高
中国	政府主导	高	高	低

为了进行更为直观的比较，找出不同国家职业教育系统的异同点，研究者根据上述类型划分与排序结果，将不同国家定位在职业教育系统立方体模型之中（如图8-13所示）。

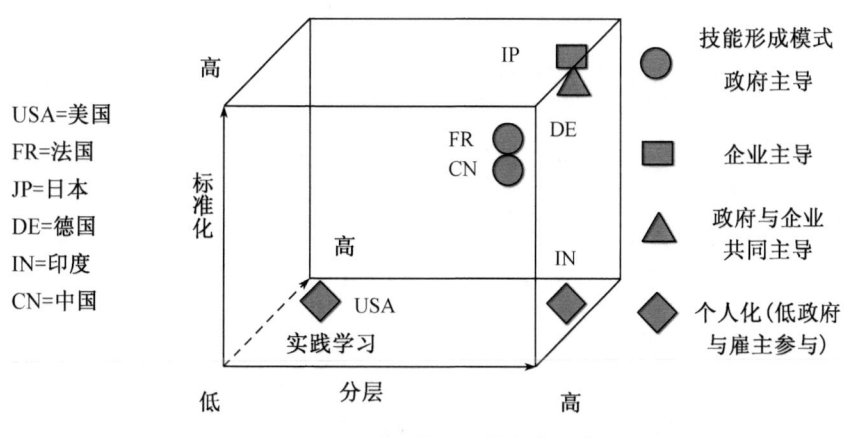

图8-13 不同国家职业教育类型定位

本章小结

比较原理层方法论包括比较职业教育研究的分析单位、参照系统和模型构建。比较职业教育研究的分析单位是研究的基本单元或分析对象,决定着研究的对象和具体内容,尤其是与研究对象具有密切联系,包括个体、群体、组织等不同类型,有助于帮助研究者聚焦问题领域、确定研究边界、定位考察层级,结合人口统计学变量、地理/地域层次、教育主题等可以进行多层次的比较分析,如职业教育体系比较、职业教育制度比较、职业教育课程比较、职业教育教材比较、职业教育教学比较、职业学习比较。在方法论层面上,比较职业教育研究必须要回应的一个问题就是可比性问题,其中参照系统的选择决定了比较职业教育研究是在哪一个层面上进行比较。参照系统具有不同的维向。参照系统构建的理论流派包括民族主义、全球主义和实证主义,基本类型包括自我参照系统、历史参照系统、同行参照系统和国外参照系统。模型构建是开展比较职业教育研究的工具,也是在分析单位和参照系统的指导下进行比较职业教育研究的路径。前两者决定了"谁来比较"和"和谁比较"的问题,而模型构建决定了"比较什么"和"如何比较"的问题。构建比较分析的模型,最重要的是确定比较职业教育研究内容的基本特征,以及希望从比较职业教育研究中得到什么样的结果。常用的比较职业教育研究模型包括两相比较模型、多方比较模型、焦点—边缘模型、历史阶段模型、象限模型、多层嵌套模型。

第九章 比较职业教育研究方法论体系的社会科学层

在比较职业教育研究方法论体系中,社会科学层位于底层,在整个方法论体系中发挥着基础性作用。就方法层面而言,社会科学研究总体上可划分为量化研究、质性研究和混合研究三种类型。当将三种类型研究方法应用到比较职业教育研究领域时,就形成了比较职业教育量化研究、质性研究和混合研究。本章将采用理论和实践相结合的方式,探讨社会科学研究方法在比较职业教育研究领域的应用路径。

第一节 比较职业教育量化研究介绍及应用案例

量化研究方法在社会科学中的应用已经屡见不鲜,并且在近年来教育研究领域掀起一股量化研究风潮。但在量化研究方法日渐流行的同时,随之而来的还有教育研究者对量化研究方法的大量批判与反思。具体到比较职业教育研究中,诸多问题有待解答:量化研究方法是否适用于比较职业教育研究?量化研究有何局限?如何在比较职业教育研究领域开展量化研究?针对上述疑惑,本节主要介绍量化研究方法及其在比较职业教育研究中的应用,同时展开案例深度解析,以期提供参考与启示。

一、比较职业教育量化研究的内涵、特点及应用价值

在介绍比较职业教育量化研究之前,有必要对量化研究的内涵与类型、主要特点进行简要讨论,并分析量化研究方法在比较职业教育研究中的应用价值。

(一)量化研究的内涵

量化研究又被称为定量研究、量的研究,通常作为"定性研究"的相对概念而出现。目前对量化研究的概念界定较为丰富,与量化研究在不同学科中的具体应用紧密相关。例如,在社会学中,有学者提出,量化研究是一套技术性很强的操作化手段,通过收集"数字"形式的"属性"信息资料,回答"社会事实"有多大规模、多少内容,即"多"与"少"、"大"与"小"的问题[1];在比较政治学中,有学者认为,定量研究方法是以国家为主要研究对象,以政治现象的测量指标为数据来源,通过数学方法以检验研究假设或抽象出规

---

[1] 杨达.社会学定量研究方法的学理脉络及优劣判断[J].江西社会科学,2009(11):168-180.

律[①];而在教育学中,有学者提出,量化研究是以统计方法为主,通过实验、调查、测验、结构观察以及已有的数量化资料,客观分析教育现象,并进行统计推断[②]的研究方法。总体来看,量化研究方法作为社会科学的一种重要研究方法,其概念界定至少在两个方面基本达成了共识:其一,量化研究依赖定量数据(数值型数据)的收集;其二,量化研究主要通过运用统计分析技术、建立数学模型、借助计算机技术等,实现对定量数据的统计与分析。至于量化研究指向的目标,则与所有科学研究的目的相一致,即对社会或自然现象进行描述、解释、预测乃至影响或控制。因此,将量化研究方法应用至比较职业教育研究中,即是将职业教育中需要并且可以比较的要素转化为定量数据,进而通过统计分析技术、数学模型等处理这些数据,对不同国家、地区、民族等的职业教育现象进行描述、解释、预测甚至控制的过程。

量化研究的具体类型可以分为实验研究与非实验研究。实验研究是一种严谨的控制研究,研究者通过对变量的操纵来干预实验,以判断因变量与自变量的(因果)关系。教育研究中,实验法的应用往往不能达到完全的随机分配与绝对的环境控制,这种在现实生活中的开放场域进行的场地实验研究,又被称为准实验研究。[③] 而非实验研究可分为调查研究与相关研究。两者都主要通过结构化问卷、测验或量表等获取经验性数据;但调查研究的主要目的是由样本推论总体,对总体进行描述与解释,常用统计分析方法为描述统计、卡方检验等;而相关研究的主要目的是探讨变量之间的关系,常用统计分析方法为相关、回归、路径分析等。也有研究者将量化研究中的非实验研究分为因果比较研究与相关研究,主要以变量的类别来区分。[④] 但无论具体分类如何,实验研究与非实验研究的一个重要区别在于对因果关系的判断,非实验研究仅能检验两个变量的关系,一般不能据此直接得出因果关系的结论。

(二) 量化研究的主要特点

量化研究的特点,尤其是与质性研究相比而言,主要源于研究范式背后的哲学起源。量化研究某种程度上离不开实证主义这一哲学基础。自休谟(D. Hume)针对"是—应该"问题,提出描述性陈述(现在是什么)与规定性陈述(应该是什么)之间的重要区别后,科学研究可以被分为实证研究与规范研究,前者主要回答"是什么"的问题,后者主要回答"应该怎样"的问题。实证主义在本体论层面秉持朴素的现实主义观点,认为现实是真实、可被了解的;在认识论层面则坚持客观主义,强调通过对假设的实证性检验寻找普遍的真理或科学标准。量化研究作为实证主义的重要范畴,在研究范式上基本遵循科学范式,即演绎的、自上而下的、验证性的逻辑。也有学者提出,从逻辑思维角度来看,量化研究也可以是归纳的,但大多数情况下量化研究并不指向理论生成,

---

① 游腾飞.论比较政治学的定量研究方法[J].探索,2018(4):65-71.
② 蔡红红.在教育研究中运用量化研究方法的问题与反思[J].中国高教研究,2020(9):61-65.
③ 邱皓政.量化研究与统计分析:SPSS(PASW)数据分析范例解析[M].重庆:重庆大学出版社,2013:9.
④ 伯克·约翰逊,拉里·克里斯滕森.教育研究:定量、定性和混合方法[M].4版.马健生,等译.重庆:重庆大学出版社,2015:42-46.

而更侧重于理论检验。这种理论检验并不意味着理论在量化研究中一定是正确的,也不意味着所有量化研究都必须要有明确的研究假设,如对某种教育现象的现状调查就可以不预先设定假设,而是通过数据分析形成对现状的了解或是发现当前的问题,这在流行从大数据中挖掘问题的今天尤为明显。

(三) 量化研究方法在比较职业教育研究中的应用价值

量化研究方法在我国教育学领域的应用时间并不长。事实上,虽然20世纪30年代西方社会学家已经开始用量化研究方法分析社会与政治问题,但直到20世纪80年代量化研究与质性研究倡导者之间爆发"范式战争"后,量化研究才被普遍认可为教育研究的研究范式。[1] 20世纪90年代,量化研究方法被引进中国,近十年来逐渐在教育研究中兴起,已然成为我国教育研究中不可或缺的重要研究方法。但由于比较教育学的研究对象与内容有其独特性、职业技术教育学学科建立与科研起步的时间较晚等原因,量化研究方法在比较职业教育研究中的应用尚处于初步阶段。随着比较职业教育研究的深入,量化研究方法的应用无疑具有重要价值。

其一,量化研究方法相对更为精准与客观。在比较职业教育研究中,质性研究方法的优势往往被人所熟知,而在面对不同国家、民族、地区的职业教育现象或相关对象的比较时,量化研究方法的适切性往往受到质疑。但不可否认,通过将职业教育现象或相关对象的信息与资料,包括主观的态度、观点等,转化为量化的数据进行统计分析,某种程度上可以剥离个人的主观性,得出相对客观、可靠的结论。比较职业教育研究中对变量关系的探讨有时仅靠纯粹的思辨或有限的质性研究是不够的,量化研究方法在"稳定性、统一性、精确性、系统性方面更具优势"[2],能够更加明确地描述比较职业教育研究对象的事实,通过数据全面地回答现状、关系、原因"是什么"的问题。例如,如果没有相关财政数据的支撑,我们很难清楚地判断不同国家政府对职业教育的经费投入占比的大小;如果没有技能水平的测量指标,我们也很难比较各国技术技能人才的技能水平高低。

其二,量化研究方法可更好地进行大样本、多方面的比较。在比较职业教育研究中,研究对象与比较维度的数量选择,在一定程度上决定了研究者应该采用何种研究方法。传统的质性比较研究方法往往只能涉及数量较少的研究对象,比较维度往往也较为单一,主要通过质性资料进行描述与对比,追求对少数职业教育现象与问题的深入理解与剖析。而量化研究方法以数字测量为基础,通过统计量化资料进行比较与推论,可以涵盖更多的研究对象与比较维度,如超过30个国家的调查研究。

其三,量化研究更易于得出具有一般意义的结论。比较职业教育研究的目的除了描绘和解释各国、地区、民族之间职业教育的异同及原因外,还旨在借"他山之石"对我

---

[1] A. Tashakkori, C. Teddlie. Mixed Methodology: Combining Qualitative and Quantitative Approaches [M]. Thousand Oaks: Sage,1998.

[2] 刘俊. 新闻传播学量化研究方法的利弊之辨:溯源与规避[J]. 东南学术,2020(5):47-55+247.

国职业教育改革与发展提供启示与借鉴。相比质性研究方法情境性的局限,量化研究方法更能基于数字测量寻求具有一般意义、更为普遍的结论,是分析与理解基本模式和关系的最佳途径。① 比较职业教育量化研究有利于描绘世界职业教育的总体样态、各国或地区职业教育的"全景",挖掘某种普适的职业教育发展规律。

总体而言,量化研究方法在比较职业教育研究中虽然有所局限,但也有其不可替代的应用价值。随着大数据、人工智能、云计算等新兴技术的不断成熟,量化研究方法将得到更加科学、可靠的技术手段支撑,在未来的比较职业教育研究领域中具有更广阔的应用空间。

二、比较职业教育量化研究的议题、前沿与价值争论

本部分主要介绍比较职业教育量化研究中的议题、前沿以及价值争论。由于比较职业教育研究中纯粹、单一使用量化研究方法的已有研究数量并不十分充足,因此我们会从相对广义的视角分析议题领域,并结合有关量化研究的文献探讨未来研究趋势、总结分析,并进行相关批判与反思。

(一)比较职业教育量化研究的议题范畴

与比较职业教育量化研究相关的期刊和专著应该涉及比较教育、职业教育和量化研究三个部分。基于图书馆、数据库的梳理,主要对主流期刊进行检索和分析,包括中文期刊《比较教育研究》《外国教育研究》《全球教育展望》《职教论坛》《教育与职业》《职业技术教育》《中国职业技术教育》,以及外文期刊《比较:比较与国际教育杂志》(Compare: A Journal of Comparative and International Education)、《比较教育评论》(Comparative Education Review)、《比较教育》(Comparative Education)、《职业教育与培训实证研究》(Empirical Research in Vocational Education and Training)等。虽然量化研究方法在职业教育领域的应用日益增多,但总体而言,在比较职业教育研究领域应用量化研究方法的已有研究数量并不很多,单纯使用量化研究方法的则更少。在研究主题方面,当前比较职业教育量化研究相对分散,主要关注职业教育质量与水平、职业教育与经济、职业教育相关主体3个问题范畴。

1. 职业教育质量与水平

职业教育质量与水平是比较职业教育量化研究关注的一大议题领域,主要包含对不同国家与地区职业教育竞争力、职业教育人才培养质量、职业教育公平等问题的研究。戴维斯(M. Fine-Davis)与法斯(D. Faas)通过开发问卷,对法国、爱尔兰、意大利、拉脱维亚、西班牙、英国这六个国家的469名受访者(273名受训者和196名培训师)进行跨文化比较调查,以了解不同文化背景下的培训师和受训者对各种多样性问题的不

---

① 高奇琦.比较政治[M].北京:高等教育出版社,2016:183.

同态度,探究职业教育中的平等和多样性。① 舒曼(S. Schumann)与考夫曼(E. Kaufmann)通过开发测验,对德国与瑞士的1255名学徒在其结束第二年或第三年培训时进行了测试,以分析两个国家商业相关专业学徒的"经济—公民能力"的水平及其在多维度上的差异。② 陈衍、程宇等基于经济合作与发展组织(OECD)的《2008教育概览》原始数据,选取职业教育学生学业毕业率、接受职业教育学生学习成绩与接受普通教育学生成绩的百分比等指标作为学生质量的表征,以衡量、比较OECD成员国与中国职业教育的产出质量。③ 总体来看,通过量化研究方法比较不同国家的职业教育质量与水平,尤其是对人才培养质量、人才能力水平的测量,是较为常见的研究方法。一般除了大型研究团队或组织外,个人研究者往往采用已有数据库或研究报告中的数据作为初始数据,以解决亲自收集数据的困难。

2. 职业教育与经济

职业教育与经济成为比较职业教育量化研究关注的重点议题范畴,是由比较职业教育量化研究的跨学科属性决定的。首先,由于职业教育与工作世界的密切联系,职业教育的经济功能一直是研究者关注的重要话题;其次,由于量化研究对数据统计分析的侧重,教育经济学中的大量数学化的相关研究方法与主题也逐渐进入比较职业教育量化研究领域;其三,鉴于比较职业教育研究需要采集不同国家、地区等的数据,而经济相关的数据相对完善、易得,因此职业教育与经济相关的问题被大量作为比较职业教育量化研究的议题。这一问题领域大部分集中在职业教育的投入与产出问题上,包括国家对职业教育的经费投入、职业教育的回报率、职业教育的区域贡献率等。例如,高娟、马陆亭基于《教育概览:OECD指标》、教科文组织数据库、《中国统计年鉴》和《中国教育经费统计年鉴》等的已有数据,对1997—2011年OECD成员国高职院校的生均累计经费数据进行描述性统计,并探究了生均累计经费与平均年限、生均经费、高等教育毛入学率和人均GDP这四个变量的关系,最终结合我国数据探究了我国高职院校生均累计经费的实际状况。④

3. 职业教育相关主体

在比较职业教育量化研究中,还有一部分研究相对较多地关注职业教育的相关主体,主要是对企业、个人的观点、态度或职业教育要素之间的关系等进行调查与分析。韩(C. Han)、霍斯金斯(B. Hoskins)等人以英格兰和新加坡的职业学校为对象,基于

---

① M. F. Davis, D. Faas. Equality and Diversity in Vocational Education: A Cross-cultural Comparison of Trainers' and Trainees' Attitudes in Six European Countries[J]. Compare: A Journal of Comparative and International Education,2018,50(4):500-514.
② S. Schumann, E. Kaufmann, et al. Being an Economic - Civic Competent Citizen: A Technology-based Assessment of Commercial Apprentices in Germany and Switzerland[J]. Empirical Research in Vocational Education & Training, 2017, 9(13):1-21.
③ 陈衍,程宇,房巍,于海波. 中国职业教育质量国际竞争力比较[J]. 现代教育管理,2012(6):20-25.
④ 高娟,马陆亭. OECD国家高职院校生均累计经费的政策价值研究——基于1997—2011年数据的统计与分析[J]. 高等工程教育研究,2018(4):185-191+197.

知识经济和社会中学习和生活机会中心（Centre for Learning and Life Chances in Knowledge Economies and Societies）团队从 2009 年到 2011 年对年轻人的调查数据，分析学生公民态度和投票意向之间的关系。[1] 科恩（J. Coenen）、海耶克（H. Heijke）基于荷兰职业教育监测，即一项对职教学生毕业 18 个月后的调查，收集了 79 个教育项目的 10187 个受访者信息，对狭义的、专业的高中阶段职业教育项目和宽泛的、不太专业的高中阶段职业教育项目进行对比，分析不同教育项目的毕业生在劳动力市场上的位置。[2] 阿拉塔（P. Allaarta）与贝尔曼布（L. Bellmannb）在已有企业与相关机构调查基础上，使用了已有的两个数据集，并在分析了国家特定的控制劳动力市场制度、人才结构、企业结构、技术等方面的差异后，以跨国角度调查了德国与荷兰企业提供继续培训的状况与决定因素，发现荷兰企业对培训的参与要比德国更高。[3]

（二）比较职业教育量化研究的前沿进展

1. 寻求其他研究方法的支撑

量化研究方法在比较职业教育研究中的使用频次似乎不如思辨研究方法以及同属实证研究的质性研究方法，这一方面意味着比较职业教育研究未来需进一步深化量化研究方法的应用，另一方面或许也表明仅靠单一、纯粹的量化研究方法进行比较职业教育研究可能存在一些问题。实际上，随着量化研究方法在社会科学研究领域的广泛应用，大批学者对量化研究方法的适配性与局限性提出了批判与反思。虽然这在早期引起了研究范式之争，强调量化研究与质性研究的割裂与对立，但后期已有越来越多的观点支持研究方法之间的综合使用。如西克莱斯特（L. Sechrest）与斯达尼（S. Sidani.）指出，不应过度夸大当前量化研究与质性研究的差异，而要寻找二者的共容性[4]；塔莎克里（A. Tashakkori）与特德莱（C. Teddlie）倡导综合使用不同的研究方法，建议使用更为综合的方法论路径。[5] 我国学者也开始强调在教育研究中消解方法的边界，专注研究的问题和环境[6]，认识到由于教育现象存在主观性与客观性两个方面，量化研究方法与质性研究方法对教育现象与规律的正确认识都不可或缺。[7] 总体来看，寻找其他研究方法的支撑，以及与质性研究方法的结合，将是未来比较职业教育量化研究的一种

---

[1] C. Han, B. Hoskins, et al. The Relationship Between Civic Attitudes and Voting Intention: An Analysis of Vocational Upper Secondary Schools in England and Singapore[J]. Compare: A Journal of Comparative and International Education, 2014, 44(5): 801-825.

[2] J. Coenen, H. Heijke, et al. The Labour Market Position of Narrow Versus Broad Vocational Education Programmes[J]. Empirical Research in Vocational Education & Training, 2015, 7(9): 1-31.

[3] P. Allaarta, L. Bellmannb, et al. Company-provided Further Training in Germany and the Netherlands [J]. Empirical Research in Vocational Education and Training, 2009(1): 103-121.

[4] L. Sechrest, S. Sidani. Quantitative and Qualitative Method: Is There an Alternative?[J]. Evaluation and Program Planning, 1995, 18(1): 77-87.

[5] 阿巴斯·塔沙克里, 查尔斯·特德莱. 混合方法论: 定性方法与定量方法的结合[M]. 唐海华, 译. 重庆: 重庆大学出版社, 2018: 19-21.

[6] 宁虹. 教育研究导论[M]. 北京: 北京师范大学出版社, 2010: 13.

[7] 姚计海. 教育实证研究方法的范式问题与反思[J]. 华东师范大学学报(教育科学版), 2017(3): 64-71+169-170.

发展趋势。

2. 关注数据库的建立与共享

量化研究的重要基础在于数据,而比较职业教育量化研究由于大多涉及不同国家、地区等的比较,在数据采集方面相对更为困难。同时,无论是在不同国家或地区开展实验研究还是问卷调查,都需要庞大的人力、财力支持,耗费大量的时间,一般仅凭研究者个人是很难完成的。因此,越来越多的国家开始关注以研究团队的方式、借助大型学术平台或国家组织力量,建立共享的数据库;大部分国家组织也强调对不同成员国数据的收集与共享。当前,国际上常用的数据库来源包括国际组织的数据库,如联合国教科文组织(UNESCO)、经济合作与发展组织(OECD)、世界银行的教育、劳动等数据库与相关报告;区域组织的数据库,如欧洲职业培训发展中心(CEDEFOP)专门关于职业教育的数据统计与国家报告;部分国家的官方或民间数据库,如澳大利亚国家职业教育研究中心(NCVER)、德国联邦职业教育与培训研究所(BIBB)的数据统计与研究报告等。我国的数据来源则包括国家统计局关于教育、就业和社会保障的统计数据;教育部官网的教育统计数据、教育发展统计公报、教育经费执行公告等的统计数据;相关年鉴,如《中国教育经费统计年鉴》《中国教育事业统计年鉴》《中国劳动统计年鉴》等;以及一些微观调查数据,如北京大学的中国家庭动态跟踪调查(CFPS)、中国人民大学的中国综合社会调查(CGSS)等。

3. 运用新的比较方法与技术手段

比较职业教育量化研究有着明显的跨学科属性,其他学科工具与方法的进步对其发展有着重要助益作用。一方面,比较教育的研究范式不断丰富,方法不断进步,为比较职业教育研究提供了新的比较工具与路径;最新前沿研究对大数据与全球教育治理、课程改革、批判话语分析、知识创新、中国教育改革等问题的关注[1],也为比较职业教育研究提供了新的比较主题与框架。另一方面,随着以信息技术为代表的新技术的发展,比较职业教育量化研究将获得新的技术支持。例如,运用大数据,可以更好地考量数据化的总体而非样本[2],一定程度上减少抽样带来的问题,以更全面地掌握不同国家、地区等职业教育的总体样貌。又如,利用人工智能、学习分析技术等,结合当前普遍运用的网络教学平台,可以自动记录、收集、分析数据,并辅助研究者抓取过去使用传统方法难以提取的细节信息,以更详细准确地描述、解释职业教育现象。同时,随着统计分析技术的进步,新的量化分析软件、模型等也为比较职业教育量化研究提供了重要支撑。

---

[1] 梅伟惠,郑璐. 国际与比较教育研究热点主题与未来展望——基于三种 SSCI 期刊的文献计量与可视化分析(2000—2019 年)[J]. 比较教育研究,2020(11):26-33+77.
[2] 维克托·迈尔-舍恩伯格,肯尼斯·库克耶. 大数据时代[M]. 盛杨燕,周涛,译. 杭州:浙江人民出版社,2015.

(三) 比较职业教育量化研究的价值争论

1. 量化研究方法是否可以准确、真实地反映职业教育事实?

在比较职业教育研究中,量化研究方法通过对可量化的数据资料进行统计分析来揭示不同国家、地区、民族等职业教育的"事实",但这种"事实"的精准度与可信度时常遭到质疑。不少研究者对量化研究方法提出批判,认为量化研究方法实际上很难完全准确、真实地反映职业教育事实,并分析了造成这一问题的多种原因。其中,最主要的原因在于,量化研究方法强调精准的数据测量,但比较职业教育研究中的许多问题是难以被精准量化的。职业教育本身是一种极为复杂而富有价值色彩的社会活动,与自然现象具有不同本质。比较职业教育的研究对象虽然多是国家、地区或民族,但深入具体的比较内容(尤其是涉及人的时候)也存在难以量化的问题。正如拜尔考(K. Berka)所言,心理或社会测量具有相对参考性,但与实际意义的"测量"还存在一定差距。[①] 例如,物理上的1厘米与2厘米之间的每一个刻度都是有准确意义的,但教育研究中常常使用的五点量表在测量态度时并非完全准确,因为每个人对"完全不同意"的判断标准就不完全一致,并且"完全不同意"所代表的"1"与"比较不同意"所代表的"2"之间也无法做到数值的随意分割与意义的准确定位。此外,由于比较职业教育独特的研究对象,量化研究方法的应用很难真正做到价值中立,容易产生对西方研究路径的过度依赖、对国外职业教育发展经验的盲目信奉等问题。

2. 量化研究方法的根基——数据,是否一定可信?

量化研究方法应用的效果与数据质量密切相关。然而,量化研究方法从数据收集到数据分析,都可能存在误差。在比较职业教育研究中,尤其是在涉及不同国家的比较时,真实数据的获取往往困难重重。一方面,通过研究者个人进行实地调研以收集不同地区乃至国家的数据是非常困难的,如果没有当地的合作者,研究所需的时间、金钱、精力成本将十分高昂;另一方面,直接通过已有数据库整理官方数据虽然可能更为便利,但统计口径的不同、统计时间点的差异、数据可获得性的不确定、数据真实性的难保障等,使得官方数据的使用存在一定风险。除了数据采集本身的困难外,研究者的抽样误差、一线调查员的操作误差、受访者的错答误差等[②]也可能存在,导致数据的可信度有所下降,影响整个量化研究的最终质量。还有学者提出,同样的统计数值,采用不同的统计指标,可以得出不同的研究结论。[③] 因此,对于比较职业教育量化研究的结果,需要谨慎分析与解释。

3. 量化研究方法是否只能停留在现象表层,难有理论贡献?

量化研究方法的应用能否以及能在多大程度上加强比较职业教育研究的深度,是

---

① K. Berka, et al. Measurement: Its Concepts, Theories and Problems [M]. Dordrecht: D. Reidel Publishing Company, 1983: 112-157.
② 杨达. 社会学定量研究方法的学理脉络及优劣判断[J]. 江西社会科学, 2009(11): 168-180.
③ 岳昌君. 定量研究方法在教育经济学中的应用[J]. 中国高教研究, 2016(1): 77-82.

学界关心、争论的一大话题。随着越来越多的职业教育研究使用量化研究方法,质疑与批判的观点也日益出现:量化研究方法只能揭露教育的表层现象,难以产生理论贡献。不少学者提出量化研究着重对变量间关系的研究,很难进一步深入问题领域,导致量化研究方法成为"先验性"结论基础上加以点缀的技术性手段[1],常常得出一些普适性共识的、不需要证实的结论[2],以至于使人们产生"不需要做研究也知道"的感受。同时,量化研究方法的表层化问题也体现在无法指明"应然"方向、难以体现教育现象背后的深刻意义等方面。例如,有学者认为,当鲜活的实例披上了数据这一冰冷的外衣时,具有整体意义的生动实践便被切割为碎片化的数据[3],不利于人们对比较职业教育相关问题的理解;甚至有学者提出,量化研究方法应以质性研究方法为基础,不应在社会科学研究中单独、纯粹运用量化方法进行研究。

4. 量化研究方法是否存在被泛化滥用的问题?

随着量化研究方法在职业教育领域的广泛应用,越来越多的研究者参与到比较职业教育量化研究中,但与此同时,也有越来越多的研究者出现"失范"问题,导致当前量化研究方法应用乱象丛生的问题。一方面,"为了做量化而做量化"的现象日渐增多,量化研究方法不再服务特定的研究目的,反而是方法运用本身成为研究目的。这一问题的产生主要源于对研究方法的盲目吹捧、对学术发表的狂热追求、对成果形式"高大上"的迷信等。特别是在我国当前论文发表与研究者考核评价、晋升发展直接、紧密挂钩的情况下,量化研究方法的快节奏、高产出、好发表等优势,使得不少研究者对此趋之若鹜。这不仅导致了"数据挑选"问题的出现,即研究者通过选择相对有利的数据以达到自己想要的统计结果;还引发了"泛问题化""泛因果化"怪圈,即只要找到合适的量化方法,所有现象都可以成为研究问题、所有变量都可以存在相关关系。[4] 另一方面,量化研究质量参差的问题日益严重。部分研究者没有充分考虑自身能力便盲目开展量化研究,导致不少"低级"错误的出现;部分研究者则热衷使用"高级"统计方法"炫技",哪怕简单的数据分析方法已经足够甚至更为适宜。

应意识到,研究方法本身各有利弊,没有能够解决一切研究问题的万能方法。对研究方法的选择应该服务研究目标与内容,适合的方法才是最好的方法。

三、比较职业教育量化研究的操作流程与案例解析

本部分主要探讨比较职业教育量化研究的一般流程与步骤,并据此对国内外的研究案例进行解析。值得注意的是,科学研究的过程是可变的,具体如何开展比较职业教

---

[1] R. Taagepera. Making Social Sciences More Scientific: The Need for Predictive Model[M]. Oxford: Oxford University Press, 2008.
[2] 王宏禹,王丹彤. 比较政治学视域下量化研究方法的边界[J]. 上海行政学院学报,2019(1):26-34.
[3] 李建民. 多元主义视角下的社会科学研究方法再思[J]. 中国社会科学评价,2018(2):19-25+125.
[4] 王艺潼."去工具化"的工具——以公共政策研究中量化研究方法的应用为例[J]. 行政论坛,2020(2):85-90.

育量化研究并形成报告或论文,需要研究者在学术规范与一般流程基础上,结合具体研究问题与个人研究习惯进行适当调整。

(一)比较职业教育量化研究的操作流程

科学研究有时并不是一个完全有序的进程,其具有动态性,包括了多种复杂活动,同时研究者的主观能动性与个性也将对研究的开展产生影响。因此,即使量化研究相对来说可能更具有稳定的"套路",但如何实施量化研究并没有一个绝对固定的流程。美国科学促进会(American Association for the Advancement of Science)将科学研究的关键特征概括为四点:进行实证观察、生成并检验假设、构建并证明理论、试图预测并影响世界。① 约翰逊(B. Johnson)、克里斯滕森(L. Christensen)等构建了教育研究的"研究轮"模型,认为研究方法的使用是一种循环过程,而量化研究者的主要循环逻辑为"理论—假设—数据—结论"。② 蔡娟则总结了通过挖掘数据进行比较教育研究的六个步骤,包括确定研究问题、确定研究变量及其定义、找到变量相应的测量值、在数据库中找到所需数据、对数据结果进行呈现与解读。③ 综合、参考学界观点,本部分将比较职业教育量化研究的主要设计与实施流程分为以下六个步骤。

1. 开展文献综述,明确研究问题

一项研究的开展始于研究问题的确定。没有问题的研究将是"无源之水""无根之木",研究者是否具备"问题意识"是有效进行比较职业教育研究的关键因素。比较职业教育研究问题的来源有很多,包括已有研究、相关理论、实践问题甚至是研究者的日常生活。对于比较职业教育量化研究而言,研究的问题领域可以是关于职业教育的任何问题,比较的层次也可以是非常多元的。

值得注意的是,通常研究者一开始只有较为朴素的研究想法,这种想法可能更多指向某个问题领域,而没有办法直接形成明确、具体的研究问题。这也是为何需要进行文献综述的重要原因。在有一个初步的研究想法后,研究者需要对该研究主题或问题领域相关的文献进行梳理与分析,以了解当前国内外的主要研究现状。与"文献综述"部分在论文中的最终呈现不同,实际研究中对文献的阅读与分析应该是一个循环往复的过程。研究者想要从问题领域中深挖出具体的研究问题,必须基于对已有研究成果共识与不足的把握。在比较职业教育量化研究中,开展文献综述有两点特别需要注意:其一,应关注已有研究中使用的数据收集工具与统计分析方法,如相关量表的开发过程、题项设置等,以为后续研究的相应部分提供参考与支撑;其二,应关注已有研究中使用的比较分析框架,为后续研究确定比较维度奠定基础。

---

① American Association for the Advancement of Science. Science for all Americans:Project 2061[R]. New York:Oxford University Press,1990.

② 伯克·约翰逊,拉里·克里斯滕森. 教育研究:定量、定性和混合方法[M]. 4版. 马健生,等译. 重庆:重庆大学出版社,2015:42-46.

③ 蔡娟. 论中国比较教育研究的未来转向——基于人类命运共同体理念的分析[J]. 外国教育研究,2019(2):27-38.

在文献综述的基础上,较为宽泛的研究主题或问题领域需要转化为明确的研究目的,聚焦为具体的研究问题。在比较职业教育量化研究中,具体的研究问题主要是关于比较客体之间、职业教育相关变量关系的事实、异同及其原因等。一般而言,量化研究的问题表述比质性研究更为明确,但有些研究问题并不能靠量化研究方法来解决,尤其是涉及价值取向、询问"应然"之类的研究问题。因此,在明确比较职业教育量化研究的具体研究问题时,一方面应注意研究问题与研究方法的匹配,另一方面也应避免根据量化研究方法刻意"挑选"研究问题。

2. 确定研究变量,形成研究假设

量化研究的基本元素是由数字构成的变量,而"科学知识的基本单位则是描述变量与变量之间关系的假设"。[1] 因此,在比较职业教育量化研究中,研究者明确具体研究问题后的下一步骤便是确定研究变量,形成研究假设。所谓变量,主要表现为被研究对象某一属性在质或量上的变化。在量化研究中,除了通过单一变量来描述某一现象或特征外,更多的是对多个变量间关系的探讨。例如,在"职业院校专业课教师工作时长与教师职称是否有关"这一研究问题中,主要探究的是"工作时长"与"职称"这两个变量之间的关系,其中"工作时长"为因变量,"职称"为自变量。当然,在比较职业教育量化研究中,单一变量在不同维度上的对比也是常见的,如"中国与德国职业院校专业课教师的平均工作时长分别为多少"这一研究问题,主要关注不同国家"平均工作时长"这一变量的大小、异同。

在确定研究变量后,量化研究往往需要形成研究假设。研究假设是研究者针对研究问题提出的暂时性答案,是对研究变量间关系的预测或猜想的正式表述。研究假设的表述形式可以是条件式的、函数式的,假设内容可能是正确的,也可能是错误的,但其假设的变量关系必须是明确具体的、可以被验证的。研究假设通常来自相关理论或文献综述,这也是理论在比较职业教育量化研究中重要指导作用的表现之一。但值得注意的是,虽然研究假设对量化研究来说非常重要,但不是所有的量化研究都需要研究假设。尤其是探索性的量化研究,研究者很可能无法提出假设,例如在"不同国家政府对职业教育经费的投入现状"这一研究问题中,研究者很难,也没有必要在调查分析之前对经费投入的数值进行假设。此外,当研究问题及假设较为复杂时,研究者还可针对研究问题提出一套系统性的概念或变量之间逻辑关系的"解释图式"[2],即构建分析框架,以帮助研究者更清晰地把握研究命脉。

3. 明确所需数据,选择数据收集方法

在比较职业教育量化研究中,研究变量与研究假设的确定,并不代表可以直接进行数据收集,还有两个非常重要的问题需要回答:用什么数据来代表研究变量?用什么方法来获取数据?

---

[1] 邱皓政. 量化研究与统计分析:SPSS(PASW)数据分析范例解析[M]. 重庆:重庆大学出版社,2013:5.
[2] 谢雨生. 量化研究的挑战与出路[J]. 中华图书资讯学教育学会会讯,2006(27):17-32.

第一个问题主要指向相关概念或变量的操作化定义、变量测量方法的确定。操作化定义是将抽象的概念转化为实际可观测的变量或指标,而变量测量方法则是用某种计算公式或具体题项来明确规定如何测量这个变量。例如,用"以100乘以心理年龄与生理年龄的比值"来界定"智力",就是将"智力"这一概念可操作化了;而"心理年龄"的具体测算则由系列问题组成的量表来测量。在比较职业教育量化研究中,有些研究变量本身已经明确了测量方法,如"中等职业学校的数量",有些研究变量则需要进一步规定,如"职校教师数量的充足度"可以由"生师比"即"学生人数除以教师人数"来计算。由于比较职业教育量化研究往往涉及不同国家或地区的比较,在规定如何测量变量时,还需关注不同国家或地区对变量的理解,尽量使用统一的测量方式。同时,随着大数据时代的到来,数据类型逐渐丰富,研究者还需重视如何选择合适的变量测量方式以及具体的指标。

第二个问题主要指向数据收集方法的确定。量化研究的数据收集方法有很多,主要包括测验、问卷调查、定量访谈、定量观察、现成数据选用等。这些方法各有特点,需要研究者根据不同量化研究类型即实验研究与非实验研究的特点进行选择与匹配。但当量化研究方法运用至比较职业教育研究中时,由于研究内容的特殊性与研究开展条件的局限性,大部分比较职业教育量化研究都是非实验研究,在数据收集方法方面主要采用测验或问卷调查,或是直接从数据库或相关研究中寻找已有数据。对于测验或问卷调查,除了选择成熟的量表、问卷等调查工具外,很多时候还需要研究者针对研究问题开发相应的研究工具。这是一项复杂的工作,需要研究者掌握量化研究工具的开发原则、方法、流程等,以及"避免一个题项中包含双重问题""谨慎使用反向措辞"等细节问题。在研究工具开发完成后,数据的收集还往往涉及抽样问题,包括随机抽样与非随机抽样方法,一般根据研究需要与客观条件选择抽样方法,再运用工具采集数据。而对于使用已有数据,研究者需要关注已有的大型数据库,并尽力保障比较客体同一数据的统计一致性。尤其是选用不同数据库的数据时,更应注意数据的内涵、统计口径、对应时间等是否较为相同,以确保数据的可比性。

4. 统计分析数据,得出数据结果

对于量化研究来说,数据分析是非常关键的环节。数据的定量分析也被称为数学分析、统计分析,主要以数学为工具,采用统计分析方法,对经过整理的数据资料进行研究,并多以数据图表的形式表达数据结果。[①] 一般而言,数据统计分析方法可以分为描述统计与推断统计。描述统计是对所获得的数据进行汇总、描述、概括或解释,主要包括总体规模与水平分析、相对水平分析、集中趋势分析、离散趋势分析,在比较职业教育量化研究中以频次、平均数、方法与标准差、标准分数、相关系数等描述统计为代表。而推断统计则是根据样本信息,对总体参数进行估计与检验,以在抽样调查基础上推测总体的情况。主要包括参数估计与假设检验,在比较职业教育量化研究中以方差分析、平

---

① 庄西真.如何做职业教育研究[M].苏州:苏州大学出版社,2013:151.

均数差异检验等为代表。① 也有学者将相关与回归分析、指数分析、时间数列分析等归为与描述统计、推断统计并列的数据统计方法。② 但无论使用何种数据统计分析方法,在比较职业教育量化研究中都有两点需要注意:其一,明确数据类型,如名义、顺序、等距、比率数据等的区别,以匹配适当的数据统计方法;其二,再次审视研究目的,以根据研究问题与假设选择适当的数据统计方法,而避免陷入盲目追求"高级"统计方法的泥沼。

在统计分析结束后,研究者需要对数据结果进行整理与呈现,除了文字性的表述外,多以数据图表的形式展示。此时,除了遵循学术规范外,还需关注图表的简洁与美观、统计术语的正确使用等。在此部分,研究者主要通过恰当的数据统计分析方法,基于数据统计分析结果,来验证研究假设,或针对研究问题提出具体的量化证据。但此时的研究结果并不完全等同于研究结论,还需对数据结果进行进一步的探讨与分析。

5. 讨论数据结果,形成研究结论

在数据统计分析结束后,研究者需要基于得到的数据结果,运用相关理论,联系已有研究的相同或不同结果,结合具体实践,对数据结果进行进一步的解读与探讨。研究者可以再次回顾或寻找新的相关文献,以提供从数据结果中产生研究结论的线索,并与已有研究进行对比,借助一致性的研究提供支撑,针对矛盾性的研究分析差异原因等。研究者还可以在后续研究中使用质性访谈、行动研究等质性研究方法对量化研究的结果进行深入解析与验证,但这便属于混合研究了,详细讨论将在下文中展开。在比较职业教育量化研究中,对数据结果的解释、研究结论的形成还应重视比较客体所处的语境,并具有明确的参照点或参照体系。例如,在欧盟国家的学徒技能水平排名中,以所有国家的平均值为学徒技能水平高低的相对参照点;又如,在评价研究结果时,选择是用我国还是其他国家或国际组织的价值标准作为依据等。

在最终阶段,研究者将形成研究报告或学术论文,以期使自己的研究过程与发现得以发表或分享。研究报告或学术论文的具体撰写方式是多样的,只能说不同的研究范式可能具有较为一致的基本结构与格式。在比较职业教育量化研究中,研究报告或学术论文大多数情况下至少需要包括四个部分:问题、方法、结果、讨论。在具体撰写体例上,往往包含题目、摘要、引言(包括问题提出、文献综述、研究设计等)、数据分析与结果、讨论与建议等部分;但根据篇幅长短、格式要求等的不同,撰写方式可以变化,如缩减文献综述、直接在标题中表述结果或观点等。在研究的最后,研究者还应对研究的不足与局限进行反思与说明,并适当对后续研究的改进提出思考与展望。

(二) 比较职业教育量化研究的应用案例

1. 基于问卷开发的量化研究案例介绍

德国学者舒曼(S. Schumann)、考夫曼(E. Kaufmann)等于 2017 年发表了一篇名

---

① 卢家楣. 教育科学研究方法[M]. 上海:上海教育出版社,2012:219-291.
② 吴润,薛襄樱. 统计学——数据分析方法的 SPSS 应用[M]. 西安:西安交通大学出版社,2015:3-5.

为《成为具备经济-公民能力的合格公民：对德国与瑞士商业学徒进行基于技术的评估》(Being an Economic Civic Competent Citizen: A Technology Based Assessment of Commercial Apprentices in Germany and Switzerland)[1]的论文。论文主要探讨德国与瑞士商业相关专业的学徒在"经济—公民能力"方面的情况，研究过程较为严谨，论文结构较为完整，研究结论较为清晰，是有代表性的比较职业教育量化研究案例。

首先，研究者在第一部分阐述了研究的背景，类似于我国研究中的前言、引言部分。"背景"部分基于已有文献基础，阐述了该研究的总体背景、"经济—公民能力"的概念、相关研究的现状，介绍了德国与瑞士教育系统和职业教育、商业相关专业的学徒制、职业学校促进"经济—公民能力"概况，并提出了该研究的研究问题。具体来说，该研究基于现代民主社会的公民面临着复杂的需求、挑战和经济问题，具有消费者、储蓄者、投票者和雇员等多种身份的现实背景，提出公民具备"经济—公民"能力以管理这些需求的重要性，并针对已有研究经验性发现和合适工具的缺乏，提出了四个具体的研究问题。这四个研究问题涉及四个比较维度：性别差异、以往教育、职业分支（工业职员与物流职员）、国家，并对每个维度进行了一些基本假设，如男性受训者的"经济—公民能力"高于女性受训者、拥有大学学位的受训者在"经济—公民能力"上会有很大优势等。

其后，研究者阐述了研究的方法，主要包括测量工具的开发、评估工具的心理测量质量、研究过程与设计、抽样与样本等内容。具体而言，研究者基于过往关于经济能力的研究基础与相关理论，参考了其他成熟测量的多个题项，通过三个主要步骤开发了一个包含69个项目的测试：第一步，确定人们在日常生活中所接触到的典型经济问题；第二步，通过德国相关领域专家的评估，证明测试在德国的适用性；第三步，确定六个问题维度，包括欧元危机、青年债务、经理人工资、公共债务、能源供应和退休保障。此后，通过试点研究进行预测验，调整测验并检验其质量。在正式测验中，对1255名结束第二年或第三年工业与物流项目培训的学徒进行了测试，并通过表格的形式详细展示了德国与瑞士样本的基本概况。

此后，研究者阐述了研究的结果。这一部分内容与研究问题紧密相关，针对研究问题与假设，分为性别差异、以往教育影响、职业分支与国家差异等部分，以表格形式呈现数据统计分析的结果。研究主要采用了描述性统计方法，对不同国家、不同职业分支学徒的性别（百分比）、年龄（平均数）、具有大学学位（百分比）、培训年限（第二年与第三年分别的人数）进行了统计；同时，运用T检验分析了"经济—公民能力"在不同比较维度上的差异，并对数据结果进行了文字描述与解释。

接着，研究者阐述了研究的讨论与总结。该部分一以贯之地分为性别、以往教育、职业分支、国家四个维度，针对研究问题，回答了研究假设，并基于已有研究的相关成果

---

[1] S. Schumann, E. Kaufmann, et al. Being an Economic-civic Competent Citizen: A Technology-based Assessment of Commercial Apprentices in Germany and Switzerland[J]. Empirical Research in Vocational Education & Training, 2017, 9(13):1-21.

对研究结论进行了对比与分析。例如,研究结果证实了拥有大学入学学位的德国受训者得分较高的假设,这一结论与诸多已有研究相一致;又如,在两个国家中,瑞士受训者的得分高于从事类似职业的德国同行,对这一国家差异的可能解释之一是瑞士职业学校对"经济—公民能力"的促进作用更为突出。

最后,研究者阐述了研究的不足与展望。这一部分主要说明了关于研究设计、样本选择(在德国)和少数控制变量的重大限制,如该研究设计不能确定分数差异之间的因果关系;德国使用了便利抽样;没有使用额外的控制变量来检查研究结果的稳健性等,同时提出了该研究对后续研究的贡献。总体来说,这篇论文较好地展示了上文提出的比较职业教育量化研究的五步流程,在结构上可以作为类似研究的样本,在研究内容上体现了比较维度及相关假设的贯通性,在方法上没有采用所谓的"高级"统计方法,但做到了与研究问题的匹配。该研究也存在一定局限性,在对能力差异的原因分析、对两国可比性的说明等方面或需进一步加强。

2. 基于已有数据的量化研究案例介绍

我国学者张祺午、陈衍[①]等于 2011 年发表了一篇名为《各国职业教育性别教育机会的比较分析》的论文。该文基于当代国际竞争力理论与评价体系,借助联合国数据研究所与联合国教科文组织的已有数据,对多个国家与地区的职业教育机会性别均等问题进行了研究。该论文没有通过开发工具、进行调研的方式收集数据,而是直接对已有数据进行了采集与加工,对当前基于现成数据库、大数据等开展大样本的国际比较职业教育研究具有一定启示作用。

首先,研究者在论文的第一部分撰写了"引言",主要对教育机会、教育平等、教育机会均等这些核心概念进行解释,强调了研究性别均等的重要性与普适性,并粗略提到了研究的理论基础,即国际竞争力理论与评价体系。作者在此部分也表述了研究目的,即在选取影响职业教育机会国际竞争力的指标要素基础上,通过度量得到各国和地区竞争力的排名并进行聚类分析,得出提高竞争力的一般性结论。

其后,研究者在第二部分阐释了"数据收集与度量",主要包括对数据来源、度量方式的说明。在数据收集方面,考虑到国际可比性与统计口径一致,研究者直接选取了联合国数据研究所与联合国教科文组织国际技术和职业教育与培训中心于 2006 年出版的研究报告《世界范围内对正规 TVET 的参与——初始数据研究》中的数据作为原始数据,并通过处理这些原始数据,得到所需的数据指标。研究者进一步说明了这些数据指标的内涵意义与计算公式,包括性别均等指数、转换性别均等指数、性别均等指数偏移量等。例如,性别均等指数(Gender Parity Index,GPI)是衡量女性在职业教育体系中地位的数值,主要通过"女性职业教育毛入学率/男性职业教育毛入学率"进行计算。在实践中,基于已有数据的研究必须考虑已有数据的性质与数量,研究变量的确定与数

---

① 张祺午,陈衍,于海波,房巍,李玉静. 各国职业教育性别教育机会的比较分析[J]. 教育科学,2011(3):87-92.

据的选择可能是一个相互作用的过程；但在比较职业教育量化研究中还是应该首先基于研究问题、研究假设等来选择变量相应的测量值，再寻找所需数据。如果研究所需数据没有现成的，那么研究的数据收集就应该选择问卷调查、实验等其他方法，而不应从现成数据反向推导研究问题与变量，以避免"研究问题不是真实存在"的问题。

此后，研究者在第三部分"排名与分析"中呈现了数据统计分析的方式与结果。根据性别均等指数对职业教育机会国际竞争力比较结果进行聚类分析，研究者统计了有数据的156个国家中GPI大于1、等于1和小于1的国家名称与数量（分别为66个、2个、88个国家），通过不同类型的国家数量对比，结合全球GPI数值的计算(1.18)，发现女性在获得职业教育的机会方面仍然相对处于弱势地位。同时，研究者根据转换性别均等指数对职业教育机会国际竞争力比较结果进行聚类分析，根据TGPI的数值将不同国家分为六类，得出职业教育体系中仍然面临机会性别不均、发展中国家比发达国家更不均等更严重的结果。

最后，研究者在"结论"部分基于全球排名与国家分类，总结了中国的职业教育机会的性别均等发展情况。例如，研究者提出，中国在各层次职业教育机会性别均等的实现情况表现出与世界不同的趋势；中国职业教育体系的国家综合TGPI远远高于世界平均水平，位于实现性别均等目标的第三类别；我国女性接受职业教育的机会仍然低于男性，这在职业教育体系的较高层次最明显等。论文结尾，研究者对中国职业教育体系中的性别平等问题的影响因素与改进对策进行了简略说明。

上述就是本节关于量化研究的介绍及两个比较职业教育量化研究的应用案例。关于比较职业教育量化研究的具体细节还要参考其他文献，并关注数据统计分析方法的相关书籍或文章。但总体而言，我们仍希望这部分研究可以给大家带来一些启发：(1) 量化研究方法与比较职业教育研究在多大程度上适配？(2) 面对量化研究方法存在的问题，未来应当如何在比较职业教育量化研究方法层面改进？(3) 面对大数据时代的到来，量化研究方法未来将走向何方？

第二节　比较职业教育质性研究介绍及应用案例

经过长期发展，质性研究方法已经广泛应用于社会学、政治学、人类学、传播学、语言学、教育学等各学科领域。如阿特金森(P. Atkinson)所言，质性研究日益浸入各个学科领域，已经成为一种国际化的普遍现象。[1] 在比较职业教育研究领域，质性研究方法同样得到广泛应用。

---

[1] P. Atkinson. Qualitative Research—Unity and Diversity[J]. Forum Qualitative Sozialforschung, 2005, 6(3): 1-15.

一、比较职业教育质性研究的内涵、特点及应用价值

在介绍比较职业教育质性研究之前,有必要对质性研究的内涵、主要特点进行简要讨论,并分析质性研究方法在比较职业教育研究中的应用价值。

(一) 质性研究的内涵

质性研究又被称为质的研究、质化研究。目前关于质性研究的经典定义有两个,一个是国际质性研究重要创始人的定义,另一个是国内质性研究重要引介者的定义。林肯(Y. Lincoln)和丹曾(N. Denzin)认为,质性研究是一项在世界中定位观察者的情境性活动,由一系列使世界变得可见的解释性的、实质性的实践所构成;这些实践转换了世界,将世界转换成为一系列的表现,包括田野笔记、访谈、对话、相片、记录和自我备忘录。[1] 陈向明认为,质的研究是以研究者本人作为研究工具,在自然情境下采用多种资料收集方法对社会现象进行整体性探究,使用归纳法分析资料和形成理论,通过与研究对象互动对其行为和意义建构获得解释性理解的一种活动。[2] 从两个关于质性研究的经典定义可以看出,相比量化研究,质性研究更加强调情境性、活动性,以及研究者与研究对象的互动关系,资料收集方法上更加注重归纳而非演绎,也更加重视意义、脉络与反身性的探寻。

就具体类型而言,质性研究大体上可以分为案例研究、民族志研究和历史研究等。案例研究是一种基于自然情境,从研究者和参与者视角描述、评价或解释特定现象,借助个体或焦点团体访谈、参与式观察等方式,遵循一定研究程序所开展的具有一定实地调查特征的质性研究。民族志研究是一种对自然情境中的文化现象进行深入分析,以参与式观察和深描为具体研究方法,致力于从不同侧面解释文化现象,既研究文化习得过程,也研究文化传递过程,带有一定批判性特征的质性研究。历史研究是一种以对历史的考证、解释和叙事为主要研究思路,通过搜索引擎、书目检索等方式获取二手资料,或者通过口述历史获取一手资料,以更好地了解历史现象及其可能的因果关系的带有一定发生学特征的质性研究。

(二) 质性研究的主要特点

就研究取向来看,由于质性研究和量化研究在这方面存在重要差异,因此在提出问题、分析问题、解决问题的方式上也会存在诸多差异。在上述差异基础上,质性研究形成不同于量化研究的解释世界的方式。综合来看,质性研究主要表现出以下几个方面的特征。第一,大多数的质性研究是自然取向的,通常是在自然情境下进行的,不会受到外部客观世界的过多干预。第二,质性研究强调研究主体与客体之间的互动,尝试以局内人方式探索可能存在的逻辑、规则等,以获得对研究主题或脉络的整体理解。第

---

[1] N. K. Denzin, Y. S. Lincoln. Introduction: The Discipline and Practice of Qualitative Research[C]//N. K. Denzin, Y. S. Lincoln(Eds.). Handbook of Qualitative Research. Thousand Oaks: Sage, 2005:123.
[2] 陈向明. 质的研究方法与社会科学研究[M]. 北京:教育科学出版社,2017:12.

三,质性研究较少使用标准化的测量工具,更强调在不断深入访谈与互相了解的基础上,挖掘具有一定建构性、解释性特征的线索。第四,质性资料的数据收集方法通常不是一次性的,而是需要更多地在"现场"与研究对象交流,深入田野进行观察记录,并将此作为呈现研究结果的重要依据。第五,在探索研究发现过程中,质性研究并不强调研究者身份和经历的独立性,而是会充分结合个人的前期经验来进行资料分析,但在这一过程中也会警惕个人经历、价值观和认同可能会对研究结果带来的影响。

(三) 质性研究方法在比较职业教育研究中的应用价值

从实践角度来看,一种研究方法的应用往往伴随着该研究领域产生与发展的过程。于比较职业教育研究而言,质性研究即为一种比较传统且得到广泛应用的研究方法。也就是说,比较职业教育研究自觉运用质性研究方法的历史,应该与职业教育办学实践一样古老。尤其是在20世纪下半叶以来,随着全球化速度的加快,各国职业教育交流不断扩大,对于他国职业教育办学实践的观察多是以质性资料的方式予以记载。如在20世纪80年代初中国企业管理协会编写的《西德职业教育》[1],正是在对当时西德职业教育考察报告基础上形成的一份具有质性研究特征的比较职业教育研究成果。

从本质上看,对于质性研究方法的选择并不是随意的,而是更多服务于研究问题的解决。与量化研究相比,质性研究所关注的研究问题存在重要差异。质性研究把观念、意义和感受放在首位,从行动者视角出发致力于对社会现象更深入的理解。[2] 以笔者与德国比较职业教育研究专家皮尔兹(M. Pliz)教授合作开展的一项研究为例。该研究的名称是《中国职业教育与培训的吸引力:对中职学生及其父母的研究》(Attractiveness of VET in China: A Study on Secondary Vocational Students and Their Parents)。在比较职业教育研究领域,职业教育吸引力是一个引起广泛关注的国际议题。在前期开发的访谈提纲基础上,研究团队已经在印度等国家展开过关于职业教育吸引力的质性研究,但尚未有研究者以质性研究的方式探讨中国的职业教育吸引力问题。在中国职业教育背景下,家长和学生是职业教育的重要利益相关者。然而,目前还没有以学生和家长为研究对象,专门针对中国职业教育吸引力的实证研究。基于上述考虑,该研究旨在通过研究学生和家长对职业教育吸引力的认知来填补这一空白。在这项研究中,主要使用了质性研究方法来探索学生和家长对职业教育吸引力的看法。如果使用量化研究方法,则研究问题可能会简化为不同变量之间的关系,而忽略了该研究问题的细节和复杂性,这与研究者的初衷并不符合。

在比较职业教育研究中,之所以较常采用质性研究方法,往往也与研究问题的复杂性有很大关系。在比较范畴下,比较职业教育研究往往会涉及时间、空间、文化等方面的诸多因素。例如,在时间层面会涉及处于不同发展阶段国家的当代比较,发展中国家当然可以借鉴发达国家以往的职业教育办学经验,但是要充分考虑到发展阶段的差异

---

[1] 中国企业管理协会.西德职业教育[M].石家庄:企业管理出版社,1980.
[2] 乔雪峰.从质化数据到国际期刊论文:数据分析与学术写作[J].全球教育展望,2018(6):31-46.

性,并在充分尊重差异性的基础上汲取可供借鉴的经验。再如,在空间层面会涉及不同国家和地区的职业教育制度比较,但也需要考虑到国土面积的差异性,例如中国的国土面积与欧洲面积旗鼓相当,如果将中国职业教育制度与欧洲的某个国家进行比较时,也需要充分考虑到可能存在的差异性。又如,在比较职业教育研究中,文化因素也是不可忽视的重要方面,由于文化上的差异,不同国家对于职业教育与培训相关的界定往往存在较大差异。一项关于三个不同民族语言(英语、芬兰语和法语)下学徒制主题知识生产的研究表明,出版模式在很大程度上仍然与各自的民族语言有关,非英语国家的地方背景和概念框架在全球学术知识生产过程中的可见度有限;学术知识生产中的语言实践受到挑战,需要确保这些不同来源的知识不会在翻译过程中丢失。[1]

此外,相比量化研究,质性研究对客观条件的要求并不苛刻,具有较强的现实可行性。从现有研究来看,以欧盟国家为分析单位所进行的比较职业教育质性研究较为常见,其中地域上的近便性是不可忽视的因素。由于地理距离上的遥远,如果对多个国家进行比较职业教育研究,往往会牵涉到较大的经费成本、时间成本等。而且,这种跨国研究往往需要研究者具备一定的国际影响力,对于不少比较职业教育研究者而言是不小的挑战。随着国际化交流力度的不断加强,比较职业教育研究者已经有了更多的机会走出国门,借助观察、访谈等研究工具展开质性研究的机会也越来越多,相信质性研究方法在比较职业教育研究领域会拥有十分广阔的应用前景。

二、比较职业教育质性研究的议题、前沿与价值争论

本部分主要介绍比较职业教育质性研究中的议题、前沿以及价值争论。由于比较职业教育研究中质性研究方法的应用并不特别广泛,因此我们会从相对广义的视角分析议题领域,结合有关质性研究的文献探讨未来研究趋势,总结分析,并进行相关批判与反思。

(一) 比较职业教育质性研究的议题范畴

20世纪下半叶以来,在国际政治局势渐趋稳定的背景下,世界各国和地区的职业教育交流速度也在不断加快,并形成一系列关于比较职业教育研究的经典议题,其中不乏采用质性研究方法的研究成果。

1. 国家技能形成体制

在该议题中,国家技能形成体制是指涉及所有劳动力群体以及贯穿整个劳动过程的技能教育与培训体系。[2] 如在《制度是如何演化的:德国、英国、美国和日本的技能政治经济学》一书中,美国政治学者西伦(K. Thelen)从比较历史视角出发对德国、英国、

---

[1] A. Mazenod. Lost in Translation? Comparative Education Research and the Production of Academic Knowledge[J]. Compare: A Journal of Comparative and International Education,2018,48(2):189-205.
[2] 郝天聪,石伟平. 全面深化改革语境下的职业教育研究——近年中国职业教育研究热点问题分析[J]. 教育研究,2018(4):80-89.

美国和日本的技能形成体制进行了比较,并发现国家技能形成体制受到政治经济环境的影响,即便同为资本主义国家,其技能形成制度也会存在重要差异,这种差异会影响到该国关于职业教育的制度安排。① 沿着这一思路,笔者借助多层嵌套比较分析模型,基于对德国、美国、日本、中国技能形成体制建设的观察发现,职业教育内嵌于国家技能形成体制,其类型地位受到国家技能战略、经济生产体制与职业教育参与意愿的结构性制约,并提出职业教育类型地位的真正确立,离不开以夯实其经济社会基础为目标的国家技能形成体制再造。②

2. 职业教育与培训体系

该议题主要是从宏观层面探讨不同国家或地区职业教育与培训的制度与组织安排、顶层设计等。20世纪90年代,格林(A. Green)等人将职业教育与培训体系划分为三种类型,包括市场模式、学校模式、混合模式。③ 又如在《九国职业教育与培训体系比较研究》一书中,基廷(J. Keating)等人从经济、教育体系、初等职业教育、继续职业教育、学徒制等方面对法国、德国、英国、中国、日本、新加坡、智利、墨西哥、美国等国家的职业教育与培训体系展开比较,并发现,政府与利益相关者和提供培训服务的各种机构之间维持着不同的动态关系,正是这些变量之间的相互关系,构成了职业教育与培训体系。④

3. 职业教育办学模式

该议题主要关注不同国家或地区职业教育在长期的办学实践过程中所形成的结构形态及其运行机制。如韦曼(K. Wiemann)等人通过访谈149位企业专家开发出双元制实施影响因素的访谈提纲,并在中国、印度、墨西哥等国家的德资企业展开比较研究,研究发现,受到各种内外部因素的影响,双元制在其他国家不可能完全复制。⑤ 对此,笔者也曾通过对美国、德国、日本、中国的比较分析,对产业结构转型与职业教育办学模式的关系做出探讨,并发现,职业教育办学模式是职业教育与产业结构互动的产物,产业结构转型是推动职业教育办学模式改革的直接动力。⑥

---

① 凯瑟琳·西伦. 制度是如何演化的:德国、英国、美国和日本的技能政治经济学[M]. 王星,译. 上海:人民出版社,2010.

② 郝天聪. 职业教育何以成为类型教育?——基于国家技能形成体制建设的观察[J]. 苏州大学学报(教育科学版),2020(4):63-72.

③ A. Green. The Role of the State and the Social Partners in VET System. [M]//L. Bash, A. Green (Eds.). Youth, Education and Work: World Yearbook of Education. London: Kogan Page, 1995:92-108.

④ 杰克·基廷,等. 变革的影响:九国职业教育与培训体系比较研究[M]. 杨蕊竹,译. 北京:首都经济贸易大学出版社,2019.

⑤ K. Wiemann, M. Pilz. Transfer Research as an Element of Comparative Vocational Education and Training: An Example of Factors Influencing the Transfer of Dual Training Approaches of German companies in China, India and Mexico[M]// M. Pilz, J. Li(Eds.). Comparative Vocational Education Research: Enduring Challenges and New Ways Forward. Berlin: Springer, 2020:199-220.

⑥ 郝天聪,石伟平. 产业结构转型与职业教育办学模式改革——基于对美国、德国、日本、中国的比较分析[J]. 现代教育管理,2020(8):122-128.

4. 职业教育课程

该议题主要关注不同国家或地区、不同历史阶段等职业教育课程模式的差异。如拉马萨（M. Ramasamy）采用行动研究的方式，探讨了将西方能力本位职业教育课程移植到印度的可能性，并发现，需要根据印度职业教育背景批判性地吸收西方经验，探索具有本土化特点的职业教育课程模式。[1] 也有学者对职业教育课程理论的发展脉络做了系统梳理，包括俄罗斯制、MES 课程、CBE 课程和学习领域课程等。[2]

5. 职业教育教师教育

该议题主要关注不同国家或地区职业教育教师培养与培训的模式、方式等。如凯勒（A. Kella）等人对美国和瑞士的职业教育教师教育模式展开比较研究，分析了两国职业教育教师教育模式的异同点，并探讨了各国职业教育教师教育模式形成与经济和劳动力市场的关系。[3] 也有学者对英国、美国、德国三国职业教育教师培养方式展开比较研究，并提出在职业教育教师培养中，要协调各方利益相关者，构建制度化培养框架，关注教师专业发展。[4]

（二）比较职业教育质性研究的前沿进展

1. 与定量研究方法的结合

近年来，随着质性研究与量化研究在方法论层面对话的不断深入，二者之间越来越表现出融合的趋势。20 世纪 90 年代，政治学者金（G. king）等人在《社会科学中的研究设计》一书中，曾对质性研究与量化研究融合的可能性做过专门讨论，自此掀起一股方法融合热潮。[5] 在此背景下，诞生了一种仍以质性研究为主体，但适当结合量化研究工具的新方法，即质性比较分析（Qualitative Comparative Analysis）方法，简称为 QCA 方法。该方法具有如下特点：首先，QCA 方法采用了融合集合论与布尔代数的计算逻辑，使得整个推论过程更为严密；其次，QCA 方法，尤其是模糊集合分析，允许研究者对于变量用连续性的数值进行编码；最后，使用 QCA 方法的整体研究过程与定量研究的一些步骤较为相似。[6] 目前，该方法已经在比较政治学、比较社会学领域得到广泛应用，在比较职业教育研究领域同样具有广阔的应用前景。与普通教育相比，职业教育与培训体系在世界各国呈现出更为复杂的形态，对案例进行比较的难度也更大。QCA 方法由于结合了案例取向的比较研究与变量取向的统计分析两个方面的优势，因此，在比较

---

[1] M. Ramasamy. Competency-based Curriculum Development in Vocational Education and Training：An Example of Knowledge Transfer from the Western World to India[M]// M. Pilz, J. Li(Eds.). Comparative Vocational Education Research：Enduring Challenges and New Ways Forward. Berlin：Springer, 2020：181-198.

[2] 徐国庆. 职业教育课程论[M]. 上海：华东师范大学出版社，2015：27-37.

[3] A. Keller, C. Zirkle & A. Barabasch. Focal Points of VET Teacher Training：a Comparison of VET Teacher Education in the USA and Switzerland[J]. Compare：A Journal of Comparative and International Education,2019,49(6)：1-20.

[4] 汤霓. 英、美、德三国职业教育师资培养的比较研究[D]. 上海：华东师范大学，2016.

[5] G. King, O. Robert, et al. Designing Social Inquiry：Scientific Inference in Qualitative Research[M]. Prinnceton：Princeton University Press,1994：56.

[6] 高奇琦. 比较政治[M]. 北京：高等教育出版社，2016：159.

职业教育研究过程中可以帮助我们处理更为复杂的案例情境,而且可以通过严密的逻辑方法进行比较分析,有助于探究出具有较强科学性的因果关系命题。

2. 有控制的比较案例研究

与量化研究相比,质性研究通常不强调控制变量的使用。但随之带来的一个问题是,在无法控制部分变量的情况下,做不到对案例差异的深层次比较。同样,在比较职业教育质性研究中,较常采用的一种方式是对单个国家的案例研究,或者对多个国家的平行案例研究。为了寻求更深层次的比较分析,在比较职业教育研究领域已有不少研究成果开始采用有控制的比较案例研究。综合来看,主要有三种具体的方法。一是求同法,即从具有相同结果、但是表现出不同特征的案例中找出共有因素,而这一因素就被看作是导致案例结果的原因。二是求异法,即从具有不同结果、但是表现出诸多相似特征的案例中找出明显的差异性因素,而这一因素就被看作是导致案例结果的原因。三是共变法,即在保持其他变量不变的情况下,找出与结果同时发生变化的因素,并将此作为二者存在因果关系的证据。由此可见,相比传统的个案研究或者平行案例研究,有控制的比较案例研究,更有助于研究者做出因果推论,也更符合社会科学研究的主流趋势,值得在比较职业教育研究领域进一步推广。而且,在有控制的基础上进行比较职业教育研究,有助于告诉我们在何种条件下、多大程度上可以借鉴他国职业教育的办学经验。

3. 强化与既有研究的对话

科学发展的一个基本特征是在前人研究基础上的不断进步,这对我们的启发是,科学研究不可"自说自话",更多时候应该将个人研究成果放在人类知识体系的"圆圈"中进行检验,方能得知所做的研究是否可以在"圆圈"中实现部分突破。长期以来,这一原则在量化研究中得到较好贯彻,在质性研究中仍然存在明显不足。但从近年来国际比较职业教育研究领域发展趋势来看,已经有越来越多的研究成果重视与既有研究的对话。具体而言,主要表现在三个环节。一是在问题提出环节。质性研究起初所面对的通常是现象,但要思考的是现象背后的问题以及支撑现象的运行机制,这意味着要将实践问题转化为研究问题离不开与既有理论研究的对话。二是在资料分析环节。质性研究者往往会面临海量的、复杂的资料库,如何从资料中分析出来理论观点,或者如何结合熟悉的理论脉络进一步收集、整理与解读资料,都离不开与既有研究的对话。三是在研究讨论环节。创新性是质性研究立足的根本,但研究本身新在何处仍然需要与既有研究进行对话,才能发现相比前人研究可能做出的理论或者实践贡献。对比较职业教育研究领域而言,与既有研究进行理论对话尤为重要,如果长期处于对他国经验简单翻译与移植式借鉴的研究状态,将很难带来该研究领域持续性的知识积累与创新。

(三)比较职业教育质性研究的价值争论

1. 个案研究是否属于比较职业教育研究范畴?

纵观现有的比较职业教育质性研究成果,其中有不少都是关于某个国家的个案研究。由此,带来的一个价值争论是,个案研究是否属于比较职业教育研究的范畴。的确,从表面上看,不少个案研究既没有进行其他国家职业教育之间的比较,也没有进行本国职业教育与他国职业教育之间的比较。但这并不意味着,对单一国家所进行的个案研究无法纳入比较职业教育研究的范畴。实际上,研究他国职业教育,在一开始就具有比较的动机与意义。回顾比较职业教育研究领域在我国的确立历程,可以发现,在初期的比较职业教育研究中,其出发点大多是学习国外职业教育办学的先进经验。因此,在当时,国别研究是比较职业教育研究的主流,甚至到今天国别研究在比较职业教育研究领域仍然具有举足轻重的地位。而且,之所以采用个案研究的方式去探索单个国家的职业教育办学实践,也有可比性方面的考虑。由于不同国家的经济发展阶段、文化背景的差异,对于比较分析框架、数据收集方法的挑战很大,由此很难进行纯粹意义上的比较职业教育研究。而如果能够对一个国家职业教育办学实践进行全景式的、深描式的个案研究,这种隐形意义上的比较职业教育研究所带来的参考价值将不亚于显性意义上的比较职业教育研究。

2. 质性研究是否止步于描述层面的叙事分析？

在以往研究中,经常会看到质性研究者对量化研究的批评,即不少研究得出显著性差异的结论,但没有对这种差异做更进一步的分析,不利于为研究问题提供更深层次的解释。对此,量化研究中往往借助于更高级别的统计分析工具来解决这一问题。如在一项关于研究型大学教师教学行为与科研表现间关系的实证研究中,通过分位数回归分析,不仅验证了教学与科研之间的非线性关系,同时发现教师科研产出与本科教学行为之间存在"顶端互促"效应,即在科研产出的高端群体中,规制型教学行为对科研产出形成抑制效应,而创新型教学行为与科研产出之间存在协同促进的关系。[①] 相比量化研究,在不少比较职业教育质性研究中,往往将文献资料或者访谈资料作为重要的数据来源,而且在研究发现环节,通常采取叙事的手段。然而,如果仅仅从描述层面展现事物或故事的发展脉络显然不够,而且很容易遭到量化研究者诟病,这也与社会科学研究重视因果推论的范式不相符合。以比较职业教育质性研究中的历史研究为例。历史研究同样需要理论基础与假说前提,需要展现在历史变迁过程中可能存在的因素之间的相互作用与机制。亦即,比较职业教育历史研究需要特别强调"过程追踪"的作用,不仅要进行描述层面的历史叙事,而且尤其要关注因素之间的相互作用与机制,从而说明某种因素会导致或不会导致某个社会结果,并解释产生这种社会结果的内在机制,进而确定提出的理论与假说是否可以得到验证。

3. 质性研究中是否要回避"我"的存在？

质性研究者与量化研究者时常会产生关于"我"的争论。以现象学研究为例,研究者较常采用的研究思路是,以个人感兴趣的现象为出发点向外延伸,进而形成研究问题。对此,量化研究者可能会质疑,当把"我"嵌入研究过程时,是否会对比较职业教育

---

① 鲍威,杜蕾.冲突·独立·互补:研究型大学教师教学行为与科研表现间关系的实证研究[J].北京大学教育评论,2017(4):107-125.

质性研究的客观性带来影响,这种"我"参与下的职业教育研究结果到底有多少产生推论的可能性。如果无法满足上述条件,又如何来确定比较职业教育研究在社会科学研究领域中的合法性与科学性。实际上,在比较职业教育质性研究中,"我"正是整个研究历程的一部分,需要积极地介入研究过程。当研究者本人去与研究对象互动时,为进一步揭示研究对象的所思所想,甚至是不愿透露的信息,都需要依赖于"我"与他人的话语与情感互动。更进一步来看,对于质性研究品质的争议不应该局限于主观与客观的范畴,而应该更多地基于质性研究的立场与范式,探讨其研究的品质问题。与其争辩比较职业教育质性研究是否客观,不如关注质性研究过程是否做得严谨,包括是否能够进行科学的研究设计,是否能够进行细致的观察以及是否能够基于收集到的资料做出科学判断与分析等。

三、比较职业教育质性研究的操作流程与案例解析

在社会科学研究中,任何一种研究方法的选择都不能工具先行,而是需要围绕研究问题选择合适的研究方法。当然,质性研究方法也不例外。接下来,本书将对比较职业教育质性研究的设计展开系统分析,并将结合典型的比较职业教育质性研究论文展开案例分析。

(一) 比较职业教育质性研究的操作流程

从一般意义上讲,教育研究是一种对经验数据的系统收集和分析,目的是得到有效的、概括性的知识,包括:(1) 对教育现象的描述;(2) 对未来事件或表现的预测;(3) 关于实验干预手段的效果的证据;(4) 对所观察到的现象的内容与过程进行解释。[①] 无论是量化研究、质性研究,抑或是混合研究,基本遵循这一大的流程。而关于质性研究方法操作流程的特殊性,也有学者做过分门别类的探讨:在人类学研究中,需要用好访谈法与观察法,访谈法运用的关键是有效地提问、真诚地倾听和有效地追问;扎根理论研究的关键是对资料进行有效分类并编码,在资料分析中寻找关键事件与本土概念,通过本土概念与理论概念的互动,形成扎根理论。[②] 虽然不同的质性研究方法在操作流程上可能会有一定差异,但也存在共通之处,对于一些更具普遍意义操作流程的介绍,将有助于深化对比较职业教育质性研究的理解,也可以为优化比较职业教育质性研究提供一定的参考。

1. 问题的提出

在比较职业教育质性研究中,面临的第一个挑战就是问题的提出。其中,最为关键的是确保问题与质性研究方法的匹配性,需要明确量化研究与质性研究目的上的差异。与量化研究不同的是,质性研究更为关注描述和解释,需要基于职业教育现象进行高度细节化的观察,并致力于解释个体或群体的行为。由此,质性研究所提出的研究问题,

---

① 梅瑞迪斯·高尔,等.教育研究方法[M].6版.徐文彬,等译.北京:北京大学出版社,2020:13.
② 刘良华.教育研究方法[M].2版.上海:华东师范大学出版社,2014:94-98+110-120.

在目的上主要服务于对职业教育现象的描述和对职业教育行为的解释。当然,在比较职业教育质性研究中要找到有意义和有探讨空间的选题并不容易。所谓有意义,是指选题要充分关注职业教育办学实践,尤其是聚焦不同国家职业教育改革与发展的前沿问题,并结合相关的政策背景与理论依据,进一步探讨选题的现实可行性。所谓有探讨的空间,是指要将选题与已有相关研究对话,通过文献综述的撰写就能知道其他学者在该研究领域已经做了哪些贡献,研究者打算继续贡献什么,从而有效避免重复劳动。与量化研究不同的是,比较职业教育质性研究在问题的提出部分通常不直接陈述研究假设,但常常会对研究问题做进一步的解构,提出研究的一般目的,并对有待描述和解释的现象做进一步的分析。同时,为突出研究问题的重要性,往往也会在该部分加入一些政策背景。

2. 抽样程序

对社会科学研究而言,抽样程序的选择至关重要,绝大多数社会科学研究成果都需要遵循规范的抽样程序。在比较职业教育质性研究中,抽样程序的规范性至关重要,甚至直接关乎质性研究结论的可靠性。在量化研究中,通常采用概率抽样方式,以便于通过统计方法的应用得到相对较为客观的研究结果。而在质性研究中,研究对象的数量往往较少,且关注的是研究对象对问题的解释性理解,因此并不追求研究对象的数量,而更多采用的是非概率抽样。在各种质性研究中,较常采用的就是便利抽样。比较职业教育研究者通常依赖自身的社会关系与背景,采取更为便捷的方式进入现场。在案例研究中,采用比较多的是目的性抽样。所谓目的性抽样,是指根据研究目的抽取可以为解决研究问题提供最大信息量的研究对象。而在民族志研究中,更多采用的是滚雪球抽样。所谓滚雪球抽样,是指由前期访谈到的研究对象推荐后续的被访谈者,如此可有效减少进入田野联系研究对象的困难与挑战。

3. 数据收集

在比较职业教育质性研究中,与量化研究不同的是,数据收集将更多依赖于研究者本人,在此过程中,需要在较大程度上依赖于研究者本人的智慧,尤其是在数据收集过程中可能要随时调整思路。较为常见的数据收集方法包括访谈法、观察法和史料分析法等。访谈法一般会根据研究问题开发出相应的访谈提纲,并通过正式或非正式的方式与被访谈者展开交流对话。根据单次访谈对象的多少,又可以划分为个体访谈和焦点团体访谈。在征得被访谈者同意的情况下,研究者通常会通过录音的方式记录访谈资料;而在不被允许录音的情况下,则需要依靠快速笔记和事后回忆记录访谈资料。与量化研究不同,质性研究往往需要与被访谈者展开互动,尤其是需要观察被访谈者的行为,这就需要用到观察法。在观察法中,通常可以采用笔记的方式进行记录。史料法主要是指收集口述史、纪念物、档案等一手资料和报刊文章、新闻报道等二手资料,并根据研究问题的需要对史料进行归类整理。

4. 数据分析

对比较职业教育质性研究而言,实际上在有意进行数据收集的过程中,就已经包含了一定的数据分析环节。但在此,仍然有必要进一步深入探讨质性研究中数据分析方法的特点。数据分析的基本原则是达到理论饱和,即新收集到的资料不会再对研究问题的解决有新的贡献时,就达到了理论饱和。在案例研究和民族志研究中,较常采用的是解释性分析和反思性分析。所谓解释性分析,是指围绕研究问题对数据进行细致的考察与分类,充分描述或者解释所研究的职业教育现象。通常情况下,解释性分析可以借助质性研究软件辅助进行资料的分析与整理。所谓反思性分析,是指将比较职业教育研究者本人作为重要的分析"工具",更多依靠直觉和个人判断分析数据,分析过程具有较强的主观意识和个人色彩。在历史研究中,数据分析方法主要包括考证历史数据、解释历史数据和进行历史叙事等。考证历史数据主要是确定史料的真实性和准确性。解释历史数据主要是寻找历史证据的普遍性,确定因果关系。进行历史叙事主要是以叙事的方式讲述历史故事,注重历史谱系的绘制与脉络的梳理。

5. 研究结果

在比较职业教育质性研究中,研究结果是对数据资料的高度提炼,主要采用归纳的方式进行呈现,一般要求采用清晰的文字、图表等进行准确的表达。在必要时,可以将原始数据中的访谈资料呈现在正文之中,以起到通过证据佐证观点的作用。在研究结果部分通常按逻辑顺序呈现,而不得基于个人的主观偏见进行解释。需要注意的是,要重点呈现直接回答研究问题的结果,避免汇报过多与研究问题无关的结果。此外,由于质性研究类型的差异,研究结果在呈现方式上也会存在一些差异。在案例研究中,研究结果的呈现通常具有较强的结构性,往往需要分不同的层次进行描述,并附上相关的原始访谈数据。在民族志研究中,多采用研究主题的方式进行呈现,从而在整体上展现出更直观的面貌。在历史研究中,通常会根据历史发展的时间节点和轨迹等呈现具有阶段性特点的研究结果。

6. 研究讨论

研究讨论主要是根据发现的研究结果解释其背后的意义,通常被看作是比较职业教育质性研究中非常重要的一个部分,它考验的是研究者对研究问题的批判性思考能力,有助于形成对研究问题更深入、更深刻的理解。一个完整的研究讨论通常包括以下六个环节。一是重申研究问题及主要研究结果,再一次强调研究问题的重要性,并凸显该研究结果的重要价值和意义。二是解释研究结果的意义,质性研究结果并非是冰冷的数据,而是带有"温度"的,需要对数据做进一步深入的解释和分析。三是把该研究的结果和已有文献的相似结果进行衔接,通过这样一个对话的过程,来进一步深化对结果的认识。四是分析考虑可能存在的对结果的不同解释,对于研究结果的解释可能具有层次性特点和类型差异,需要根据情况灵活处理。五是承认研究的局限性,承认研究可能存在的缺憾,以表明研究结果在某种情况下解释力的大小。六是为后续研究提供建议,探索未来可能的研究方向,并针对研究中可能存在的问题做下一步的改进。

(二)比较职业教育质性研究的案例解析

在案例解析部分,根据前面质性研究方法在比较职业教育研究领域典型应用的分类,笔者选取了三篇比较有代表性的文章,分别是案例研究应用案例、民族志研究应用案例和历史研究应用案例。接下来,将结合上文中的操作流程一一进行案例解析。其中,第一篇文章由国内学者完成,是较为典型的跨国案例比较研究。第二、第三篇文章均是由外国学者完成,相当于对中国这一民族国家的个案研究。

1. 比较职业教育案例研究解析

这篇案例选取了贺艳芳的博士学位论文——《我国企业参与现代学徒制动力研究——基于中德企业的对比》。[①]

(1) 问题的提出。在该文中,研究者提出,现代学徒制的有效实施离不开企业的积极参与。然而,从现实情况来看,企业参与现代学徒制的积极性并不高。在此背景下,如何在推动职业教育现代学徒制发展过程中,调动企业的积极性就成为一个关键的问题。如果这一问题无法解决,那么将很难真正意义上推动现代学徒制这一特殊职业教育办学模式的推广。德国在传统手工业基础上形成的双元制职业教育培训是现代学徒制的典型代表,双元制培训企业所积累的经验可以被我国借鉴。基于对这一关键问题的认识,研究者进一步对研究问题进行了细化,包括:德国企业在什么条件下才会参与双元制职业教育培训?德国培训企业参与职业教育现代学徒制的动力因素有哪些?是如何生成的?这些动力因素在我国又是怎样的表现形式?试图通过这种关于中国、德国职业教育现代学徒制的比较分析,为深化推动我国职业教育现代学徒制改革与发展提供重要的参考。

(2) 抽样程序。在抽样方面,案例研究与其他质性研究相比,在步骤上更为严格规范。与追求量化研究代表性不同的是,研究者更加强调了案例选择的典型性,尽量从类型、规模等方面进行比较分析,以更好地回答研究问题。接受访谈的德国培训企业类型多样,从企业规模来看,包括大型(500人以上)、中型(50—499人)和小型(1—49人)企业;从管辖单位来看,包括工商会和手工业协会所属管辖范围内企业;从企业性质来看,包括生产制造类企业和技术服务类企业。访谈对象资料如表9-1所示。

表9-1 德国调研企业及访谈对象资料

编号	行业	成立时间(年)	员工人数	学徒人数	培训比例	管辖单位	访谈对象
1-A	机械制造业	19世纪上半叶	1 628	43	2.6%	IHK	培训部负责人
2-B	生产制造业	1883	1 000	37	3.7%	IHK	培训部负责人
3-C	钢铁制造业	1954	3 500	225	6.4%	IHK	培训部负责人
4-D	电路安装服务	1979	12	2	16.7%	HWK	企业负责人
5-E	机械制造业	1838	140	9	5.4%	IHK	培训师
6-F	交通运输业	1912	770	43	5.6%	IHK	培训部负责人

---

① 贺艳芳. 我国企业参与现代学徒制动力研究——基于中德企业的对比[D]. 上海:华东师范大学,2018.

(续表)

编号	行业	成立时间(年)	员工人数	学徒人数	培训比例	管辖单位	访谈对象
7-G	汽车制造业	1871	13 000	480	3.7%	IHK	培训部负责人
8-H	电路安装服务	1977	22	7	31.9%	HWK	企业负责人
9-I	技术服务业	1987	130	8	6.2%	IHK	技术部负责人
10-J	技术服务业	1990	34	3	8.8%	IHK	培训部负责人
11-K	销售和服务业	1990	25	2	8.0%	IHK	企业负责人

对德国企业的访谈为后续国内企业访谈提供了重要基础,在对国内企业抽样的过程中,研究者进一步明确了需要进一步比较分析的维度,在此基础上进行有目的的抽样(如表9-2所示)。

表9-2 我国现代学徒制试点院校合作企业及访谈对象

编号	行业	成立时间(年)	规模(约/人)	企业性质	访谈对象
12	制造业	2010	400	民营	培训部负责人
13	技术服务业	2013	350	民营	部门经理
14	制造业	1978	5 000	港澳台投资企业	人事部经理
15	制造业	1983	10 000	国有控股企业	技术总工程师
16	食品加工业	2011	1 000	外商独资企业	人事经理
17	制造业	1999	2 000	外商独资企业	人事经理
18	制造业	1999	1 500	民营企业	人事经理
19	制造业	1998	2 500	国有控股企业	人事经理
20	制造业	1937	5 800	国有控股企业	人力资源部部长
21	技术服务业	1999	337	民营企业	董事
22	租赁服务业	1990	1 500	民营企业	人力资源经理
23	运输邮政业	1993	800	民营企业	人力资源部部长
24	技术服务业	2002	1 000	民营企业	项目经理
25	电力供应业	1952	5 000	国有控股企业	人力资源部部长
26	制造业	2000	450	民营企业	人力资源部部长

(3)数据收集。为收集数据,研究者综合使用了德语和汉语。为深入了解影响德国企业和中国企业参与现代学徒制的动力因素,通过前期的邮件联系与熟人介绍,研究者分别在德国和中国企业展开了实地深入访谈。在数据收集过程中,研究者非常注重与访谈者和被访谈者的沟通与互动,并基于对访谈情境的掌握和判断,形成服务于研究问题的事实性资料。为了更加顺利地实施访谈,研究者准备了两份访谈提纲,其中一份是关于研究主题的访谈提纲,主要关注研究中所涉及的几大研究问题,另外一份是关于

日常对话用语的访谈提纲,以更好地体现整个访谈的动态性,提高访谈过程的顺畅度。

（4）数据分析。在数据分析过程中,研究者并没有等到最后环节再进行数据分析,而是在数据收集的过程中同步展开数据分析,这也是质性研究的重要特点。研究者在文中谈到,通常在每次访谈结束以后,都会根据访谈情况,尽快地对数据进行整理,不断地将新访谈到的资料与原有资料进行滚动式的对比分析,在这种不断循环的过程中,加强对研究问题的认识。在数据分析中,研究者主要使用的是NVivo软件,无论是在德国还是在中国,进入访谈的最后阶段以后,研究者都发现,理论已经接近饱和,这时就停止了数据分析。

（5）研究结果。在研究结果部分,研究者主要采用了归纳的方式进行呈现,并对德国、中国影响企业参与现代学徒制的因素做了分层梳理。研究发现,影响企业参与现代学徒制的动力因素包括行为结果性动力、社会性动力和内部控制性动力,中国、德国不同企业在动力内涵和表现形式上存在重要差异。正是上述差异的存在,造成中国、德国不同企业参与现代学徒制动力的差异。

（6）研究讨论。在研究讨论部分,研究者进一步重申了研究结果,企业参与职业教育现代学徒制受行为结果性动力、社会性动力、内部控制性动力影响,并进一步对研究结果做出了解释,包括员工能力素质要求的区别及培养效益的不同是中德企业参与现代学徒制行为结果性动力差异的成因,劳动供给的差别及国家治理手段的不同是中德企业参与现代学徒制社会性动力差异的成因,企业战略发展阶段、市场环境不同及发展路径的迥异是中德企业参与现代学徒制内部控制性动力差异的成因。最后,为进一步提升我国企业参与职业教育现代学徒制的动力,研究者提出,采取非市场治理手段是保障企业参与现代学徒制的关键,学校职业教育和企业内部培训融合能使现代学徒制更高效,职业院校要基于企业特征考量谨慎选择现代学徒制合作企业。

2. 比较职业教育民族志研究解析

这篇案例选取了汉森(M. H. Hanson)等撰写的学术论文《职业教育的需求与抵制:中国城乡学校比较研究》(Demanding and Resisting Vocational Education: A Comparative Study of Schools in Rural and Urban China)。[①]

（1）问题的提出。在研究开头,研究者提出一个中国中等职业教育长期存在的悖论,即尽管许多学生及家长对职业教育有明显的抵制,甚至倾向于污蔑这种教育形式,但与此同时,职业教育体系在中国得到快速发展。为了进一步解释和理解这一悖论,研究者对研究问题做了进一步细分,引入多种因素考量,包括对比学生和家庭在选择职业教育态度上是否会存在差异,以及城市和乡村在选择职业教育态度上是否也会有差异。为进一步寻找解决该问题的线索,研究者交代了两个基本背景。一是职业教育地位并非一直不高,在计划经济时期地位相对较高。二是无论在农村职业学校,还是在城市职

---

① M. H. Hansen, T. E. Woronov. Demanding and Resisting Vocational Education: A Comparative Study of Schools in Rural and Urban China[J]. ComparativeEducation, 2013, 49(2): 242-259.

业学校,公众对职业教育的认可和支持都是较为有限的。

(2) 抽样程序。在抽样上,研究者采用了便利取样的方式,这也是民族志研究经常采用的一种方式。根据研究问题的需要,研究者分别选择了南京城区的两所学校和浙江省乡镇上的两所学校进行田野研究。而在进入现场以后,研究者先是通过熟人介绍的方式访谈到部分教师、学生和家长等,而后通过滚雪球抽样的方式访谈到更多的研究对象。

(3) 数据收集。这项研究总共经历了五年时间。在南京,研究者与来自河海大学社会学系的教师和四名研究生助教,花了整整一学年(2007—2008年)时间进行课堂观察。在整个学年中,一名主要研究者或研究助理每周四都会访问这两所学校,在那里每天与教师和管理人员共进午餐,并进行正式和非正式的访谈。为建立起与访谈对象的关系,研究者还会与学生一起购物、旅行和聚餐。在浙江,研究者在2008—2012年间,进行了15周的密集实地调查,其中一位研究者在当地第二高中的一个职业班和普通中专班学生相处三年时间。此外,研究者还利用空余时间采访了学生、教师、家长以及教育部门管理人员等。

(4) 数据分析。在数据分析环节,研究者倾向于通过描述和反思相结合的方式对数据进行系统的梳理,致力于寻求不同类型职业学校在对待职业教育态度问题上存在的共同点,并试图为解释研究问题提供依据。职业学校招收的学生大多没有走上高考的道路,甚至不少学生并不被允许参加考试,学生的人生命运在很大程度上取决于是否有机会进入普通高中。对于学生选择职业学校的原因,教师普遍认为是学生学习习惯较差、学习能力不够和学习态度不端正等。

(5) 研究结果。该研究的主要发现是,无论是来自农村地区职业学校的学生(多来自农业家庭),还是来自城市地区职业学校的学生(多来自工业阶级家庭),家庭背景都相对较差。该研究还发现,这些职业学校的组织方式、教材教学方式以及诋毁职业教育的文化观念是职业学校表现不佳的重要原因;尽管政府鼓励更多的学生接受职业教育,但是学生和家长选择的意愿并不高;无论是在城市还是在农村,学业成绩不佳都归咎于学生本人及其家庭,他们被认为是考试不佳的重要责任人。

(6) 研究讨论。在进一步的讨论中,研究者对城乡之间存在的微妙差异也做了进一步探讨,即与城市家庭的学生相比,来自农村家庭的学生更愿意接受职业教育。农村家庭不会像城市家庭一样将考不上普通高中的学生看作是学业失败者,而更愿意看作是一种不幸。但是这种不幸如果跟从事农业生产相比,又是幸运的,在未来的职业选择中,大部分学生都不想像父辈一样继续从事农业工作。最后,研究者提出,政府不仅要为职业学校学生提供更加符合市场需要的课程与教学,而且要改变对职业教育的"污名化"印象,让职业学校学生也能拥有良好发展前景的职业生涯。

3. 比较职业教育历史研究案例解析

这篇案例选取了舒尔特(B. Schulte)等撰写的学术论文《制度中不受欢迎的陌生人:20世纪初中国的职业教育》(Unwelcome Stranger to the System: Vocational

Education in Early Twentieth-century China)。[①] 需要说明的是,由于历史研究通常以史料为依据,尤其是在较为宏大的主题叙事中,很难去谈抽样程序,此处由此略去了该环节。另外,由于选择的这篇文献本身就采用了反思性解释模式,因此关于研究讨论的内容往往与研究结果混合在一起,由此也不再做单独讨论。

(1) 问题的提出。研究者首先从一个广阔的背景切入,谈到无论是在中国还是在国际社会,教育工作者和政策制定者都声称职业教育与培训对于一个国家的经济健康发展和人民的身体健康和社会福利都至关重要。随后话锋一转,指出中国职业教育长期以来并不受普通民众的认可,甚至存有较多偏见。现有的解释多将其定位在西方教育模式的失败或者扭曲上,或者仅仅归因于政策的漂移。在研究者看来,现有的研究在解释力度上仍然有限,需要更多地从历史视角切入,回到职业教育最初被引入中国的年代,探讨职业教育在中国不受欢迎的原因。

(2) 数据收集。与其他质性研究不同的是,历史研究主要是根据研究问题去发现数据,而非创造数据。因此,研究者经常思考的问题是,从何种渠道获取研究所需的数据。在本文中,除了采用部分二手史料之外,研究者亲自翻译了大量20世纪初关于中国职业教育的一手史料。正是利用上述史料,研究者在不同部分将其插入,以进一步佐证所提出的观点。

(3) 数据分析。在数据分析过程中,研究者主要从三个方面对所收集到数据进行了分析。一是由于20世纪初中国职业教育相关的不少资料都是二手资料,不可随意引用,研究者提出要严谨地甄别史料来源,尽可能选择一些权威的文献。二是基于所收集到的资料,通过外部考证对史料的真实性做鉴别,通过内部考证对史料的准确性做鉴别,避免伪造史料可能带来的误解。三是根据解决研究问题的需要,基于史料做进一步的解释。

(4) 研究结果与讨论。与传统上关于中国职业教育缺乏吸引力解释不同的是,研究者提出,中国的职业教育并不是一种简单的外国模式,而是强加给一个不相容的"东道主",落后于现代化建设的中国能否成功实施职业教育,并不是时间问题;相反,在20世纪20年代系统实施职业教育时,职业教育已经融入了广泛施行的歧视和人口隔离政策的现有框架中;因此,让许多中国人不喜欢的不是职业教育的西化,而是它的特殊性,即没有融入现有的文化资本分配实践中。

上述是本节关于质性研究的介绍及三个在比较职业教育研究中的应用案例。关于质性研究的具体细节还要参考其他文献,并关注数据统计分析方法的相关书籍或文章。但是,我们仍希望这一部分能够给大家带来一些思考:(1) 比较职业教育研究中的哪些问题适用于质性研究?(2) 采用质性研究方法的比较职业教育研究者如何更好地把自己当作研究工具?

---

① B. Schulte. Unwelcome Stranger to the System: Vocational Education in Early Twentieth-century China [J]. Comparative Education, 2013, 49(2): 226-241.

第三节　比较职业教育混合研究介绍及应用案例

定量与定性研究方法的论证本质上是实证主义和建构主义之间不可调和的矛盾，人们称之为范式的论战。[①] 但随着时间的推移，一部分研究者开始相信，不同研究范式之间并不是不可调和的，于是一些以实用主义为基础的混合研究方法开始兴起，人们称之为第三研究范式的运动。[②] 正如有研究者[③][④]借用文献计量法的技术发现，国际高等教育研究方法日益规范化和多元化，统计分析、量表(问卷法)、访谈法和案例研究是最主要的研究工具。定量研究占据主流，混合研究逐渐增多，日益呼唤着研究的理论创新与现实应用。相对而言，学位论文中使用混合研究的比例更高，混合研究依然处于完善和趋向成熟的阶段。

较为欣慰的是，教育领域是较早开始关注混合研究方法的[⑤]，所以本节主要介绍混合研究方法及其在比较职业教育研究中的应用，并提供了部分案例供读者在实际的方法考量和设计中参考和使用。需要说明的是，职业教育和比较职业教育研究中方法应用本就处于相对弱势的地位，所以在部分环节我们会适当采用广泛教育领域中的混合研究文献进行分析。

一、比较职业教育混合研究的内涵、特点及应用价值

在介绍比较职业教育领域的混合研究之前，有必要对混合研究的内涵、主要特点等一些基础性内容有所了解，然后再去具体探讨比较职业教育混合研究的应用价值。

(一) 混合研究的内涵

混合研究的发展历程大体可分为四个阶段：形成阶段(20世纪50—80年代)、范式争论阶段(20世纪80—90年代)、程序发展阶段(20世纪90年代—20世纪末)和加速发展阶段(21世纪后)。[⑥] 当前关于混合研究的概念界定主要有三种方式。一种是将混合研究视为具体的研究方法，而另一种将混合研究视为一种方法论，第三种则统合了具体方法和方法论层次的定义。

---

① 张绘.混合研究方法的形成、研究设计与应用价值——对"第三种教育研究范式"的探析[J].复旦教育论坛,2012(5):51-57.
② R. Cameron. Mixed methods: The Third Methodological Movement[J]. Newsletter of the Australian Vocational Education and Training Research Association, 2009(5):2.
③ 韩双淼,谢静.国际高等教育研究方法现状与演进的定量研究[J].高教探索,2021(2):5-13.
④ 韩双淼,谢静.国外教育研究方法的应用特征——基于2000—2019年34本教育学SSCI收录期刊的文献计量分析[J].高等教育研究,2021(1):68-76.
⑤ 宋曜廷,潘佩妤.混合研究在教育研究的应用[J].教育科学研究,2010(4):97-130.
⑥ 李刚,王红蕾.混合方法研究的方法论与实践尝试:共识、争议与反思[J].华东师范大学学报(教育科学版),2016(4):98-105.

约翰逊(R. B. Johnson)等在对多篇文献进行评述之后,给出了一个综合性的定义:混合研究是一种研究者或团队整合定性和定量方法要素(如何使用定性和定量的研究视角、数据收集、分析和推断技巧)的研究类型,旨在拓展理解和证实的广度与深度。[1]

克雷斯维尔(J. W. Creswell)等在关于混合研究方法的经典教材的第一版中做出了相对权威的定义,并且尝试整合了方法和方法论。他们认为:混合方法研究是一种研究设计,有着特定的哲学假设和理论立场。作为一种方法论,它的哲学假设指导数据的收集和分析,以及在研究过程不同阶段质性和量化方法的混合。作为一种具体的研究方法,混合研究方法的使用具有一定的应用情境,需要综合考虑量化研究方法与质性研究方法的优点与不足,试图通过对两种研究方法的整合,寻求对研究问题更好的解释。教育研究或者是职业教育研究领域中对于混合研究方法的使用相对较少,尤其是职业教育中很少有研究者采用第三种范式开展研究,遑论在比较职业教育研究中使用这种较为前沿的方法。但在本书中,我们仍试图介绍比较职业教育研究中的混合研究。借用上文提及的克雷斯维尔(J. W. Creswell)混合研究的基本概念,尤其是教育混合研究的界定,我们认为,比较职业教育混合研究是一种有着特定的哲学假设和理论立场的研究设计。作为一种方法论,它的哲学假设指导数据的收集和分析,以及在研究过程不同阶段质性和量化研究方法的混合。作为一种具体方法,它关注数据的收集和分析,强调在一项研究或一系列研究中混合使用量化与质性研究方法。它的基本思想是,综合使用量化和质性研究方法以克服使用单一方法的不足,更好地理解和阐释教育研究问题。

混合研究类型可以为学者提供有益的框架,尤其是初学者可参考该流程形成严谨的研究设计和令人信服的研究结论。对于混合研究方法的划分依据不同的标准,因而也有不同的类型。但是较为主流的是以下两种划分方式。

第一种划分方式对既有文献中的混合研究进行分类,并划分了7个标准,这些标准分别是:(1)研究方法的数量;(2)研究流程的数量;(3)研究执行的顺序;(4)质性与量化研究在哪一研究阶段被整合;(5)以哪一种研究方法为主体;(6)研究的功能是什么;(7)研究的理论依据。[2]

采用上述七个标准的研究方法和流程的数量作为矩阵的向度,形成表9-3的研究分类架构,分为四个单元。而右下角的第四单元即为混合研究的部分,又以研究执行的顺序和质量整合阶段来界定不同的混合研究设计。

---

[1] R. B. Johnson, A. Onwuegbuziy & L. Turner. Toward a Definition of Mixed Method Research[J]. Journal of Mixed Methods Research,2007,1(2):112-133.

[2] C. B. Teddlie, A. M. Tashakkori. Foundations of Mixed Methods Research: Integrating Quantitative and Qualitative Approaches in the Social and Behavioral Sciences[J]. European Accounting Review,2009,20(1):183-186.

表 9-3　方法—流程矩阵：混合研究方法设计的类型

研究设计类型	单一流程设计	多重流程设计
单一方法设计	单元格 1：单一方法流程设计 1. 传统定量研究设计 2. 传统定性研究设计	单元格 2：单一方法多流程设计 1. 平行的单一方法 　a. 量化+量化 　b. 质化+质化 2. 顺序的单一方法 　a. 量化→量化 　b. 质化→质化
多种方法设计	单元格 3：准单一流程混合设计 1. 单一流程转换设计	单元格 4：混合多流程设计 1. 平行混合设计 2. 顺序混合设计 3. 转换混合设计 4. 多层次混合设计 5. 完全整合混合设计

另外一种常见的分类法是由克雷斯维尔(J. W. Creswell)等人在一系列的专著中[①]发展出来的，其分类依据主要有三点：(1) 执行顺序：指研究者在同一时期收集不同性质的资料或是按照阶段顺序收集。(2) 研究重心：指整个研究的重心应该优先放在质化还是量化的资料分析上。(3) 混合的阶段：指要在研究的哪个阶段进行量化与质性的整合。

他们在第一版专著中依据这三大分类标准，建立了四个基本的混合研究设计类型：三角检验设计(Triangulation Design)、嵌入式设计(Embedded Design)、解释式设计(Explanatory Design)以及探索式设计(Exploratory Design)。然而到了第二版的时候，他们认为有六种主要的混合研究设计类型(如图 9-1 所示)，分别是一致性平行设计、顺序性解释设计、顺序性探索设计、嵌入式设计、转换式设计、多阶段设计。其中，前四种是基本的混合方法设计，而后两种则综合了多种元素。

(二) 混合研究方法的主要特点

有部分学者对混合研究方法的特征进行了归纳，例如，约翰逊(B. Johnson)和克里斯滕森(L. Christensen)就根据科学方法、本体论/认识论、最终结果的报告形式等维度分别归纳了混合研究与定量和定性研究的主要区别。[②]

根据克雷斯维尔(J. W. Creswell)等人的观点，混合研究的核心特征结合了方法、

[①] J. W. Creswell, V. Clark. Designing and Conducting Mixed-methods Research[M]. Thousand Oaks：Sage, 2007.

[②] 伯克·约翰逊，拉里·克里斯滕森. 教育研究：定量、定性和混合方法[M]. 4 版. 马健生，译. 重庆：重庆大学出版社，2015.

(a) 一致性平行设计

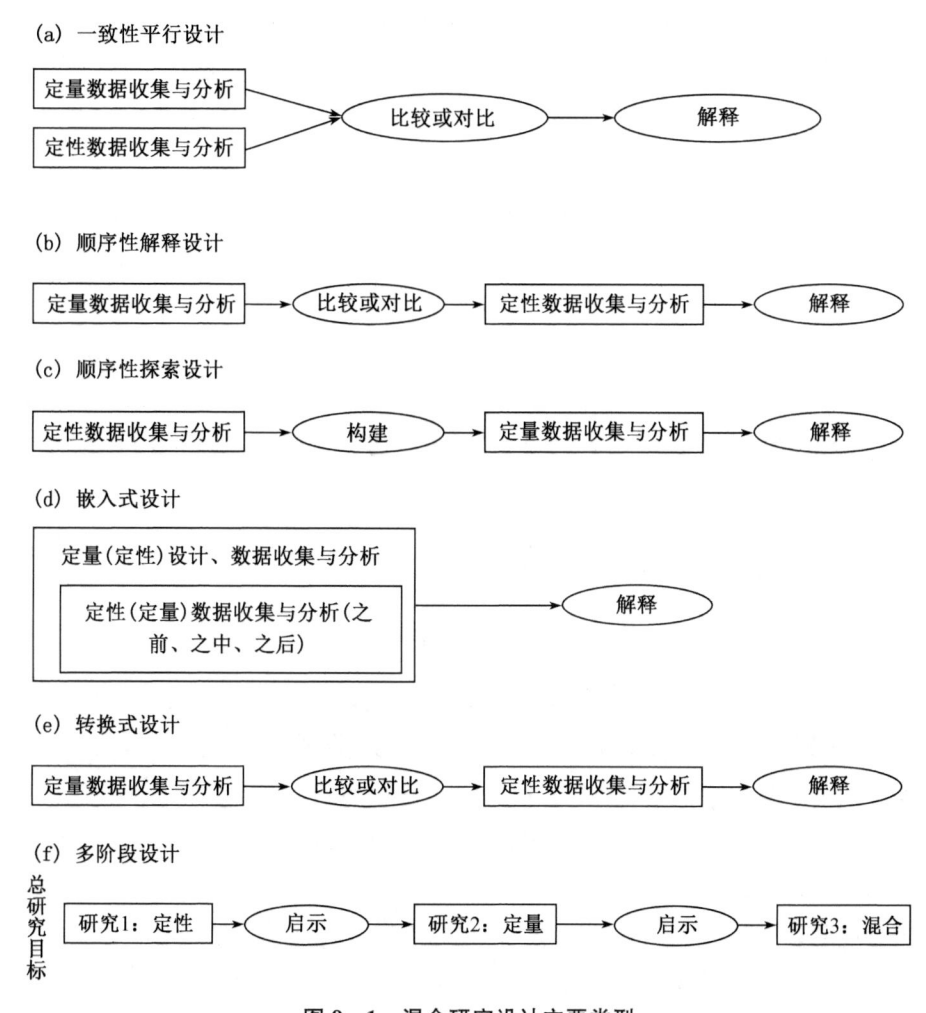

定量数据收集与分析 ┐
　　　　　　　　　　├→ 比较或对比 → 解释
定性数据收集与分析 ┘

(b) 顺序性解释设计

定量数据收集与分析 → 比较或对比 → 定性数据收集与分析 → 解释

(c) 顺序性探索设计

定性数据收集与分析 → 构建 → 定量数据收集与分析 → 解释

(d) 嵌入式设计

定量(定性)设计、数据收集与分析
　定性(定量)数据收集与分析(之前、之中、之后) → 解释

(e) 转换式设计

定量数据收集与分析 → 比较或对比 → 定性数据收集与分析 → 解释

(f) 多阶段设计

总研究目标：研究1：定性 → 启示 → 研究2：定量 → 启示 → 研究3：混合

图 9-1　混合研究设计主要类型

哲学和研究设计取向,也强调了设计和实施混合方法研究的关键内容。他们认为,混合研究方法的核心特征有六点。

（1）令人信服且严格地收集定性和定量数据(基于研究问题)。

（2）通过结合(或合并)两类数据,来并行地混合(或结合、联结)定性与定量数据;根据一类数据获得另一类数据,或是将一类数据嵌入另一类数据,来依次混合定性与定量数据。

（3）优先考虑一类数据或两类数据(根据研究重点)。

（4）在单一研究或研究项目的多个阶段使用这些程序。

（5）在哲学世界观和理论视角的框架内,设计研究程序。

（6）将这些程序整合到具体的研究设计,以指导研究计划的实施。

虽然比较职业教育存在特殊性,但比较职业教育研究领域混合研究方法的核心特征依然符合上述表达。正如上文所介绍的混合研究的核心特征,与定量和定性研究相比,这些特征也为混合研究带来了一定的优势。

(1) 定量与定性方法的互补,可以消除彼此的缺点。混合研究方法往往聚焦于定量研究与定性研究的交叉领域,致力于解决无法单独通过定量研究或定性研究解决的问题。混合研究方法比单独的量化或质性研究更能回答某些复杂的研究问题,使教育研究人员能够更好地同时回答探索性和验证性问题。

(2) 混合研究方法可以提供更多的证据。量化和质性研究的结果可能是相辅相成的,定量数据说明关联的强度,而定性数据说明关联的性质,以增强对研究问题的洞察力。

(3) 混合研究方法有助于将持不同研究范式的研究者联结在一起。提供更有效的推论,推论和结论的有效性与可信度比单独策略更大。

(4) 提供反思和构建新理论的空间,促使教育研究者额外反思和进一步研究,有助于产生新的理论和见解。

但是,使用混合研究方法也面临着一定程度的挑战,包括技巧问题、时间和资源问题、如何使他人信服等问题。

(三) 混合研究方法在比较职业教育研究中的应用价值

虽然从当前来看,职业教育和比较职业教育研究领域并未完全接受混合研究方法[1],但作为教育研究的第三范式,从方法本身和比较职业教育研究领域的发展来看,都需要将混合研究引入比较职业教育研究领域中。

1. 混合研究方法本身也在面临方法论上的完善,比较职业教育研究可以为混合研究方法的范式完善提供新场域

混合研究方法虽然已经被誉为第三种研究范式,但是仍然存在一些问题,尤其是在比较职业教育研究领域较少得到关注。已有采用混合研究方法的研究主要集中在医学护理、健康产业政策、国际关系与政治、农业发展、普通学术教育(高等教育、基础教育、医学教育)等主题,而比较职业教育研究所涵盖的跨文化比较和强调实践和技能的特点都能为当前正处在范式发展过程的混合研究提供理论检验场域。

一方面,比较职业教育研究更强调采用跨文化的比较形式考察不同国家、地区、民族职业教育政策、发展、学生等方面的差异,而这种比较的内容既涉及大量的数字比较,同时也存在可供访谈和深入调查的质性材料。另一方面,职业教育更加强调实践教学和企业运用的特点,更加贴合混合研究方法中从不同视角考察同一个问题或是同一个问题的不同向度,以及研究指向实践改进的特点。

2. 包括比较职业教育研究在内的职业教育研究本身也在遭遇研究范式转型,因而需要充分利用混合研究方法所具有的优势

无论是职业教育研究,还是下属的比较职业教育研究,到现在都面临着范式成熟或定位的问题。一方面,比较职业教育研究本身的研究方法和方法论的不足已经影响职

---

[1] R. Cameron. Mixed Methods in VET Research: Usage and Quality[J]. The International Journal of Training Research, 2010,8(1):25-39.

业教育在整个教育学科中的位置。另一方面,比较研究方法本身的学科定位、理论基础、内生动机等问题[①]也限制了比较职业教育研究的发展。

混合研究方法论的运用将协助研究者对教育现象获致更深入而多元的了解,且研究范式的成熟、教育现象本身具有的跨学科特点,均能够为比较职业教育研究带来新思路,助力比较职业教育研究以"弯道超车"的方式实现研究范式的成功转型。

二、比较职业教育混合研究的议题、前沿与价值争论

本部分主要介绍比较职业教育混合研究中的研究议题、前沿趋势以及可能存在的争论。由于混合研究在比较职业教育研究中比例很小[②],所以我们尽量结合比较职业教育话语体系及相关文献去呈现,但同时也会从广义的教育学科出发去介绍相关主题。

(一) 比较职业教育混合研究的议题范畴

与比较职业教育混合研究相关的期刊和专著应该涉及比较教育、职业教育和混合研究三个部分。通过对已有数据库的梳理,该部分主要对主流期刊进行检索和分析。这些期刊包括:《比较:比较与国际教育杂志》(Compare: A Journal of Comparative and International Education)、《比较教育评论》(Comparative Education Review)、《比较教育》(Comparative Education)、《比较教育研究》、《外国教育研究》。除此之外,还有关于混合方法研究的专门期刊《混合方法研究杂志》(Journal of Mixed Methods Research)。最为重要的是,专注于职业教育实证研究的期刊《职业教育与培训实证研究》(Empirical Research in Vocational Education and Training),开始大量刊发与混合研究相关的文章。

与总体的国际职业教育研究不同的是,在比较职业教育研究中使用了混合研究方法的文献,其研究主题主要在学生学习体验与发展、教师教学效果与评价、跨文化职业教育制度和鸿沟政策三个方面。其中,学生学习体验与发展是最主要的研究领域。

1. 学生的学习体验与发展

该议题关注的主要是学生的学习表现、能力发展、学业适应等。例如卡特罗(J. Catterall)等人关注澳大利亚从职业教育升入本科的学生的学习体验与适应过程、学业表现与传统学生的差异。[③] 沙姆马斯(D. Shammas)利用焦点小组访谈和问卷调查的方式,研究美国社区学院中阿拉伯裔和穆斯林学生所遭受的歧视问题。[④] 格林(M. T. Greene)在自己的学位论文中考察了美国职业学校毕业生职业选择的决策及其与持久

[①] 陈时见,王远.比较教育学科发展的历史演进及未来走向[J].教育研究,2019(1):55-65.

[②] 刘浩,黄亚婷,郭华玲.混合研究范式在教育研究领域中的知识扩散——基于《混合方法研究》及其施引文献的知识网络比较分析[J].中国人民大学教育学刊,2020(4):140-155.

[③] J. Catterall, et al. Facilitating the Learning Journey from Vocational Education and Training to Higher Education [J]. Higher Education Research & Development, 2014, 33(2):242-255.

[④] D. Shammas. Underreporting Discrimination Among Arab American and Muslim American Community College Students[J]. Journal of Mixed Methods Research, 2017, 11(1):99-123.

度的关系。① 博特赖特(J. R. Boatwright)则关注了格鲁吉亚职业院校学生的工作伦理的问题。② 谢内尔(T. Kärner)研究了德国应用科学大学中的学生在不同的实验干预情况下的问题解决的能力。③ 皮尔托(J. Piirto)等人采用半结构访谈和量表考察了职业院校中的超常学生。④ 乔斯伯格(H. Jossberger)等人调查了德国中职学生的自我控制学习,以及该能力对规划、执行学习任务的影响。⑤

最后,本书强烈推荐的是外国学者对中国职业教育体系的相关调查。这种跨文化研究的结论可为本土职业教育现代化改革注入不一样的血液,也值得我们深思。当然一些具有海外学习背景的中国本土学者也尝试利用中国职业教育文化背景与国外差异性的天然优势,比较了中国和国外对学生就读职业教育的社会态度问题,并对海外的中国研究产生了较大的影响力。⑥

2. 教师的教学效果、表现与专业发展

关注教师的教学效果、表现与专业发展是比较职业教育混合研究的重要领域。该议题主要涉及职业教育教师的实践能力、专业发展、教学与职业指导效果、评价方式等。

教师调控和学生自我调控学习之间的相互作用是当代教学理论中的一个重要话题。范贝克(J. A. Van-Beek)等人⑦采用混合研究方法,来研究德国中职学校教师在上课时的调节模式是否不同。学生感知研究的结果显示,教师结合了外部、共享和内部的调节活动。三组教师在结合调控活动的程度上有所不同,课堂观察也证实三组教师差异的存在。桑德斯(R. Sanders)⑧旨在描述"基于关注点的采纳模式",该模式是职业教育与培训领域专业发展项目评估的概念视角和实践方法。在这项循序渐进的混合方法研究中,前两个阶段(五个阶段中的两个阶段)的数据收集和分析结果被用作例子,用以描述27名职业教育与培训教师经历的专业变革历程,这些教师参与了一项为期四年的系统性变革专业发展计划,旨在扩展和完善他们的教学实践。研究证实,基于关注

---

① M. T. Greene. Vocational Education Graduates: A Mixed Methods Analysis on Beliefs and Influences of Career Choice and Persistence[D]. Los Angeles: University of Southern California, 2013.

② J. Boatwright, J. Slate. Work Ethic Measurement of Vocational Students in Georgia[J]. Journal of Vocational Education Research, 2000, 25(4): 503 - 531.

③ T. Kärner. A Mixed-methods Study of Physiological Reactivity to Domain-specific Problem Solving: Methodological Perspectives for Process-accompanying Research in VET[J]. Empirical Research in Vocational Education and Training, 2017, 9(1): 1 - 30.

④ J. Piirto, J. Fraas. A Mixed-Methods Comparison of Vocational and Identified-Gifted High School Students on the Overexcitability Questionnaire[J]. Journal for the Education of the Gifted, 2012, 35(1): 3 - 34.

⑤ H. Jossberger, et al. Exploring Students' Self-Regulated Learning in Vocational Education and Training[J]. Vocations and Learning, 2020, 13(3): 131 - 158.

⑥ L. Minhua. "Bad Students Go to Vocational Schools!": Education, Social Reproduction and Migrant Youth in Urban China[J]. The China Journal, 2015, 73(1): 108 - 131.

⑦ J. A. van Beek, et al. Teacher Practice in Secondary Vocational Education: Between Teacher-regulated Activities of Student Learning and Student Self-regulation[J]. Teaching and Teacher Education, 2014(40): 1 - 9.

⑧ R. Saunders. Assessment of Professional Development for Teachers in the Vocational Education and Training Sector: An Examination of the Concerns Based Adoption Model[J]. Australian Journal of Education, 2012, 56(2): 182 - 204.

的采纳模式为更好地理解职教背景下的教师专业变革提供了一个有效的框架。

美国学者佩里(J. C. Perry)提出用社会行动、混合方法来验证教师对学生职业指导项目的功效。① 尤文(B. Ewing)的项目调查了原住民学生较多的职业教育与培训课程中计算能力的教学和学习状况;研究采用了混合方法设计参与式合作行动研究和社区研究,以及一系列的案例研究,教师、培训师、教师助理和学生参与了该项目。②

3. 微观与宏观政策评价、跨文化职业教育制度分析

部分职业教育类的专著倾向于进行跨文化职业教育制度比较、宏观政策分析比较,但是却很难去界定这种范式是一种混合研究,或者我们只能称其为"准混合研究"。这主要是因为这些著作中混杂了占主要比例的质性材料,同时也含有少部分的数字材料。这些大部头的学术著作主要是由来自不同国家和地区的学者共同主编,他们利用各自背景优势共同形成了关于国际职业教育体制的比较。例如,皮尔兹(M. Pilz)等人主编的《比较职业教育研究:持久的挑战与新的前进道路》(*Comparative Vocational Education Research: Enduring Challenges and New Ways Forward*),以及《技术和职业教育与培训:问题、关注和前景》(*Technical and Vocational Education and Training: Issues, Concerns and Prospects*)系列专著(详见附录二)等。

但遗憾的是,并没有相对较为高质量的学术论文采用严格的混合研究方法去考察国家职业教育体制或政策。这里仅有一篇来自对非洲国家马拉维农业产业人才培养的职业教育研究文章。马拉维各行业从业者普遍抱怨技术、企业、职业教育与培训技能供应有限。在油籽和制糖业,各组织对当地市场上专家的质量和数量表示遗憾。奇莫洛洛(A. Chimpololo)从雇主的角度分析了这两个行业中技能的可用性,以回应行业投诉。③ 该研究采用混合研究方法,以半结构化访谈、问卷调查和文件分析作为收集数据的工具。研究结果表明,在技术和职业教育与培训技能的可用性与行业需求之间存在巨大差异。虽然这两个行业缺乏关键技能,但也需要促进工匠和技术员层面的多技能发展,以使毕业生在就业后能够履行多种相关职能。这两个行业的技能供应不足,导致人力资源短缺,影响了生产过程。

(二) 比较职业教育混合研究的发展前沿进展

在参考和整合了斯莫尔(M. L. Small)等人④的观点以及结合混合研究方法在整个社会科学研究中的地位的基础上,本书认为,当前比较职业教育混合研究的前沿趋势包

---

① J. C. Perry. A Combined Social Action, Mixed Methods Approach to Vocational Guidance Efficacy Research[J]. International Journal for Educational and Vocational Guidance, 2009, 9(2):111-123.

② B. Ewing. An Exploration of Assessment Approaches in a Vocational and Education Training Courses in Australia[J]. Empirical Research in Vocational Education and Training, 2017, 9(1):1-18.

③ A. Chimpololo. Glaring Mismatch in the Demand and Supply of Technical, Entrepreneurial, Vocational Education and Training (TEVET) Skills in the Agricultural Sector: An Analysis of the Oil Seeds and Sugar Industries in Malawi[J]. International Journal of Vocational and Technical Education, 2017, 9(7):62-75.

④ M. L. Small. How to Conduct a Mixed Methods Study: Recent Trends in a Rapidly Growing Literature[J]. Annual Review of Sociology, 2011, 37(1):57-86.

括如下三点。

1. 混合研究方法中交叉分析的趋势更加明显

这里的交叉分析指的是定性数据主要通过数学或统计技术进行分析的研究,或者定量数据主要通过叙事技术进行分析的研究。而该趋势得以实现也正是两点原因。一方面,计算能力的不断进步和易于使用的分析软件的激增极大地扩大了叙事文本数据的统计分析的范围,如人种学领域笔记、个人生活故事或历史文件。另一方面,在整个社会科学研究中,对定量研究方法的局限性的失望,仅限于对统计关联的声明,已经重新激起了对理解因果过程和机制的兴趣。

这种交叉产生了多种新型的数据分析范式,如"叙事文本数据的网络分析""叙事文本数据的序列分析""大样本调查数据的叙述性分析""叙事文本数据的其他定量分析""基于回归的小 n(样本)或叙事文本数据分析"。最后,需要强调的是,计算社会科学方法与混合研究的融合,也推动了混合研究方法的进一步完善。如最近几年流行的量化民族志[①]方法等。

2. 由混合研究方法向混合研究模式转变

虽然混合研究方法有几种经典的划分类型,但是现有研究并没有达到整合阶段,即并没有实现混合研究模式。由混合研究方法向混合研究模式的转变,不仅是一种具体方法上的融合,更是一种方法论和哲学基础上的融合;也不仅是某一阶段上方法的融合,更是在所有阶段将两种思维方式进行融合。例如,在研究问题提出部分充分考虑量化和质性研究的问题提出的特点,在文献综述部分分别考察两种研究范式的差异,在结论和讨论撰写部分对两种范式进行讨论。

近年来的几项研究在分析单一数据源时整合了多种分析技术。其中一些研究结合了两种不同的分析方法。这些分析背后的理念有着内在的互补性,即利用不同分析视角产生的分析杠杆,对一个问题做出比单个视角更全面的描述。少数研究人员通过创造全新的分析技术整合了分析范式。毫无疑问,其中最成功的是定性比较分析(QCA)。这是一套基于布尔逻辑的分析工具,旨在结合优势,同时超越基于案例和基于变量分析的限制。

3. 混合研究方法与基于证据的教育变革之间的互动融合

根据相关研究者的定义,证据驱动的教育改革特指教育工作者及政策制定者将关于有效性的证据作为标准,遴选各类教育方案、教育产品及教育实践。[②] 其特点是,教育领域的改革必须基于一定的实证依据,而且还包含四项基本行动:(1) 使用严格的实验方法评估创新方案,为每个科目和每个年级找出最有效的方案;(2) 使教育工作者和政策制定者了解行之有效的方案和实践;(3) 提供资源和激励措施,使学校领导能够实

---

① 吴忭,彭晓玲.量化民族志:一种融合定性与定量的教育研究方法[J].现代远程教育研究,2021(2):63-72.
② 罗伯特·斯莱文,张志强,庄腾腾.证据驱动的教育改革如何推动教育发展[J].华东师范大学学报(教育科学版),2021(3):14-22.

施行之有效的方案和实践;(4)制定政策和制度,不断积累有关知识和有效实践。另一方面,来自医学、护理、临床、教育等相关偏应用性学科领域的研究者均强调,混合研究方法利用了定性和定量方法的潜在优势,使研究人员能够探索不同的视角,揭示多方面研究问题的复杂层次之间存在的关系。

因此,当前的混合方法研究受到了国家医学、癌症基金或者是科学基金等纵向或横向项目的资助,这种研究范式与强烈的一线实践改革的需求相吻合。尽管在比较职业教育研究领域不太明显,但是在国内广泛的教育研究领域,一大批受到省级政府层面资助的课题开始采用混合研究的方法。例如,北京大学教育学院与浙江省教育厅、宁夏教育考试院的合作,通过多种数据收集方法,为地方新高考改革提供实证依据。

(三)比较职业教育混合研究的价值争论

到目前为止,对混合研究方法感兴趣的研究人员有一套不同的模型可供他们选择使用。与此同时,他们也可能不得不面对混合研究方法所特有的重要争论。就连克雷斯维尔(J. W. Creswell)本人也不得不在后续对近些年来对混合研究方法的争议的11个问题进行回应。而这种争论对于比较职业教育混合研究也同样存在。关于混合研究的争论主要有两点。

1. 混合研究如何寻找和处理两种研究范式之间的公约数

可公度性的问题源于方法论技术和知识论观点之间的关系。一些研究者认为,结合定量和定性的观点是不可能没有矛盾的,因为不同的方法反映了不同的原则,根据定义,这些原则对真理的性质有不同的假设。虽然定量研究采用实证主义的观点,相信独立的社会现实的存在,并寻求发现客观真理,定性研究采用诠释学的观点,质疑(可知的)社会现实的存在,并寻求解释主观经验。而有关此的批评者却认为,他们各自的逻辑是不相容的,以至于一个人不能同时既是实证主义者,又是解释主义者。这主要是因为:一方面,一些分析方法实际上是不可通约的,因为它们的技术与相互冲突的认识论观点紧密相连。另一方面,选择忽视可公度性批判的研究者很可能在实践中遭受挫折。

2. 混合研究方法专门化是否会带来内卷困境

另一个相关的问题源于这样一个事实,即社会科学可能会继续选择客观化的研究方法,即追求方法论的专业化。而这种趋势会带来几个实际后果。首先,这将增加混合方法研究者在学习和保持研究方法先进性中面临的挑战。这也与克雷斯维尔(J. W. Creswell)本人列出的第二个问题"混合研究是一种新的研究方法吗?"相类似。新方法的出现会越来越受到传统学者的质疑和不接受。其次,由于持续的专业化和论文评审过程的基本特性,混合研究采用者在研究中将越来越多地面对在分析技术方面比作者更擅长的审稿人。这种压力要么将研究工作推向核心学科的边缘,要么增加具有互补专业的团队进行的研究工作量。再次,专业化程度的提高将加剧质性方法部分的文本、话语转译(换)的额外挑战。

当然,除了上述提到的两个维度,也有一些其他的争议话题,如混合研究方法的公共话语体系社群的建立、维系、沟通,混合研究的应用效益有待更明确的界定。这其中涉及混合研究欠缺有效的判断标准,混合研究的品质有待提升,混合研究的质性程序如何能够进一步深化等系列问题。

三、比较职业教育混合研究的操作流程与案例解析

每一个试图采用混合研究方法的研究者在开展研究之前,都需要自问的是"为何自己需要采用混合研究"。研究者不应该为了故弄玄虚故意采用复杂的方法,而更应该根据自身的学科和方法训练背景、研究问题的适切性选择合适的研究方法。

(一) 比较职业教育混合研究的操作流程

关于混合研究方法的设计与实施同样有不同的观点。约翰逊(R. B. Johnson)和奥乌格普兹(A. J. Onwuegbuzie)[①]认为,完整的混合方法研究设计通常包括以下8个步骤:(1)确定研究问题;(2)确定是否采用混合方法研究并阐述理由;(3)在混合方法和混合模型之间选择研究设计;(4)收集研究数据;(5)分析研究数据,该步骤又可细分为7个基本环节(包括数据压缩、展示、转换、关联、聚合、比较、整合);(6)解释研究数据;(7)使研究数据合理化;(8)总结研究结论并撰写研究报告。克雷斯维尔(J. W. Creswell)等人则认为,混合研究方法的设计与实施步骤如下:(1)如何选择合适的混合方法设计;(2)如何开启一项混合方法研究;(3)混合方法研究中的数据收集;(4)混合方法中的数据分析与解释;(5)混合方法的结果写作与评价。特德利(C. B. Teddlie)和塔沙克里(A. Tashakkori)[②]认为混合研究方法的实施包括:(1)问题提出;(2)研究设计;(3)抽样策略;(4)数据收集前的考量;(5)数据收集的策略;(6)结果分析;(7)探讨。

综合和参考以上主流的观点,本部分也将从如下五个步骤对混合研究方法的设计进行介绍。

1. 选择合适的混合研究方法

在该环节研究者必须要始终回答一个核心的问题:"我真的需要混合研究方法吗?"当该回答为肯定答案时,研究者需要给出合适的理由。(1)选择混合研究方法的原则。其一,研究设计要与问题契合。其二,明确选择混合研究方法的原因。(2)研究者需要考虑混合研究的策略。即在什么时候、什么环节、资料的什么部分混合等。(3)如何在方法部分介绍混合研究的设计(符号系统与流程图)。符号系统是采用一些通用的标识进行标记。例如,"QUAN + QUAL"表示一致性平行混合研究。"QUAN → qual"表示顺序混合解释研究。"QUAL → quan"表示顺序探索研究,"QUAN(+ qual)"表示嵌入式混合研究。而流程图则是在文章中直接用具体形象的图来展示混合研究设计的

[①] R. B. Johnson, A. J. Onwuegbuzie Mixed Methods Research: A Research Paradigm Whose Time Has Come[J]. Educational Researcher, 2004, 33(7):14 - 26.

[②] C. Teddlie, A. Tashakkori, Foundations of Mixed Methods Research[M]. Los Angeles: Sage, 2009: 130.

步骤。其中包含核心概念、箭头、流程、矩形框、椭圆形框。具体形式可以参考克雷斯维尔(J. W. Creswell)在书中关于顺序解释型混合研究的案例。

2. 开启一项混合研究的环节

在该环节,研究者要构思好如何将混合研究设计的介绍放置在文章或报告之中。(1)草拟一个适合混合研究的题目。混合研究方法的标题应该有能够区别于定量和定性研究的各自特点。并且,明确题目仅仅是一个引子,只是方便研究者形成路标,后续可调整。(2)在研究引言部分介绍方法。如果当前的研究的确是可以在研究方法部分有所创新的话,可以在引言部分就直接点出混合方法。(3)研究目的部分的介绍。研究目的部分主要说明比较职业教育混合研究最终所要达成的主要目标。(4)撰写研究问题和假设。研究者应该提出与混合研究相关的问题,或者是与之匹配的研究假设。

3. 混合研究的数据收集

在该环节,研究者需要关注的核心议题是数据收集是否可以回答研究问题,是否需要调整策略,数据收集方法是否科学合理。(1)研究者要仔细考虑数据与将要回答问题的关联度,并动态调整。(2)明确定量数据与定性数据如何组合。(3)思考采用何种抽样策略。尽管当前并没有明确的混合研究方法的抽样类型,但是需要研究者谨慎平衡与考虑。(4)在研究设计部分,要详细汇报数据收集的对象、时间、策略,甚至是多次收集的动态调整情况。

4. 混合研究的数据分析与阐释

研究者在该环节要始终回答的核心问题是数据分析和阐释是否"言过其实"。(1)研究者分别对不同性质的数据进行分析,如对定量数据采用一些统计分析,对质性材料采用编码等方式,当然也可以对数据进行转换。(2)在文章中呈现数据时,研究者可以用图表的形式呈现定量数据的描述性和推论性结果,可以用原始文本或编码节点的方式呈现质性结果,或者是展现质性材料背后的理论生成结构。(3)研究者需要对量化和质性研究结果部分进行解释,要回到理论层面去阐释和生发。(4)研究者特别需要对两种结果之间的关系进行说明、对比,以及将结果进行整合。

5. 混合研究的结论与讨论撰写

研究者在该环节始终回答的核心问题是,研究结论是否回应了理论和已有文献的对话是否生成。(1)对研究设计和结论的总体回顾以及评价。研究者需要对整个研究的结论与方法进行评价与回顾,指出不同方法和结论的整合。(2)对理论的贡献和已有文献的回应。研究者应该报告混合设计得出的结论如何完善和改进了我们对已有理论的回应和对话。(3)混合方法得出的结论对政策建议的启发,尤其是两种方法得出的结论对于政策启示的着力点更应该凸显。(4)当前研究的不足之处及未来的研究展望。研究者需要明确当前混合研究结论和方法的不足之处,以及未来对于混合研究设计前沿的借鉴有哪些主题等。

(二)比较职业教育混合研究的应用案例

通过对国内外职业教育混合研究方法的文献梳理,我们从中选出了两篇较为典型的外文文章。根据其混合研究方法的实际使用形式,可分为嵌入式混合研究方法和多阶段设计混合研究方法。

出于对混合研究方法适切性和职业教育研究特点的双重考虑,我们还是推荐与教育类混合研究方法相关的文献。一篇是载于《高等教育研究》(Research in Higher Education)杂志中关于博士生主题的混合研究的文章①,采用的就是顺序解释式的混合研究设计。而采用顺序探索式混合研究方法的文章,我们推荐的是一篇来自《教学与教师教育》(Teaching & Teacher Education)中关于基础教育(K-12)教师教学实践的文章。② 感兴趣的读者如果想了解两种典型范式,不妨自行下载阅读。

1. 嵌入型混合研究应用案例

在此,我们将介绍在《教学与教师教育》(Teaching & Teacher Education)发表的一篇文章,其标题为《中等职业教育中的教师实践:在教师调节的学生学习活动和学生自我调节之间》(Teacher Practice in Secondary Vocational Education: Between Teacher-regulated Activities of Student Learning and Student Self-regulation)③。这篇文章考察的是教师的调节模式与学生自我调节学习的关系。严格来说,这是一个嵌入型混合研究设计,量化与质性研究部分的数据都在指向一个问题:教师对学生教学调节是否存在可供划分的模式?但是质性研究部分的分析框架也是在量化研究部分的结果出来之后做进一步的验证。因为存在顺序上的逻辑,所以该案例不能算是平行一致型混合研究。

(1) 选择合适的混合研究方法环节。研究者报告了要使用质性数据的原因,也就是为什么在通过问卷采集学生对教师教学调控模式的认知之后,依然要通过对学生的访谈收集学生对教师教学实践的看法和体验。研究者认为有两方面原因。一方面是内在意义。学习者在学习环境的感知、解释和处理信息的方式是决定学生学习方式的关键,学生获得了自己的认知,建立了对教师的意义建构,这些会影响他们在课堂上的有意和无意的选择。最后,学生能够提供稳定、可靠、有效的反馈,可以用于教师评价。另一方面是"实际的原因"。这主要是因为学生主观经验相对较容易获得,学生体验是来自班级所有学生的,比单纯地考察一两个学生更加客观,学生经验是来自诸多课程的,能代表多元化的教师教学实验。学生感知也是一种有效的方法,可以用来评价学习环境的不同方面以及教师的处理对学生的影响。

(2) 开始设计混合研究。首先,研究者草拟了一个非常具有混合研究特点的标题

---

① N. V. Ivankova, S. L. Stick. Students' Persistence in a Distributed Doctoral Program in Educational Leadership in Higher Education: A Mixed Methods Study[J]. Research in Higher Education, 2007, 48(1): 93-135.

② K. N. Shea. Designing Global Futures: A Mixed Methods Study to Develop and Validate the Teaching for Global Readiness Scale[J]. Teaching & Teacher Education, 2017, 65(5): 91-106.

③ J. A. Van-Beek et al. Teacher Practice in Secondary Vocational Education: Between Teacher-regulated Activities of Student Learning and Student Self-regulation[J]. Teaching and Teacher Education, 2014, 40(4): 1-9.

《中等职业教育中的教师实践:在教师调节的学生学习活动和学生自我调节之间》。这种看似较为模糊的题目恰恰是混合研究的特点,即它并不强烈地鼓励读者去探索变量间的关系或者某个个体的心路历程,相反它是一种介于之间的连续体。其次,研究者在引言部分介绍了学生自我学习能力的重要性以及教师教学可能的影响。但是,并未点出该研究所使用的方法。接着,该研究报告了文章的研究主题和子问题。研究者指出,本文关注的是教师在调节学生学习活动的模式方面是否有不同的教学实践。该主题被分解为以下具体子问题:

① 中等职业教育学生对教师的调节方式是否有所不同?

② 如果有差异,教师可以相应地分组,观察员是否可将教师归到类似的组中?

我们可以很清楚地看出第一个问题对应的是量化研究部分,而第二个问题对应的是质性研究部分。

(3) 数据收集部分。与前述研究问题关联的是研究数据的收集。在原文中,数据收集的介绍也是与研究问题紧密衔接的。研究者依据研究问题分别介绍了数据是如何收集的。

在第一个研究问题中,他们在荷兰农业职业教育中心所属的16所职业学校开展了一项调查研究。数据分两次收集:第一次数据收集在荷兰北部和中部地区(11所学校)。间隔一年,第二次数据收集在荷兰中部和南部地区(5所学校)。在这里,研究者也坦陈由于数据收集的方式密集且规模大,不可能在同一年内在所有学校进行调查研究。所以,第二次数据收集用于验证第一次数据收集。为了收集初步数据,11所农业中等职业学校的八年级学生在2010年3月至6月期间完成了教学实践调查。

研究者还报告了该环节所使用的量表,如学生教学实践量表(The Student Pedagogical Practices Inventory)、数据收集的步骤、研究伦理审查等内容。

在第二个研究问题中,其本质是观察性研究。所以他们选择了12名教师,这些教师分布在第一次数据收集所产生的三个类别中。12名教师在五所不同的学校任教,他们被要求参加观察研究。

数据收集的流程和步骤是:12名教师在一节完整的课上被录像,授课时间从34到61分钟不等。然后由两名独立的观察员对12名教师的教学实践进行了评分。观察人员采用了一个观察方案,该方案包括五个类别,分别对应于"学生教学实践量表"五个分量表和三个类别。除了每隔10分钟在每个子量表上对教师的教学实践进行评分之外,观察人员在观察完整课堂后,还提供了一个总体类别评分。

(4) 数据分析与解释环节。在数据分析和解释部分,也是按照两个研究问题分别开展的(如图9-2所示)。

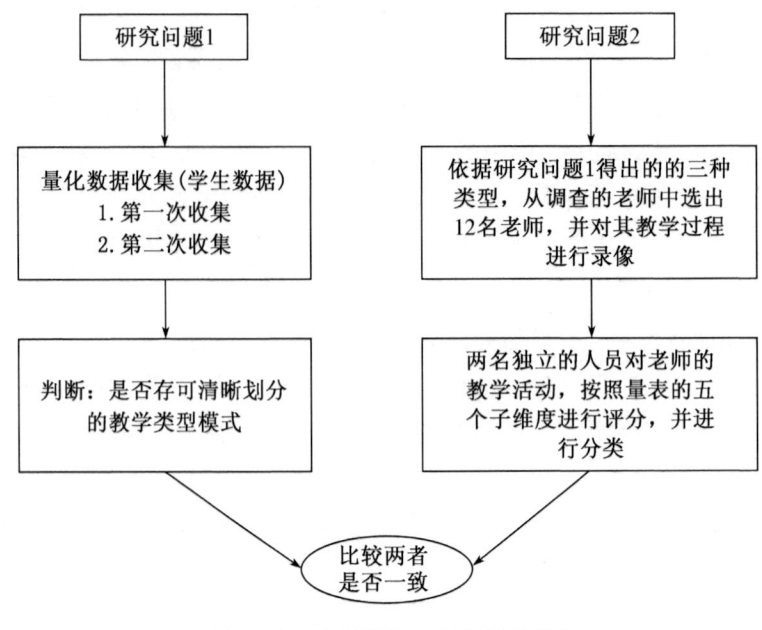

```
┌─────────┐           ┌─────────┐
│ 研究问题1 │           │ 研究问题2 │
└────┬────┘           └────┬────┘
     ↓                     ↓
┌──────────────┐    ┌──────────────────┐
│量化数据收集(学生数据)│    │依据研究问题1得出的三种│
│1. 第一次收集  │    │类型,从调查的老师中选出│
│2. 第二次收集  │    │12名老师,并对其教学过程│
│              │    │进行录像          │
└──────┬───────┘    └────────┬─────────┘
       ↓                     ↓
┌──────────────┐    ┌──────────────────┐
│判断:是否存在可清晰划分│    │两名独立的人员对老师的│
│的教学类型模式  │    │教学活动,按照量表的五│
│              │    │个子维度进行评分,并进│
│              │    │行分类            │
└──────┬───────┘    └────────┬─────────┘
       └──────────┬──────────┘
                  ↓
             ┌─────────┐
             │比较两者  │
             │是否一致  │
             └─────────┘
```

图 9-2　混合研究方法设计与流程

在研究问题1中,学生级别的数据被汇总到教师级别,然后计算每个教师的五个分量表平均值。为了检查研究的数据中是否可以观察到"学生教学实践量表"的五个确定的分量表,所以进行了主成分分析。在研究问题2中,分析基于学生的感知和观察者估计的类别分数。两个观察者之间的一致性是通过使用绝对一致性定义的组内相关系数来计算的。

需要说明的是,在该部分的结果说明非常简单,研究者只用了小篇幅介绍了结果。在研究问题1中,教师被分成了三类,教学实践得分包括"高、中、低"三组。在研究问题2中,研究发现,学生的感知与观察者评价有高度的相关性。

(5) 结论与讨论撰写环节。首先,研究者汇报了研究问题1的主要结论,即根据学生的看法,教师在管理教学实践的方式上没有差异。教学实践揭示了各种调节活动的组合。教师将直接指导(外部调节)与激励、探究(共享调节)和自我调节相结合。研究问题2的主要结论为,观察人员在观察了录像课堂练习后,也将教师分为了三类。学生的看法很可能与观察到的课堂教学实践相一致,因此在该研究中是教师实践的有效影响。

其次,研究者汇报了结论以及与已有文献和理论的对话。研究者指出:上述结果与部分研究者的理论一致,该理论认为,所有的教师活动都可以放在一个维度上。然而,该研究的结果表明,这两种调节模式的结合在教学实践中是常见的,而不是从外部调节到内部调节的维度。类似地,研究结果并不支持其他研究者的一些发现,具有自身的创新之处。

所以,研究者在讨论部分强调了教师不以这种或那种方式教学,但似乎结合了这些不同的方法进行教学。考虑到对教学设计复杂性的要求,研究者建议:教师教学应该更多地转向如何培养学生学习的积极性,而不是仅仅关注管理课堂行为,教师活动向强调学生自主学习转变。

2. 多阶段设计混合研究应用案例

在《职业教育与培训实证研究》(*Empirical Research in Vocational Education and Training*)上发表的这篇文章《职业教育课堂言语互动中学生先前知识与情境不确定性的功能关联性：来自混合方法研究的证据》(Functional Relevance of Students' Prior Knowledge and Situational Uncertainty During Verbal Interactions in Vocational Classrooms：Evidence from a Mixed-methods Study)[1]，其研究目的主要是考察学生的特定领域的先验知识(Domain-specific Prior knowledge)对师生课堂对话的影响。在分类上既可以划为多阶段混合方法，同时也可以划为一致性平行设计。

（1）选择合适的混合研究方法环节。首先，研究者在文献综述部分提及选择多种混合研究方法的原因，即对于"先验知识"的测量已有研究存在问题。换句话说，大多数研究集中在特质样或广义语境形式的交流恐惧——前者是一个持久的、全球性的倾向，后者是对某些交流环境的广义恐惧。此外，他们还面临着共同方法方差的问题，这会产生人为夸大的相关性。

其次，研究者指明了研究的目的和研究假设。研究设计部分点明研究所适用的调查对象以及数据收集的环节，并且用流程图的形式进行呈现（如图9-3所示）。

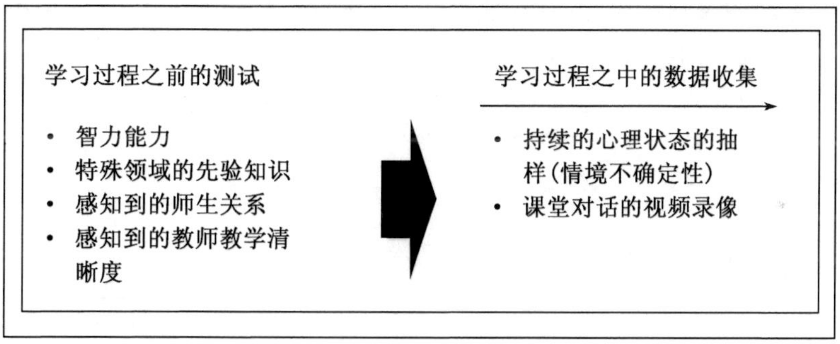

图9-3 研究的设计流程

（2）开始设计混合研究环节。首先，研究者草拟的标题中直接点明研究所使用的方法，并且明确了研究最重要的自变量和因变量及其调节变量，但是有趣的是，研究者并没有采用量化研究的标题范式，而是采用了一种隐晦的形式将几个变量之间的关系呈现出来。其次，在引言部分，研究者介绍该研究开展的地点和学校类型，抽样方法和对课堂互动内容的编码情况，问卷填写和统计方法等内容。接着，在研究目的和假设部分，研究者指出，研究的目的是调查在职业教育中，学生特定领域的先验知识和情境不确定性的普遍感受对课堂对话的影响。紧接着报告了三个子问题：

① 教师如何在不同领域特定先验知识水平的学生之间分配演讲顺序和任务？

---

[1] T. Kärner, J. Warwas. Functional Relevance of Students' Prior Knowledge and Situational Uncertainty During Verbal Interactions in Vocational Classrooms：Evidence from a Mixed-methods Study[J]. Empirical Research in Vocational Education and Training，2015，7(11)：1-26.

② 学生的先验知识如何影响对课堂对话贡献的频率和质量?

③ 在口头交流中普遍存在的不确定感,如何影响他们的贡献质量或他们做出贡献的意愿(主要指课上与教师交流和回答问题)?

研究假设部分在报告了三个子问题之后,研究者根据子问题也将假设分成三类,分别对应问题逻辑。

(3) 数据收集环节。研究者在一项为期3周的短期纵向研究中,对德国一所商业和行政公共职业学校的两个班(9节*45分钟)的教学活动进行了录像。

教学过程中的数据收集有两种形式。首先,连续状态抽样用于跟踪学生自己对正在进行的课堂互动的看法,由于数据量和学校数量较大,所以他们采用了多次调查。其次,对所有9节课都进行了录像。全班对话的互动特征根据其类型和质量进行分类。他们编码了841个话语和532个协调手势,这些编码结果是因变量。再者,研究者报告了一些核心自变量的概念构造情况。如智力能力、特定领域的先验知识、师生关系、教师的教学清晰度、对不确定性的感知程度等。

(4) 数据分析与解释环节。首先,研究者报告了在职业教育课堂上言语互动的描述性发展。其次,研究者报告了所有观测变量之间的相关关系。再次,研究者考察了学生拥有的先验知识对教师课堂对话分配、后续评价和回应的影响,通过控制性别变量分布考察二者之间的关系。最后,研究者考察了不确定性感知程度对二者关系的调节影响。文章的核心概念框架如图9-4所示。

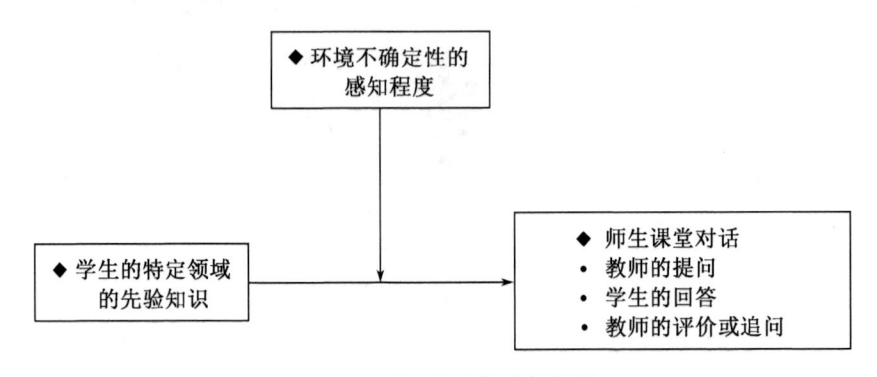

图9-4 研究核心概念框架图

(5) 结论与讨论撰写环节。首先,研究者报告了研究背景和已有研究的不足、该研究的数据和方法以及研究目的。其次,研究者报告了主要的研究结论。研究者指出,已有假设认为是否有机会参与课堂对话的有价值的部分取决于个人对特定领域的先验知识水平。与我们的假设相反,当从举手的学生中选择一个人时,教师不承认更多的对话和交流会转向知识渊博的学生⋯⋯当要求非志愿学生做出贡献时,教师最好向在感兴趣领域具有先验知识结构的人求助。此外,教师更频繁地使用提示性和反应性的提问技巧来跟进他们的答案,从而维持知识渊博的学生积极和深入处理主题的张力。已有知识的结构在很大程度上影响了口头报告的质量。但是这种知识结构和情境不确定性之间缺乏显著的交互作用,这表明情境的不确定感不会系统地阻止学生参与课堂对话,也不会损害他们对课堂对话的贡献质量。

接着研究者报告了该研究的不足之处,主要是涉及与原有知识结构的测量相关的问题等。最后研究者坦陈尽管存在不足,但是该研究对职业学校一线教师的"教学两难困境"具有一定的启发意义。这主要体现在将马太效应的分析也纳入课堂对话的讨论中,研究者指出教师实践者应该反思:将认知要求高的任务主要分配给具有较高知识储备的学生无疑有助于课程的快速进行,并避免在对话序列中令人困惑的弯路。然而,它也减少了有知识缺陷的学生广泛处理学习内容和从错误中学习的机会,从而促进他们的概念理解和发展。

我们可以看出,上述两篇文章其实并不是严格按照理论部分所介绍的步骤,一步一步开展的。这也侧面反映出混合研究方法的范式并没有取得完全的一致意见。当然,这种现状在量化研究和质性研究中也是存在的。上述就是本节关于混合研究的介绍及两个在职业教育研究中的应用案例。关于混合研究的具体细节还要参考其他书籍或者文章中已经列出来的教育学类的相关文献,甚至在条件允许的情况下直接翻阅关于混合研究前沿进展的文献,但是整体来说希望这部分研究还是可以给大家带来一些思考。尤其是在混合研究方法本身还处于完善阶段的时期,研究者更应该要始终自问:我的研究需要混合研究方法吗?理由是什么?

本章小结

社会科学层方法论包括比较职业教育量化、质性、混合研究介绍及应用案例。量化研究方法、质性研究方法和混合研究方法在比较职业教育研究领域均具有重要的应用价值。比较职业教育量化研究议题范畴涉及职业教育质量与水平、职业教育与经济、职业教育相关主体。比较职业教育量化研究的前沿进展表现为,寻求其他研究方法的支撑,关注数据库的建立与分享,运用新的比较方法与技术手段。比较职业教育量化研究的价值争论包括:量化研究方法是否可以准确、真实地反映职业教育事实?量化研究方法的根基——数据,是否一定可信?量化研究方法是否只能停留在现象表层,难有理论贡献?量化研究方法存在被泛化滥用的问题?比较职业教育量化研究的操作流程包括:开展文献综述,明确研究问题;确定研究变量,形成研究假设;明确所需数据,选择数据收集方法;统计分析数据,得出数据结果;讨论数据结果,形成研究结论。比较职业教育质性研究议题范畴涉及国家技能形成体制、职业教育与培训体系、职业教育办学模式、职业教育课程、职业教育教师教育。比较职业教育质性研究的前沿进展表现为,与定量研究方法的结合、有控制的比较案例研究、强化与既有研究的对话。比较职业教育质性研究的价值争论包括:个案研究是否属于比较职业教育研究范畴?质性研究是否止步于描述层面的叙事分析?质性研究中是否要回避"我"的存在?比较职业教育质性研究的操作流程包括:问题的提出,抽样程序,数据收集,数据分析,研究结果,研究讨论。比较职业教育混合研究议题范畴涉及学生的学习体验与发展,教师的教学效果、表现与专业发展,微观与宏观政策评价、跨文化职业教育制度分析。比较职业教育混合研究的前沿进展表现为,混合研究方法交叉分析的趋势更加明显,由混合研究方法向混合研究模式转变,混合研究方法与基于证据的教育变革之间的互动融合。比较职业教育混合研究的价值争论包括:混合研究如何寻找和处理两种研究范式之间的公约数?混合研究方法专门化是否带来内卷困境?比较职业教育混合研究的操作流程包括:选择合适的混合研究方法,开启一项混合研究的环节,混合研究的数据收集,混合研究的数据分析与阐释,混合研究的结论与讨论撰写。在上述基础上,本章还在比较职业教育量化、质性和混合研究领域遴选了部分有代表性的文章,展开深度的应用案例解析。

余论:研究方法,不只是方法

方法是人类更准确地认识世界和更有效地改造世界的重要工具。对于方法的研究可以追溯到古希腊时期。古代苏格拉底、柏拉图对辩证法的研究,亚里士多德对形式逻辑的研究,是这方面最初也最出名的对方法的直接研究。[①] 及至近现代,方法在科学研究各领域的应用逐渐趋于广泛。在比较职业教育研究中,方法的运用固然重要,但也不可盲目推崇方法,甚至将方法奉为圭臬。在使用比较职业教育研究方法时,应该摒弃工具主义的思维方式,不停留在技巧本身的探讨层面,而应更多地探索研究方法背后的内涵,了解方法的来龙去脉、基本属性、价值定位等,还应看到方法背后的学术脉络和理论关怀。如此,方能达致问题、理论、方法融通的境界。

一、从常识走向科学:比较职业教育研究方法的自觉与自省

人类把握世界的方式存在多种。其中,常识和科学是两种最为基本的方式。由此,会在世界图景、思维方式与价值规范等方面形成关于世界的不同认识。一般而言,常识是人们在日常生活中所形成的关于世界的经验性认识,通常停留于对世界图景的表面认识层面。常识强调基于自身理解实现对世界的直接感知,习惯于采用非此即彼的思维方式,知识生产具有零散性、模糊性、非抽象性、非批判性等方面特点。常识通常强调眼见为实,倾向于对世界做出直接的价值判断,习惯于从片面的角度看问题,也习惯于从孤立的角度看待事物的发展规律。科学不仅改变了我们的生活现实,而且影响了我们对世界的认识。[②] 与常识不同,科学更强调研究方法的运用。科学倾向于挖掘关于世界的本质性认识,强调基于经验但不囿于经验,知识生产具有组织化、系统化、精确性、抽象性等方面特点。科学在思维方式上更关注因果推论,其基本要素包括假设、证据、逻辑等,强调提出假设,并通过收集证据验证假设,从而获得关于世界的新知识和新理解,整个探究过程内在地遵循着一定的逻辑。科学在价值规范上更强调获得学术同行的认可,强调价值中立,旨在探索关于世界的真理性认识,必须经得住严格而持续的批判性检验。

回顾以往的比较职业教育研究,不少成果仍然停留于常识的认知层面,而没有真正发展到科学的认知层面,导致比较职业教育研究成果的水平时常受到质疑,甚至长期停

[①] 刘大椿.比较方法论[M].北京:中国文化书院,1987:10.
[②] 陈嘉映.哲学·科学·常识[M].北京:中信出版集团,2020:1.

留在低水平徘徊的边缘。如果借用变量思维来分析的话,不同国家职业教育发展事实的相同点或不同点可视为因变量,开展比较职业教育研究的重点应在于找到影响不同国家职业教育发展事实相同点或不同点的原因,即自变量。然而,总体而言,现有的比较职业教育研究成果多表现为静态的描述性比较。在进行比较职业教育研究时,往往就不同国家职业教育发展事实的异同点本身谈异同点,就此得出的启示也往往是"隔靴搔痒",而没有通过科学的方法来进一步解释异同点产生的原因,对于因果关系的解释缺乏足够的关注。在比较职业教育研究领域的初创时期,这种描述性比较职业教育研究具有相当重要的价值与意义,可以为我们了解不同国家的职业教育办学经验提供一些基础性知识和信息。但随着社会科学研究各领域方法意识的不断增强,以及不同国家职业教育办学实践复杂性程度的提高,这种简单的描述性比较职业教育研究弊端日益凸显,无法为分析和解决研究问题提供更有洞察力的解释。为此,需要通过科学的研究设计,自觉运用方法开展比较职业教育研究,超越对于研究对象简单的描述性分析,探讨更具有深刻意义的变量之间的因果关系。

当然,仅仅停留在比较职业教育研究方法的自觉运用层面仍然不够,还需要结合研究问题对具体比较研究方法的选择做进一步的自省。尤其是深入到"比较"层面探讨科学范式比较职业教育研究的可比性、操作性等。同一性和差异性是不同事物之间普遍存在的一种客观联系,这也是进行比较研究的基础;在比较的对象之间必须具有一定的内在联系,否则这种比较就失去了意义。① 这对我们的启示是,在进行比较职业教育研究时,不可忽视研究对象之间的内在关联性,如果二者不存在逻辑上的关联,那么将缺乏基本的可比性,不具有开展比较职业教育研究的基本条件。在比较职业教育研究中,往往需要构建特定的比较分析框架,并按照一定的维度展开比较。否则,很容易由于缺乏焦点而使比较职业教育研究显得杂乱无章。在比较职业教育研究中,所谓操作性,是指要具有基本的类型思维和时空思维。从类型思维来看,可以划分为同类比较职业教育研究和异类比较职业教育研究,通过鉴别其异同点找到事物发展的普遍规律。从时空思维来看,可以划分为纵向比较职业教育研究和横向比较职业教育研究,前者关注的重点是不同时段的异同点,后者关注的重点是不同空间的异同点,旨在通过时空比较找到事物发展的普遍规律。

二、无影灯下看世界:比较职业教育研究方法的难为与可为

无影灯是外科手术中必不可少的设备。众所周知,当光照过不透明的物体时,会在物体的背面形成阴影。当外科医生进行手术时,如果在光照下存在阴影,就无法看清人体组织,更无法准确地下刀。无影灯通过将灯的角度或者抛光反射面的角度调节成一种环形光照,从而将照射部分结构凸凹形成的暗影或死角转化为亮度均匀的光面,进而有效解决了阴影问题。无影灯是基于多点光源效应原理设计的,即当有多个光源照射

---

① 哈罗德·拉斯韦尔,王锒. 比较方法的未来[J]. 比较政治学前沿,2013(1):160-181.

一个物体时,其中有些光源的光线被物体遮挡而无法照到接收面产生阴影时,其他光源的光线会从另一个角度照射到这个阴影区域,从而减弱并消除这个区域的阴影,最终形成无影区。需要指出的是,无影灯并不能做到绝对的无影,而是不会产生明显的阴影,进而保证手术视野有足够的亮度。这对我们带来的启示是,任何一种研究方法都有可能存在一定的局限性,应该根据研究问题需要选择合适的研究方法。任何一种研究方法都存在一定的偏颇之处,如果执迷于某一种研究方法,就好比孤灯照影,无法对研究对象展开全面的把握。同样如韦伯所言,方法论始终只能是对在实践中得到的检验手段的反思;明确地意识到这种手段几乎不是富有成效的工作的前提条件,就如解剖学知识几乎不是"正确"迈步的前提条件一样。[①] 在此,韦伯主要从解决实际问题的需要来考虑方法的求实精神。

在进行比较职业教育研究时,如何选择合适的研究方法,以达到无影灯的效果,就成为一个非常关键的问题。由于具有不同的专业背景、学习背景、兴趣专长等,研究者在进行比较职业教育研究时,往往会聚焦于某个视角,选择某种研究方法去解释特定的现象。需要承认的是,当借助某种方法去研究世界的普遍规律时,必然涉及抽象的认识过程,而这种抽象的过程必然会涉及对事物其他方面的遮蔽甚至是舍弃。在特定视角下提供的关于现象的解释可以在某种程度上揭示真相,但也不可避免地忽视某些层面未被挖掘到的真相。由此得出的结论很有可能具有一定的片面性,尤其是基于结论进行推论时,要特别关注推论的可行性和适用性等。因此,作为比较职业教育研究者,不能指望用某种研究方法解释一切职业教育现象,更不应该盲目推崇某种研究方法相比其他研究方法的优越性。无论是量化研究方法,还是质性研究方法,均有其可取之处,也有其不足之处。量化研究方法的优势是可以借助统计学手段,对变量之间的关系予以准确地表达,但也可能忽视了现实世界的复杂性与细节。质性研究方法的优势在于可以把观念、意义和感受放在首位,从行动者视角出发致力于对社会现象更深入的理解。[②] 但质性研究方法的主观性较强,所得结论的可推广性较为有限。

实际上,在比较职业教育研究中,并不存在放之四海而皆准的研究方法。一旦某种研究方法被神化,那么研究者无疑会陷入"盲人摸象"的境地,无法获得对研究对象更全面的理解。对于研究者而言,要清醒地认识到,任何一种研究方法都有可能存在一定的局限性。由此,较为现实的选择是,只要有助于解决特定的研究问题,对任何一种研究方法都应该持有开放的态度。任何一种研究方法也都有可取之处,将不同的研究方法进行结合,有助于丰富我们对未知世界的认识。当我们采用多样化的研究方法去解释某种现象时,可能获得关于现象的更为多元的解释,从而减少某一研究方法片面性可能形成的"阴影",进而获得关于现象的更为全面真实的理解,从而达到"无影灯"的效果。研究方法本身是一个不断进化的过程,不断有旧的方法被淘汰,同时有新的方法出现,

---

[①] 马克思·韦伯.社会科学方法论[M].韩水法,莫茜,译.北京:商务印书馆,2021.
[②] 乔雪峰.从质化数据到国际期刊论文:数据分析与学术写作[J].全球教育展望,2018(6):31-46.

可以为解释研究问题提供新的视角。而且,不同国家职业教育办学实践具有较大差异,也具有较强的复杂性、情境性特点,单一采用某种研究方法只能做到"管窥一豹",而无法展现出职业教育办学实践的全貌。因此,对比较职业教育研究者而言,不仅需要执着于自己擅长的研究方法,并按照该研究方法的特点开展扎实的研究,而且需要保持足够的警惕,认清研究方法可能存在的局限性,并围绕研究问题解决的需要,适当应用其他类型研究方法,实现研究方法在问题解决层面的融会贯通。

三、切不可买椟还珠:比较职业教育研究方法与理论的关系

买椟还珠的典故出自战国时期韩非的《韩非子·外储说左上》。其大意是,某人购买了装了珍贵珠宝的精致木匣,却将更为宝贵的珠宝归还给对方。该典故寓意取舍不当,做事情不分主次,甚至本末倒置,只看到事物的外表,而没有认清事物的本质。在比较职业教育研究中,采用特定的研究方法固然重要,但是需要正视方法与理论之间的关系,理清方法与理论之间的逻辑脉络。如果将方法看作是椟,那么理论可看作是珠。在比较职业教育研究中,切不可买椟还珠。然而,从研究实践来看,比较职业教育研究中不乏买椟还珠的现象,这是制约比较职业教育研究理论水平提高的重要顽疾。

在比较职业教育研究中,作为一种研究方法存在的比较是手段,而不是目的。通常而言,比较是基于差别和变化的,因为有差别和变化,所以才会有比较的前提和价值。[①]然而,在现实的比较职业教育研究中存在的一个误区是,将比较本身看作是一种目的,由此,容易出现"为比较而比较"的研究现象。实际上,进行比较研究应该给出充分的理由,如处境描述、分类、假说检验和理论建构、预测等。[②] 从比较的基本价值取向来看,比较的重要价值就在于同中求异或者异中求同。前者如20世纪后半叶以来,现代学徒制在世界各国普遍复兴,但是在具体的运行机制上不同国家存在重要差异。后者如归纳不同国家的职业教育办学模式,总结其相似性。例如,以中国、法国等为代表的学校本位职业教育办学模式,以德国、日本等为代表的企业本位职业教育办学模式等。虽然寻找相同点与不同点是比较职业教育研究的重要基础,但比较本身并不是目的。比较职业教育研究如果仅仅停留在对事物异同点的描述性分析层面,而不去深入揭示造成这种异同点的原因,那么只能提供关于比较职业教育研究对象的琐碎知识与信息。遗憾的是,在比较职业教育研究中,存在大量将比较本身作为目的的学术论文。该类论文聚焦于对研究对象的描述性分析,而对于造成现象的原因往往不求甚解,缺乏真正具有一定原创力和解释力的研究。

比较职业教育研究的真正目的在于理论创新,为完善人类的知识体系做出理论贡献。有学者以国别研究为例指出,只有在背后有与其他国家相比较的动机或者与基于

---

① 刘浩然. 社会科学比较研究方法:发展、类型与争论[J]. 国外社会科学,2018(1):122-133.
② 托德·兰德曼,埃德齐娅·卡瓦略. 比较政治中的议题与方法[M]. 4版. 汪卫华,译. 上海:上海人民出版社,2021:8.

比较所建构的理论相联系的时候,对于单一国家的研究才能算作比较研究。[1] 在比较职业教育研究中,理论不分国界,这里所指的理论创新并不意味着将西方的经典职业教育理论套用到中国职业教育实践中,而是从本土实践问题出发,系统构建具有现代化和普世性特点的职业教育理论。作为社会科学研究的重要类型,比较职业教育研究内在地遵循着社会科学研究范式。如果没有理论,社会科学研究即便采用了实证研究方法,那么也很可能显得空洞无物,缺乏思想的穿透力。科学研究的最重要目的是要建构和检验理论,而不是简单地展示实证内容;因此,任何实证内容必须服务于理论建设的目标,而脱离了有一定约束力的理论,研究者虽然可能做出好的实证结果,却有可能在理论上毫无意义。[2] 对社会科学研究而言,要特别关注因果关系。理论是简洁的因果表述。[3] 在社会科学研究中,科学理论的核心是因果关系,非因果的表述不属于科学理论,理论由重要变量间的因果关系及对这关系的简要解释构成;社会科学的主要任务是建构因果知识,解释已经存在的事情。[4] 比较职业教育研究并非完全意义上的独立的职业教育研究领域,相比其他领域,只是强调用跨越时空的比较手段来开展职业教育研究,并拓展关于职业教育的科学知识。比较分析的一般目的正像一般科学分析一样,在于就经验性现象的规则和变化,形成符合逻辑的严格因果解释。[5] 在比较职业教育研究中,构建因果关系,强调因果解释,是实现理论创新的基本前提。相比简单意义上的描述性分析,因果层面的解释不仅可以真正带来理论进步,而且可以提升比较职业教育研究领域的理论底蕴,从而推动该领域整体研究水平的提高。

---

[1] B.盖伊·彼得斯.比较政治学:理论与方法[M].郝诗楠,译.上海:上海人民出版社,2022:3.
[2] 王正绪,耿曙,唐世平.比较政治学[M].上海:复旦大学出版社,2021:297.
[3] 赫拉尔多·L.芒克,理查德·斯奈德.激情、技艺与方法:比较政治访谈录[M].汪卫华,译.北京:当代世界出版社,2022:Ⅵ.
[4] 潘维.比较政治学理论与方法[M].北京:北京大学出版社,2018:1-2.
[5] 尼尔·J.斯梅尔塞.社会科学的比较方法[M].王宏周,张平平,译.北京:社会科学文献出版社,1992:2.

参考文献

中文专著

[1] 陈嘉映.哲学·科学·常识[M].北京:中信出版集团,2020.

[2] 陈向明.质的研究方法与社会科学研究[M].北京:教育科学出版社,2017.

[3] 风笑天.社会研究方法[M].北京:中国人民大学出版社,2013.

[4] 冯契.哲学大辞典[M].上海:上海辞书出版社,2001.

[5] 冯增俊,等.当代比较教育学[M].北京:人民教育出版社,2015.

[6] 高奇琦.比较政治[M].北京:高等教育出版社,2016.

[7] 国家劳动总局培训局.五国职业技术教育[M].北京:劳动出版社,1981.

[8] 黄炎培.职业教育论[M].北京:商务印书馆,2019.

[9] 姜大源.当代世界职业教育发展趋势研究[M].北京:电子工业出版社,2012.

[10] 金生鋐.教育研究的逻辑[M].北京:教育科学出版社,2015.

[11] 李志才.方法论全书[M].南京:南京大学出版社,2000.

[12] 刘大椿.比较方法论[M].北京:中国文化书院,1987.

[13] 刘良华.教育研究方法[M].2版.上海:华东师范大学出版社,2014.

[14] 卢家楣.教育科学研究方法[M].上海:上海教育出版社,2012.

[15] 宁虹.教育研究导论[M].北京:北京师范大学出版社,2010.

[16] 潘维.比较政治学理论与方法[M].北京:北京大学出版社,2018.

[17] 邱皓政.量化研究与统计分析:SPSS(PASW)数据分析范例解析[M].重庆:重庆大学出版社,2013.

[18] 石伟平.比较职业技术教育[M].上海:华东师范大学出版社,2001.

[19] 苏才.当代职业教育改革探新[M].沈阳:辽宁教育出版社,1990.

[20] 韦诚.方法论系统引论[M].合肥:安徽大学出版社,1999.

[21] 韦诚.方法学:科学发现的力量基础[M].合肥:安徽大学出版社,2008.

[22] 王正绪,耿曙,唐世平.比较政治学[M].上海:复旦大学出版社,2021.

[23] 吴润,薛襄稷.统计学——数据分析方法的SPSS应用[M].西安:西安交通大学出版社,2015.

[24] 许光伟.保卫《资本论》[M].北京:社会科学文献出版社,2017.

[25] 徐国庆.从分等到分类——职业教育改革发展之路[M].上海:华东师范大学出版社,2018.

[26] 徐国庆.职业教育课程论[M].上海:华东师范大学出版社,2015.
[27] 薛理银.当代比较教育方法论研究[M].北京:人民教育出版社,2009.
[28] 叶澜.教育研究方法论初探[M].上海:上海教育出版社,2018.
[29] 翟海魂,等.发达国家职业技术教育历史演进[M].上海:上海教育出版社,2008.
[30] 翟海魂,等.规律与镜鉴:发达国家职业教育问题史[M].北京:北京大学出版社,2019.
[31] 张静.社会学论文写作指南[M].上海:上海人民出版社,2018.
[32] 赵中建,顾建民.比较教育的理论与方法——国外比较教育文选[M].北京:人民教育出版社,1994.
[33] 中国企业管理协会.西德职业教育[M].石家庄:企业管理出版社,1980.
[34] 庄西真.如何做职业教育研究[M].苏州:苏州大学出版社,2013.
[35] B.盖伊·彼得斯.比较政治学:理论与方法[M].郝诗楠,译.上海:上海人民出版社,2022.
[36] C.赖特·米尔斯.社会学的想象力[M].李康,译.北京:北京师范大学出版社,2017.
[37] 阿巴斯·塔沙克里,查尔斯·特德莱.混合方法论:定性方法与定量方法的结合[M].唐海华,译.重庆:重庆大学出版社,2018.
[38] 艾·里斯,杰克·特劳特.定位:有史以来对美国营销影响最大的观念[M].谢伟山,苑爱冬,译.北京:机械工业出版社,2014.
[39] 艾尔·巴比.社会研究方法[M].11版.邱泽奇,译.北京:华夏出版社,2013.
[40] 埃德蒙·金.别国的学校和我们的学校——今日比较教育[M].王承旭,等译,北京:人民教育出版社,2000.
[41] 奥利维耶·雷穆,等.社会科学研究比较法[M].王晓瑞,译.北京:中国社会科学出版社,2019.
[42] 伯克·约翰逊,拉里·克里斯滕森.教育研究:定量、定性和混合方法[M].4版.马健生,等译.重庆:重庆大学出版社,2015.
[43] 菲利克斯·劳耐尔,等.国际职业教育科学研究手册[M].赵志群,等译,北京:北京师范大学出版社,2013.
[44] 赫拉尔多·L.芒克,理查德·斯奈德.激情、技艺与方法:比较政治访谈录[M].汪卫华,译.北京:当代世界出版社,2022.
[45] 华勒斯坦,等.开放社会科学[M].刘锋,译.北京:生活·读书·新知三联书店,1997.
[46] 华勒斯坦,等.学科·知识·权力[M].刘健芝,等译.北京:生活·读书·新知三联书店,1999.
[47] 霍华德·威亚尔达.比较政治学导论:概念与过程[M].娄亚,译.北京:北京大学出版社,2005.

[48] 杰克·基廷,等. 变革的影响:九国职业教育与培训体系比较研究[M]. 杨蕊竹,译. 北京:首都经济贸易大学出版社,2019.

[49] 凯瑟琳·西伦. 制度是如何演化的:德国、英国、美国和日本的技能政治经济学[M]. 王星,译. 上海:上海人民出版社,2010.

[50] 马克斯·韦伯. 社会科学方法论[M]. 韩水法,莫茜,译. 北京:商务印书馆,2021.

[51] 马克斯·韦伯,等. 科学作为天职:韦伯与我们时代的命运[M]. 李猛,编译,北京:生活·读书·新知三联书店,2018.

[52] 迈克尔·波兰尼. 个人知识:朝向后批判哲学[M]. 徐陶,译. 上海:上海人民出版社,2017.

[53] 梅瑞迪斯·高尔,等. 教育研究方法[M]. 6版. 徐文彬,等译. 北京:北京大学出版社,2020.

[54] 尼考劳斯·扎哈里亚迪斯. 比较政治学:理论、案例与方法[M]. 宁骚,欧阳景根,等译. 北京:北京大学出版社,2008.

[55] 尼尔·J. 斯梅尔塞. 社会科学的比较方法[M]. 王宏周,张平平,译. 北京:社会科学文献出版社,1992.

[56] 斯蒂芬·罗宾斯,玛丽·库尔特. 管理学[M]. 7版. 李原,孙健敏,黄小勇,译. 北京:中国人民大学出版社,2004.

[57] 托德·兰德曼,埃德齐娅·卡瓦略. 比较政治中的议题与方法[M]. 4版. 汪卫华,译. 上海:上海人民出版社,2021.

[58] 托马斯·库恩. 科学革命的结构[M]. 4版. 金吾伦,胡新和,译. 北京:北京大学出版社,2012.

[59] 维克托·迈尔-舍恩伯格,肯尼斯·库克耶. 大数据时代[M]. 盛杨燕,周涛,译. 杭州:浙江人民出版社,2015.

[60] 谢林. 学术研究方法论[M]. 先刚,译. 北京:北京大学出版社,2020.

中文期刊

[1] 鲍威,杜蔷. 冲突·独立·互补:研究型大学教师教学行为与科研表现间关系的实证研究[J]. 北京大学教育评论,2017(4):107-125.

[2] 蔡娟. 论中国比较教育研究的未来转向——基于人类命运共同体理念的分析[J]. 外国教育研究,2019(2):27-38.

[3] 蔡红红. 在教育研究中运用量化研究方法的问题与反思[J]. 中国高教研究,2020(9):61-65.

[4] 陈时见,王远. 比较教育学科发展的历史演进及未来走向[J]. 教育研究,2019(1):55-65.

[5] 陈衍,程宇,房巍,于海波. 中国职业教育质量国际竞争力比较[J]. 现代教育管理,2012(6):20-25.

[6] 崔鹤. 1976—2017年高等职业教育研究的引文脉络分析——基于WoS核心合集及

中国引文数据库的研究[J].中国高教研究,2018(1):104-108.

[7] 付轶男,饶从满.比较教育学科本体论的前提性建构[J].比较教育研究,2005(10):1-6.

[8] 高娟,马陆亭.OECD国家高职院校生均累计经费的政策价值研究——基于1997—2011年数据的统计与分析[J].高等工程教育研究,2018(4):185-191+197.

[9] 高耀明,范围.中国高等教育研究方法:1979—2008——基于CNKI中国引文数据库(新)"高等教育专题"高被引论文的内容分析[J].大学教育科学,2010(3):18-25.

[10] 关晶.本科层次职业教育的国际经验与我国思考[J].教育发展研究,2021(3):52-59.

[11] 关晶.英国和德国现代学徒制的比较研究——基于制度互补性的视角[J].华东师范大学学报(教育科学版),2017(1):39-46+118.

[12] 过筱,石伟平.基于EQF层级描述的欧洲国家资格框架新进展[J].职业技术教育,2019(25):67-73.

[13] 哈罗德·拉斯韦尔,王金良.比较方法的未来[J].比较政治学前沿,2013(1):160-181.

[14] 韩双森,谢静.国际高等教育研究方法现状与演进的定量研究[J].高教探索,2021(2):5-13.

[15] 韩双森,谢静.国外教育研究方法的应用特征——基于2000—2019年34本教育学SSCI收录期刊的文献计量分析[J].高等教育研究,2021(1):68-76.

[16] 郝天聪.服务"一带一路"建设的职业教育:经验与挑战[J].教育发展研究,2017(17):62-68.

[17] 郝天聪.学术论文选题三论:实践感、洞察力与"学术地图"[J].职教通讯,2020(8):1.

[18] 郝天聪.学术论文写作三论:高立意、明规范与"说行话"[J].职教通讯,2020(9):1.

[19] 郝天聪.职业教育何以成为类型教育?——基于国家技能形成体制建设的观察[J].苏州大学学报(教育科学版),2020(4):63-72.

[20] 郝天聪.职业教育吸引力的根本在"职业"[J].职教通讯,2019(12):1.

[21] 郝天聪.数字革命与德国职业教育的"变"与"不变"[J].职教通讯,2019(14):1.

[22] 郝天聪.德国双元制系统中企业本位培训的质量保障[J].职教通讯,2019(16):1.

[23] 郝天聪.德国人的工作与闲暇[J].职教通讯,2019(18):1.

[24] 郝天聪.德国人的产品思维[J].职教通讯,2019(20):1.

[25] 郝天聪.德国人为什么愿意做工人[J].职教通讯,2019(22):1.

[26] 郝天聪.中德职业教育研究:差异,亦是差距[J].职教通讯,2019(24):1.

[27] 郝天聪,贺艳芳.德国应用科学大学获独立博士学位授予权争议与反思[J].比较

教育研究,2018(1):105-112.

[28] 郝天聪,石伟平.产业结构转型与职业教育办学模式改革——对美国、德国、日本、中国的比较分析[J].现代教育管理,2020(8):122-128.

[29] 郝天聪,石伟平.全面深化改革语境下的职业教育研究——近年中国职业教育研究热点问题分析[J].教育研究,2018(4):80-89.

[30] 何善亮.论教育研究者的问题意识[J].教育理论与实践,2017(19):6-10.

[31] 惠转转.国际职业技术教育研究:进展与趋势——基于6种SSCI期刊的知识图谱分析[J].现代教育管理,2019(2):113-118.

[32] 姜大源.职业教育学位设置:文本分析与模式识别——基于比较视野的职教法律法规相关条款的释解[J].中国职业技术教育,2020(16):5-24.

[33] 蒋凯.比较教育研究方法的相关问题分析[J].教育研究,2007(4):35-40.

[34] 李锋,闫智勇.职业教育教师专业素质的模型建构及提升策略[J].教育与职业,2016(15):23-27.

[35] 李刚,王红蕾.混合方法研究的方法论与实践尝试:共识、争议与反思[J].华东师范大学学报(教育科学版),2016(4):98-105.

[36] 李建民.多元主义视角下的社会科学研究方法再思[J].中国社会科学评价,2018(2):19-25+125.

[37] 李俊,穆生华.职业教育公共政策的两难困境——北欧职业教育的现状、改革与启示[J].高等工程教育研究,2021(3):133-138.

[38] 李双,彭敏.国际职业教育知识图谱研究——基于SSCI数据库(2009—2018年)的计量分析[J].西南大学学报(社会科学版),2018(6):59-70+190.

[39] 李政.职业教育现代学徒制的价值审视——基于技术技能人才知识结构变迁的分析[J].华东师范大学学报(教育科学版),2017(1):54-62+120.

[40] 李政涛.文化自觉、语言自觉与"中国教育学"的发展[J].华东师范大学学报(教育科学版),2010(2):9-16.

[41] 刘浩,黄亚婷,郭华玲.混合研究范式在教育研究领域中的知识扩散——基于《混合方法研究》及其施引文献的知识网络比较分析[J].中国人民大学教育学刊,2020(4):140-155.

[42] 刘浩然.社会科学比较研究方法:发展、类型与争论[J].国外社会科学,2018(1):122-133.

[43] 刘俊.新闻传播学量化研究方法的利弊之辨:溯源与规避[J].东南学术,2020(5):47-55+247.

[44] 刘璐璐,林克松.近十年我国职业教育研究发展状况评析——基于博士学位论文的定量分析[J].当代职业教育,2021(1):74-80.

[45] 刘庆昌.学术研究中的问题意识[J].山西大学学报(哲学社会科学版),2017(1):1.

参考文献

[46] 刘晓,陈志新. 英、法、德三国职业教育与培训体系的发展演变与历史逻辑——一个历史制度主义视角的分析[J]. 外国教育研究,2018(5):104-116.

[47] 罗伯特·斯莱文,张志强,庄腾腾. 证据驱动的教育改革如何推动教育发展[J]. 华东师范大学学报(教育科学版),2021(3):14-22.

[48] 梅伟惠,郑璐. 国际与比较教育研究热点主题与未来展望——基于三种SSCI期刊的文献计量与可视化分析(2000—2019年)[J]. 比较教育研究,2020(11):26-33+77.

[49] 蒙爱军. 维度之维度——参照系的意义分析[J]. 自然辩证法研究,2007(3):40-44.

[50] 苗学杰. 中国大陆比较教育学博士学位论文研究方法运用的实证分析[J]. 研究生教育研究,2011(4):86-90.

[51] 潘海生,宋亚峰,王世斌. 职业教育产教融合政策框架建构与困境消解[J]. 吉首大学学报(社会科学版),2019(4):69-76.

[52] 乔雪峰. 从质化数据到国际期刊论文:数据分析与学术写作[J]. 全球教育展望,2018(6):31-46.

[53] 邱懿,薛澜. 我国高等职业教育考试招生制度现状、问题与展望[J]. 中国考试,2021(5):33-39+55.

[54] 宋曜廷,潘佩妤. 混合研究在教育研究的应用[J]. 教育科学研究,2010(4):97-130.

[55] 宋振峰,宋惠兰. 基于内容分析法的特性分析[J]. 情报科学,2012(7):964-966+984.

[56] 汤霓. 不知职业教育为何物的美国教授[J]. 职教通讯,2014(4):74-75.

[57] 王宏禹,王丹彤. 比较政治学视域下量化研究方法的边界[J]. 上海行政学院学报,2019(1):26-34.

[58] 王晶莹,弋草,尚巧巧. 中外教师教育研究方法的比较研究——基于国内外十本教师教育期刊的文本分析[J]. 外国中小学教育,2019(11):57-64.

[59] 王林浩,沈姗姗. 比较教育理论分析框架的历史演进及其启示[J]. 清华大学教育研究,2020(3):52-65.

[60] 王维思,徐涵. 英国、澳大利亚学徒制新发展之比较[J]. 职教论坛,2016(25):82-86.

[61] 王艺潼. "去工具化"的工具——以公共政策研究中量化研究方法的应用为例[J]. 行政论坛,2020(2):85-90.

[62] 吴忭,彭晓玲. 量化民族志:一种融合定性与定量的教育研究方法[J]. 现代远程教育研究,2021(2):63-72.

[63] 吴原. 问题意识与教育研究[J]. 教育发展研究,2014(3):61-65.

[64] 谢雨生. 量化研究的挑战与出路[J]. 中华图书资讯学教育学会会讯,2006(27):17-32.

[65] 熊易寒. 文献综述与学术谱系[J]. 读书,2007(4):83-84.

[66] 熊易寒. 中国社会科学的国际化与母语写作[J]. 复旦学报(社会科学版),2014(4):116-123.

[67] 许光伟.《资本论》第二卷的逻辑:系统发生学[J]. 当代经济研究,2012(1):1-7.

[68] 许光伟,谌洁.《资本论》第三卷的逻辑:现象发生学[J]. 经济评论,2012(1):5-15.

[69] 严凌燕. 国际学者教育研究方法使用的基本特征与启示——基于《美国教育研究期刊》的分析[J]. 外国教育研究,2020(10):23-38.

[70] 杨达. 社会学定量研究方法的学理脉络及优劣判断[J]. 江西社会科学,2009(11):168-180.

[71] 杨锐,叶薇. 百孔千疮:当代比较和国际教育研究方法论批判[J]. 比较教育研究,2019(3):68-77.

[72] 姚计海. 教育实证研究方法的范式问题与反思[J]. 华东师范大学学报(教育科学版),2017(3):64-71+169-170.

[73] 姚计海,王喜雪. 近十年来我国教育研究方法的分析与反思[J]. 教育研究,2013(3):20-24+73.

[74] 岳昌君. 定量研究方法在教育经济学中的应用[J]. 中国高教研究,2016(1):77-82.

[75] 游腾飞. 论比较政治学的定量研究方法[J]. 探索,2018(4):65-71.

[76] 臧志军. 对汤霓博士学术随笔的几点回应与说明[J]. 职教通讯,2014(4):76-80.

[77] 张绘. 混合研究方法的形成、研究设计与应用价值——对"第三种教育研究范式"的探析[J]. 复旦教育论坛,2012(5):51-57.

[78] 张慧,查强. 我国职业教育研究方法之研究——基于2012~2017年CSSCI期刊文献的计量分析[J]. 高等工程教育研究,2018(3):186-195.

[79] 张慧霞,王建民. 比较视阈下京津冀经济圈职业教育发展路径探索——与长三角和珠三角经济圈进行比较[J]. 高等职业教育(天津职业大学学报),2018(4):3-7+17.

[80] 张祺午,陈衍,于海波,房巍,李玉静. 各国职业教育性别教育机会的比较分析[J]. 教育科学,2011(3):87-92.

[81] 张蔚然,石伟平. 时代境遇下"金砖"国家职业教育与培训变革:经验与借鉴[J]. 现代教育管理,2017(11):87-92.

[82] 郑日昌,崔丽霞. 二十年来我国教育研究方法的回顾与反思[J]. 教育研究,2001(6):17-21.

[83] 郑文晖. 文献计量法与内容分析法的比较研究[J]. 情报杂志,2006(5):31-33.

[84] 朱亮,孟宪学. 文献计量法与内容分析法比较研究[J]. 图书馆工作与研究,2013(6):64-66.

中文学位论文

[1] 关晶. 西方学徒制研究——兼论对我国职业教育的借鉴[D]. 上海:华东师范大学,2010.

[2] 贺艳芳. 我国企业参与现代学徒制动力问题研究——基于中德企业的对比[D]. 上海:华东师范大学,2018.

[3] 汤霓. 英、美、德三国职业教育师资培养的比较研究[D]. 上海:华东师范大学,2016.

其他中文文献

[1] 许美德. 为什么研究中国教育?[C]. 中国教育:研究与评论(第3辑). 北京:教育科学出版社,2002.

[2] 张友谊. 从文化自觉到文化自信[N]. 光明日报,2017-11-29.

[3] 中国社会科学院语言研究所词典编辑室. 现代汉语词典[Z]. 6版. 北京:商务印书馆,2015.

外文专著

[1] A. Barabasch, F. Rauner. Work and Education in America: The Art of Integration[M]. Dordrecht: Springer, 2011.

[2] A. Brown, et al. Identities at Work[M]. Dordrecht: Springer, 2007.

[3] A. Tashakkori, C. Teddlie. Mixed Methodology: Combining Qualitative and Quantitative Approaches[M]. Thousand Oaks: Sage,1998.

[4] C. de Olagüe-Smithson. Analysing Erasmus + Vocational Education and Training Funding in Europe[M]. Cham: Springer,2019.

[5] C. Teddlie, A. Tashakkori. Foundations of Mixed Methods Research [M]. Los Angeles: Sage, 2009:130.

[6] C. W. Mills. The Sociological Imagination [M]. New York: Oxford University Press, 1959:3-58.

[7] D. Guile, L. Unwin. The Wiley Handbook of Vocational Education and Training [M]. Pondicherry: Wiley Blackwell, 2019.

[8] E. Smith, F. Rauner. Rediscovering Apprenticeship: Research Findings of the International Network on Innovative Apprenticeship (INAP) [M]. Dordrecht: Springer, 2010.

[9] F. Bünning. The Transformation of Vocational Education and Training (VET) in the Baltic States-Survey of Reforms and Developments [M]. Dordrecht: Springer, 2006.

[10] F. Marhuenda-Fluixá. The School-Based Vocational Education and Training System in Spain[M]. Singapore: Springer, 2019.

[11] F. Rauner. Measuring and Developing Professional Competences in COMET

[M]. Singapore: Springer, 2021.

[12] F. Rauner, R. Maclean. Handbook of Technical and Vocational Education and Training Research[M]. Dordrecht: Springer, 2008.

[13] F. Rauner, et al. Competence Development and Assessment in TVET (COMET): Theoretical Framework and Empirical Results[M]. Dordrecht: Springer, 2013.

[14] G. King, O. Robert, et al. Designing Social Inquiry: Scientific Inference in Qualitative Research[M]. Prinnceton: Princeton University Press. 1994.

[15] G. Tchibozo. Cultural and Social Diversity and the Transition from Education to Work[M]. Dordrecht: Springer, 2013.

[16] H. C. Haan. Training for Work in the Informal Micro-Enterprise Sector: Fresh Evidence from Sub-Sahara Africa[M]. Dordrecht: Springer, 2006.

[17] H. Otto, et al. Facing Trajectories from School to Work: Towards a Capability-Friendly Youth Policy in Europe[M]. Cham: Springer, 2015.

[18] J. Drummer, et al. Vocational Teacher Education in Central Asia: Developing Skills and Facilitating Success[M]. Cham: Springer, 2018.

[19] J. Fien, et al. Work, Learning and Sustainable Development: Opportunities and Challenges[M]. Dordrecht: Springer, 2009.

[20] J. F. Thompson. Foundations of Vocational Education: Social and Philosophical Concepts[M]. New Jersey: Englewood Cliffs, 1973.

[21] J. L. Scott, M. Sarkees-Wircenski. Overview of Career and Technical Education[M]. Orland Park: American Technical Publisher, 2014.

[22] J. W. Creswell. Research Designs: Qualitative, Quantitative and Mixed Methods Approaches[M]. Thousand Oaks: Sage, 2014.

[23] J. W. Creswell, V. Clark. Designing and Conducting Mixed-methods research [M]. Thousand Oaks: Sage, 2007.

[24] K. Berka, et al. Measurement: Its Concepts, Theories and Problems[M]. Dordrecht: D. Reidel Publishing Company, 1983.

[25] K. C. Gray, E. L. Herr. Workforce Education: The Basics[M]. Boston: Allyn and Bacon, 1998.

[26] L. Deitmer, et al. The Architecture of Innovative Apprenticeship [M]. Dordrecht: Springer, 2012.

[27] L. T. Tran, K. Dempsey. Internationalization in Vocational Education and Training: Transnational Perspectives[M]. Cham: Springer, 2017.

[28] M. Mulder. Competence-based Vocational and Professional Education: Bridging the Worlds of Work and Education[M]. Cham: Springer, 2017.

[29] M. Pavlova. Technology and Vocational Education for Sustainable Development: Empowering Individuals for the Future [M]. Dordrecht: Springer, 2009.

[30] M. Pilz. Vocational Education and Training in Times of Economic Crisis: Lessons from Around the World[M]. Cham: Springer, 2017.

[31] M. Pilz, J. Li. Comparative Vocational Education Research: Enduring Challenges and New Ways Forward [M]. Berlin: Springer, 2020.

[32] M. P. Galguera. Globalization, Mass Education and Technical and Vocational Education and Training: The Influence of UNESCO in Botswana and Namibia [M]. Cham: Springer, 2018.

[33] M. Serres, B. Latour. Conversations on Science, Culture and Time[M]. Ann Arbor: University of Michigan Press, 1995.

[34] M. Singh. Meeting Basic Learning Needs in the Informal Sector: Integrating Education and Training for Decent Work, Empowerment and Citizenship[M]. Dordrecht: Springer, 2005.

[35] M. Singh. Global Perspectives on Recognising Non-formal and Informal Learning: Why Recognition Matters[M]. Cham: Springer, 2015.

[36] P. Grollmann, F. Rauner. International Perspectives on Teachers and Lecturers in Technical and Vocational Education[M]. Dordrecht: Springer, 2007.

[37] P. Willis, et al. Rethinking Work and Learning: Adult and Vocational Education for Social Sustainability[M]. Dordrecht: Springer, 2009.

[38] Q. Xie. English Language Training in the Workplace: Case Studies of Corporate Programs in China[M]. Cham: Springer, 2016.

[39] R. Maclean. Education and Skills for Inclusive Growth, Green Jobs and the Greening of Economies in Asia: Case Study Summaries of India, Indonesia, Sri Lanka and Viet Nam[M]. Singapore: Springer, 2018.

[40] R. Catts, et al. Vocational Learning: Innovative Theory and Practice [M]. Dordrecht: Springer, 2011.

[41] R. Maclean, et al. Skills Development for Inclusive and Sustainable Growth in Developing Asia-Pacific[M]. Dordrecht: Springer, 2013.

[42] R. Maclean, et al. Vocationalisation of Secondary Education Revisited[M]. Dordrecht: Springer, 2005.

[43] R. Taagepera. Making Social Sciences More Scientific: The Need for Predictive Model[M]. Oxford, UK: Oxford University Press, 2008.

[44] S. Billett. Work, Subjectivity and Learning: Understanding Learning through Working Life[M]. Dordrecht: Springer, 2007.

[45] S. Billett. Vocational Education：Purposes, Traditions and Prospects[M]. New York：Springer,2011.

[46] S. Choy, et al. Integration of Vocational Education and Training Experiences：Purposes, Practices and Principles[M]. Singapore：Springer, 2018.

[47] S. Jayaram. Bridging the Skills Gap：Innovations in Africa and Asia[M]. Cham：Springer,2017.

[48] S. McGrath, et al. Handbook of Vocational Education and Training：Developments in the Changing World of Work[M]. Cham：Springer,2019.

[49] S. R. Kirpal. Labour-Market Flexibility and Individual Careers：A Comparative Study[M]. Dordrecht：Springer, 2011.

[50] S. W. Littlejohn, et al. Theories of Human Communication[M]. Long Grove：Waveland Press,2017.

[51] O. Anweiler, et al. Bildungssysteme in Europa-Entwicklung und Strukturen des Bildungswesens in zehn Ländern [M]. Beltz：Weinheim Basel, 1996.

[52] Z. Guo, S. Lamb. International Comparisons of China's Technical and Vocational Education and Training System[M]. Dordrecht：Springer, 2010.

外文期刊

[1] A. Barabasch, B. Watt-Malcolm. Teacher Preparation for Vocational Education and Training in Germany：A Potential Model for Canada? [J]. Compare：A Journal of Comparative and International Education, 2013,43(2)：155－183.

[2] A. Chimpololo. Glaring Mismatch in the Demand and Supply of Technical, Entrepreneurial, Vocational Education and Training (TEVET) Skills in the Agricultural Sector：An Analysis of the Oil Seeds and Sugar Industries in Malawi[J]. International Journal of Vocational and Technical Education, 2017, 9(7)：62－75.

[3] A. Keller, C. Zirkle & A. Barabasch. Focal Points of VET Teacher Training：A Comparison of VET Teacher Education in the USA and Switzerland [J]. Compare：A Journal of Comparative and International Education,2019,49(6)：1－20.

[4] A. Mazenod. Lost in Translation? Comparative Education Research and the Production of Academic Knowledge [J]. Compare：A Journal of Comparative and International Education,2018,48(2)：189－205.

[5] B. Ewing. An Exploration of Assessment Approaches in a Vocational and Education Training Courses in Australia[J]. Empirical Research in Vocational Education and Training, 2017, 9(1)：1－18.

[6] B. Schulte. Unwelcome Stranger to the System：Vocational Education in Early Twentieth-Century China[J]. Comparative Education, 2013,49(2)：226－241.

[7] C. B. Teddlie, A. M. Tashakkori. Foundations of Mixed Methods Research：

Integrating Quantitative and Qualitative Approaches in the Social and Behavioral Sciences[J]. European Accounting Review, 2009, 20(1):183-186.

[8] C. Han, B. Hoskins, et al. The Relationship Between Civic Attitudes and Voting Intention: An Analysis of Vocational Upper Secondary Schools in England and Singapore [J]. Compare: A Journal of Comparative and International Education,2014,44(5):801-825.

[9] D. Shammas. Underreporting Discrimination Among Arab American and Muslim American Community College Students[J]. Journal of Mixed Methods Research, 2017,11(1):99-123.

[10] H. Jossberger, et al. Exploring Students' Self-Regulated Learning in Vocational Education and Training[J]. Vocations and Learning,2020,13(3):131-158.

[11] I. Wallerstein. Eurocentrism and Its Avatars: The Dilemmas of Social Science [J]. Sociological Bulletin, 1997, 46(1):93-107.

[12] J. A. Van-Beek, et al. Teacher Practice in Secondary Vocational Education: Between Teacher-regulated Activities of Student Learning and Student Self-regulation[J]. Teaching and Teacher Education, 2014(40): 1-9.

[13] J. Boatwright, J. Slate. Work Ethic Measurement of Vocational Students in Georgia[J]. Journal of Vocational Education Research, 2000,25(4): 503-531.

[14] J. C. Perry. A Combined Social Action, Mixed Methods Approach to Vocational Guidance Efficacy Research[J]. International Journal for Educational and Vocational Guidance,2009,9(2):111-123.

[15] J. Catterall, et al. Facilitating the Learning Journey from Vocational Education and Training to Higher education [J]. Higher Education Research & Development, 2014, 33(2):242-255.

[16] J. Coenen, H. Heijke, et al. The Labour Market Position of Narrow versus Broad Vocational Education Programmes[J]. Empirical Research in Vocational Education & Training,2015,7(9):1-31.

[17] J. Li, M. Pilz. Transferring German Evaluation Policy to China: A Prospective Evaluation of Peer Review in TVET[J]. Comparative Education Review,2019, 63(4):613-632.

[18] J. Piirto, J. Fraas. A Mixed-Methods Comparison of Vocational and Identified-Gifted High School Students on the Overexcitability Questionnaire[J]. Journal for the Education of the Gifted, 2012, 35(1):3-34.

[19] J. S. Gundara. Global and Civilizational Knowledge: Eurocentrism, Intercultural Education and Civic Engagements[J]. Intercultural Education, 2014, 25(2):114-127.

[20] K. N. Shea. Designing Global Futures: A Mixed Methods Study to Develop and Validate the Teaching for Global Readiness Scale[J]. Teaching & Teacher Education, 2017, 65(5): 91-106.

[21] L. Bash, A. Green. Youth, Education and Work: World Yearbook of Education[M]. London: Kogan Page. 1995: 92-108.

[22] L. Sechrest, S. Sidani. Quantitative and Qualitative Method: Is There an Alternative? [J]. Evaluation and Program Planning, 1995, 18(1): 77-87.

[23] L. T. Khol. Toward a General Theory of Education [J]. Comparative Education Review, 1986, 30(1): 14-15.

[24] M. Fine-Davis, D. Faas. Equality and Diversity in Vocational Education: A Cross-cultural Comparison of Trainers' and Trainees' Attitudes in Six European Countries[J]. Compare: A Journal of Comparative and International Education, 2018, 50(4): 500-514.

[25] M. H. Hansen, T. E. Woronov. Demanding and Resisting Vocational Education: A Comparative Study of Schools in Rural and Urban China[J]. Comparative Education, 2013, 49(2): 242-259.

[26] M. Ling. "Bad Students Go to Vocational Schools!": Education, Social Reproduction and Migrant Youth in Urban China[J]. The China Journal, 2015, 73(1): 108-131.

[27] M. L. Small. How to Conduct a Mixed Methods Study: Recent Trends in a Rapidly Growing Literature[J]. Annual Review of Sociology, 2011, 37(1): 57-86.

[28] M. Pilz. Typologies in Comparative Vocational Education: Existing Models and a New Approach[J]. Vocations and Learning, 2016, 9(3): 295-314.

[29] N. V. Ivankova, S. L. Stick. Students' Persistence in a Distributed Doctoral Program in Educational Leadership in Higher Education: A Mixed Methods Study[J]. Research in Higher Education, 2007, 48(1): 93-135.

[30] P. Atkinson. Qualitative Research—Unity and Diversity[J]. Forum Qualitative Sozialforschung, 2005, 6(3): 1-15.

[31] P. Allaarta, L. Bellmannb, et al. Company-provided Further Training in Germany and the Netherlands[J]. Empirical Research in Vocational Education and Training, 2009(1): 103-121.

[32] R. Cameron. Mixed Methods: The Third Methodological Movement [J]. Newsletter of the Australian Vocational Education and Training Research Association, 2009(5): 2.

[33] R. B. Johnson, A. J. Onwuegbuzie. Mixed Methods Research: A Research Paradigm Whose Time Has Come [J]. Educational Researcher, 2004, 33(7): 14-26.

[34] R. B. Johnson, A. Onwuegbuziy & L. Turner. Toward a Definition of Mixed Method Research[J]. Journal of Mixed Methods Research, 2007, 1(2): 112–133.

[35] R. Saunders. Assessment of Professional Development for Teachers in the Vocational Education and Training Sector: An Examination of the Concerns Based Adoption Model[J]. Australian Journal of Education. 2012, 56(2): 182–204.

[36] S. Schumann, E. Kaufmann, et al. Being an Economic-civic Competent Citizen: A Technology-based Assessment of Commercial Apprentices in Germany and Switzerland[J]. Empirical Research in Vocational Education & Training, 2017, 9(13):1–21.

[37] T. Kärner. A Mixed-methods Study of Physiological Reactivity to Domain-specific Problem Solving: Methodological Perspectives for Process-accompanying Research in VET[J]. Empirical Research in Vocational Education and Training, 2017, 9(1):1–30.

[38] T. Kärner, J. Warwas. Functional Relevance of Students' Prior Knowledge and Situational Uncertainty During Verbal Interactions in Vocational Classrooms: Evidence from a Mixed-methods Study[J]. Empirical Research in Vocational Education and Training, 2015, 7(11):1–26.

[39] U. Renold. Empirical Research in Vocational Education and Training Editorial[J]. Empirical Research in Vocational Education and Training, 2009, 1(1): 1–2.

其他外文文献

[1] M. T. Greene. Vocational Education Graduates: A Mixed Methods Analysis on Beliefs and Influences of Career Choice and Persistence[D]. Los Angeles: University of Southern California, 2013.

[2] American Association for the Advancement of Science. Science for all Americans: Project 2061[R]. New York: Oxford University Press, 1990.

[3] H. Steedman. Apprenticeship in Europe: Fading or Flourishing? [R]. London: Centre for Economic Performance, 2005.

[4] U. Lauterbach, W. Mitter. Theory and Methodology of International Comparisons[R]. Luxembourg: Office for Official Publications of the European Communities, 1998.

[5] N. K. Denzin, Y. S. Lincoln. Handbook of Qualitative Research[C]. Thousand Oaks: Sage, 2005.

附录一：德国科隆大学访学随笔

国别研究是比较职业教育研究的经典类型，长期在比较职业教育研究领域占有一席之地。国别研究主要提供的是一种"比较的视野"。在这种"比较的视野"的透视之下，即便比较职业教育研究以单个国家为具体研究对象，但仍然隐含着潜在的比较。通常表现为，比较职业教育研究者会自觉将异域的职业教育办学理论与实践与本国展开各种形式的比较分析。基于上述考量，笔者在2019年7月—2020年1月于德国科隆大学访学期间，撰写了7篇随笔，分别是《职业教育吸引力的根本在"职业"》《数字革命与德国职业教育的"变"与"不变"》《德国双元制系统中企业本位培训的质量保障》《德国人的工作与闲暇》《德国人的产品思维》《德国人为什么愿意做工人》《中德职业教育研究：差异，亦是差距》。需要说明的是，德国职业教育观察随笔主体内容均已发表在《职教通讯》杂志，为保持"彼时彼地"的"比较原貌"，在此仅做细微改动。

职业教育吸引力的根本在"职业"

自进入职业技术教育学专业学习以来，一直困扰我的一个问题是，到底什么才是职业教育的吸引力。在不少学者看来，这是一个"老生常谈"的问题。既然"老生常谈"，至少说明，这一问题仍然受到社会各界的广泛关注，且迟迟未能解决。带着对这一问题的思考，我曾对现代职业教育体系展开了系统研究。当研究接近尾声之时，我曾在键盘上敲打出下列文字，"现代职业教育体系的构建，无疑将有效提高我国职业教育的吸引力"。基本立意是，现代职业教育体系的构建，有利于解决职业教育的"断头路"问题，为更多学生提供"升学"机会，从而起到提高职业教育吸引力的效果。

但升学是否就一定能够提高职业教育的吸引力呢？来到华东师大职成教所学习之后，在导师的博士生课堂上，曾多次就此问题展开研讨。在导师的启迪之下，让我越来越对自己曾经的"无疑"产生了"质疑"。在经过导师"抽丝剥茧"般地分析之后，让我对职业教育吸引力有了新的认识，并撰成小文《升学不是增强职业教育吸引力的"灵丹妙药"》。发表之后虽有一时之畅快，但沉淀下来却也有细思极恐之不安。看似"洋洋洒洒"，却仍旧没有摆脱主观判断的"嫌疑"，而且仍旧"疑点重重"，未能明确回答到底何为职业教育的吸引力。

机缘巧合之下，与德国科隆大学比较职业教育研究专家Matthias Pilz教授结识，并参与了他所主持的"职业教育吸引力国际比较研究"项目。这一研究课题让我眼前一亮,产生浓厚的研究兴趣,让我迫切地想要了解,德国人是如何看待这一问题的。经过多次沟通交流与相关文献阅读之后,我发现,这一问题在国际社会也是一个称得上"老生常谈"的问题。但与我们大多数研究不同的是,这个研究项目是借助结构性访谈提纲,通过面对面访谈的方式搜集实证数据,进而对职业教育吸引力问题做出基于证据的解释,并且已经在德国、印度开展了相关调研,以及发表了相关论文。

在与教授多次沟通交流之后,我结合中国国情,对英文版的职业教育吸引力访谈提纲进行了修订,并组织研究团队在2019年3月—6月于上海展开实地调查。本次调研的主要对象是中等职业学校学生和家长,并采用结构相同、具体访谈问题略有不同的访谈提纲。本次调研总共走访了上海6所中等职业学校,访谈了54位学生、27位家长。其中,学生样本的分布情况是,18位"三年制中专"学生、18位"中高贯通项目"学生、18位"中本贯通项目"学生;家长样本的分布情况是,9位"三年制中专"学生家长、9位"中高贯通项目"学生家长、9位"中本贯通项目"学生。学生问卷访谈提纲涉及的基本内容包括基本信息、个人视角、经济视角、社会视角、企业视角和国家贡献。教师问卷访谈提纲涉及的基本内容包括基本信息、个人视角、经济和劳动力市场视角、社会视角、国家贡献。

通过调查,我们发现,就职业教育吸引力的高低程度而言,依次为中本贯通项目、中高贯通项目和三年制中专。而原因也基本上围绕一个主题,即"升学"。中本贯通、中高贯通项目之所以具有如此高的吸引力,主要是学生能够借助该项目升入高等学校。而对三年制中专学生而言,其毕业选择也是以升学为主。然而,当我们进一步追问不同群体为什么要坚定地选择升学道路时,原因几乎都能归结到与个人密切相关的职业生涯发展上来。如果要想从事工作条件更好、薪资待遇更高、发展空间宽广的工作,不得不努力提升自身的学历水平。而从经济视角、社会视角、企业视角、劳动力市场视角等来看,学生和家长的回答,基本上也是围绕职业所具有的吸引力而展开的。即如果没有未来潜在职业的吸引力,很难保证学生与家长具有主动接受职业教育的积极性。

与关于印度职业教育吸引力的调查结论相比,二者也同样有相似之处,即职业本身的吸引力是影响职业教育吸引力的核心要素。只有当某一职业具有良好发展前景的情况下,才会激发学生就读职业教育相关专业的积极性,这是职业教育获得吸引力的基本前提。此外,德国联邦职业教育与培训研究所(BIBB)的相关研究也表明,在社会中总有一些职业不会为年轻人所选择,而不被选择的重要原因可能是与其职业期望不匹配。如果某一职业没有能够得到充分的社会认可,即使学生感兴趣,也不会在择业过程中选择该职业。这一现象为我们提供了如下启示,即职业教育办学过程中,应该为学生提供更全面的职业指导服务,让学生系统了解关于职业生涯发展的可能路径。相应地,职业教育的专业建设思路应该超越狭隘地工作任务范畴,并将更多人文层面、社会层面的办学考量因素融入其中。总而言之,良好的职业生涯发展前景,是保障职业教育吸引力的根本所在。

(原文载于《职教通讯》2019年第12期)

数字革命与德国职业教育的"变"与"不变"

博士一年级时,我们上过一门必修课,用的教材是美国人肯尼斯 C. 格雷和埃德温 L. 赫尔所著的《劳动力教育基础》。起初,所困扰我的问题是,作为职业技术教育学专业研究生,为什么需要研究劳动力教育基础?职业教育和劳动力教育之间到底是什么关系?劳动在职业技术教育学学科体系中又该是怎样的一种存在?当初,我负责翻译和汇报的内容是劳动力教育的经济学基础。书中有一句话给我留下深刻印象,对于劳动力教育者而言,理解与劳动力市场相关的经济概念,正如水手要理解风和帆的相互作用或者高尔夫手要理解球杆同距离的关系一样重要;一个人也许在没有理解的情况下开展这项工作,但是有可能永远也不会擅长这项工作。从中,我得到的启发是,要想从事好职业教育研究工作,必须紧密关注劳动力世界的瞬时变化。

初到德国时,让我对"工业 4.0 时代的德国职业教育"满怀期待,心想一定可以好好挖掘一番。带着这番期待,我曾就这个话题与德国同事交流,得到的答案却是,其实德国职业教育没有想象中的那么快的变化。在他们看来,很多变化都是常规工作的更新。半信半疑之间,我曾到 BIBB 的官方网站上搜索有价值的信息,虽有一些"变化",但也与我的心理预期有不少落差。于是,本文最初所定的题目是"工业 4.0 与德国职业教育 4.0",后来改为"数字革命与德国职业教育 4.0",最后改为现在的题目"数字革命与德国职业教育的'变'与'不变'"。因为,如果只谈变化很有可能无话可写,而不变的东西未必不值得研究。

工业 4.0 概念提出于 2013 年 4 月德国汉诺威召开的工业博览会上,甫一提出即引起全球关注,其重要目标是推动德国工业核心竞争力的提升,帮助德国工业在激烈的全球化市场竞争中赢得优势。工业 4.0 本质上反映的主要是工业化发展阶段的变迁,目前社会各界达成的基本共识是,工业 1.0 是蒸汽时代,工业 2.0 是电气时代,工业 3.0 是信息化时代,工业 4.0 是智能化时代。智能化时代最重要的标志就是数字革命,它进一步提高了工业生产的自动化水平,并推动了整个工业生产过程的变革。研究表明,其主要表现是,在企业内部,通过智能网络,产品研发、原料采购、生产、销售以及售后服务等各个环节实现横向集成;在企业外部,通过实时的信息交流,企业与供应商以及顾客之间实现纵向集成。

随着工业 4.0 时代的逐步到来,关于"机器换人"的讨论在学界一度成为热点话题,其本质上是关于生产设备与劳动者技能关系的讨论。实际上,对于"机器换人"的恐慌,不只出现在我国。牛津大学学者弗雷和奥斯本于 2013 年对美国 702 个职业进行了大型调查,研究结果表明,在美国将有 47% 的工作岗位将来为机器所替代。与这种"技术决定论"呼声不同的是,BIBB 的相关研究表明,该调查结论至少在德国并没有得到完全验证,以中等技能水平工人减少、低技能水平和高技能水平工人增加为标志的劳动力技能结构变化,在德国只出现在一小部分商业和工业领域,技术的进步并未带来工作岗位的大量减少,一些新的工作仍旧需要发挥人的智慧。BIBB 的另外一项长期调查研究也表明,"机器换人"更像是一个"伪命题",劳动者的工作内容会因为数字革命的推动而发生很多变化,但是这种对劳动者职业资格的影响并没有想象中那么大。德国学者奥特的研究表明,机器会以多种方式承担工作任务,工作会由此变得更为复杂,我们不应该仅仅关注机器对劳动者的取代问题。

在德国人看来,处于这样一个"动荡"时代(turbulent times),职业教育与培训系统应该保持适当平衡,要将可以尝试的和可以信任的元素整合到创新过程中,并采取积极而谨慎的行动以应对数字革命的挑战。长远来看,白领和蓝领界线的消失是不可逆转的趋势,而职业教育与培训系统对工作世界的关注也是永恒不变的主题。面对数字革命带来的挑战,德国人关注更多的是工作岗位的技能更新问题。即在数字革命时代,哪些技能仍旧是重要的?而哪些技能又是为明天所准备的?职业教育与培训系统又将做出何种适当的应对?

基于上述考虑,德国职业教育与培训系统在以下三个方面加强了改革。其一,随着技能更新需求的不断提高,企业员工的继续教育、终身学习需求也在不断提高,因此提出进一步加快相关学习内容的更新工作。其二,数字革命的到来,对教师和企业培训师的素质提出更高要求,要求他们具备更加专业的知识,因此提出加强对这部分群体的"再教育"。其三,继续加强 BIBB 与跨企业培训中心和中小企业的合作,支持跨企业培训中心建立数字化的学习环境,并给予中小企业额外支持,鼓励其制定和实施具有自身特色的数字化战略。

也许数字革命的到来可以给德国职业教育同样贴上 4.0 的标签,但是标签背后不爱赶时髦、像机器一般严格运转的德国模式仿佛才是我们应该关注的重点。一如德国地铁人群中清一色(单调)的黑灰冲锋衣标配……

(原文载于《职教通讯》2019 年第 14 期)

德国双元制系统中企业本位培训的质量保障

双元制是德国职业教育享誉世界的重要"名片",并为世界各国广泛借鉴。其主要含义是,由学校与企业两大主体联合培养技术技能人才,共同承担保障职业教育人才培养质量的责任。从 20 世纪 80 年代起,我国开始有计划地逐步引入德国的双元制职业教育办学模式,并在江苏太仓、山东平度等地展开试点。同时,不少职业院校在办学过程中,也在有意引入双元制职业教育办学理念,并取得一定成绩。但是,从效果来看,与德国相比,仍然不够理想,尤其是企业参与职业教育的质量无法得到充分保障。近年来,我国所极力推广的现代学徒制改革,也同样遇到类似的问题,即企业本位的培训质量很难得到有效控制。为此,有必要深入了解德国双元制系统中企业本位培训的质量保障方式，并汲取可供我国职业教育改革参考借鉴的经验。

对于不提供职业培训的企业，德国法律并没有税收方面的制裁。但是，对于提供职业培训的企业，却有最低的法令要求，这是保证企业本位培训质量的基本前提。为了能够有效提高企业本位培训的质量，德国从以下三个方面建立起系统的质量保障体系。

其一，对企业提供培训的严格要求。在德国人看来，并不是每个企业都适合提供培训，而且，如果要求所有企业提供培训也会在一定程度上造成培训资源的浪费。除了一些大中型企业之外，小型企业的职业培训多是由跨企业培训中心提供的。企业对于培训师的遴选相当严格，不仅关注其专业技能水平、职业经验和教学能力，而且关注其道德品质、职业态度等，从而保证其能够胜任这一角色。培训师主要包括三种类型，即全职培训师、兼职培训师和优秀技术工人。要想获得培训师的资格，需要经过严格的考试，包括培训内容纸笔测试和培训组织实践能力测试等。企业对于培训场所也有严格要求，设备数量、工位等必须满足一定师生比（理想状况是1个师傅带3个徒弟）的要求，其目的主要在于保证每个受训者的培训质量。但是，培训具体场所并不固定，如有需要，培训甚至可以在真实的工作岗位上进行。此外，企业培训过程必须严格遵循相关的时间规定，培训内容必须涵盖通用培训计划所要求的知识点和技能点。

其二，对培训双方权利和义务的明确规定。在培训开始之前，培训方与受训者会签订一个合约，并将双方具有的权利和应该履行的义务写入其中，这是企业招募学徒工的一个基本前提。学徒培训试用期至少要满1个月，但不超过4个月。如果在试用期过后，受训者发现自己并不适合该职业轨道，可以选择转换到其他职业轨道。在培训过程中，培训方要严格遵守相关的内容和时间规定，并保障受训者的人身安全和健康。比如，受训者一天的最长工作时间不得超过8个小时，他们也不能被要求完成具有潜在风险的任务。同时，受训者也应该履行相应的义务。受训者必须努力完成所规定的学习任务，并通过各个阶段的考试。受训者要听从培训师的指挥，爱护培训设施、工具等，并能自觉保守企业的商业机密。此外，整个培训的过程也会要求受训者对此进行详细记录，培训内容和时间对参与各方都是透明的。在培训结束之后，培训方不能限制受训者进行职业选择的权利，受训者可以选择留在该企业工作，也可以选择应聘到其他企业工作。

其三，企业和职业学校的通力合作。在德国，尽管联邦法律规定，双元制职业培训应该由企业和职业学校共同实施。但是，由于德国是联邦制国家，各州具有较强的灵活性，因此其合作的具体形式可能有所不同，职业学校和企业可以根据需要进行磋商。通常而言，培训内容和课程需要严格由企业和职业学校共同开发。胜任职业岗位所需要的整体思维、团队合作能力、批判性思维，并不能在单一的学习场所培养，也需要由企业和职业学校共同承担培养任务。而且，德国企业本位培训特别强调学习领域的概念，注重通过企业和职业学校联合开发的项目来培养学生理论与实践相结合的能力。此外，企业还可以为职业学校教师提供实习交流的机会，帮助职业学校教师加深对企业工作流程、结构和程序的理解，进而有利于教师向受训者传授关于工作世界的真实知识。

当前阶段,我国职业教育改革已经步入内涵建设的关键时期。要想让职业教育成为"名副其实"的类型教育,有必要着力发挥企业在职业教育人才培养中的主体作用。为此,可以参考德国双元制企业本位培训的经验,进一步提高对培训内容、教师和场所的要求,明确培训双方的权利和义务,并加强职业学校和企业在各个领域的深度合作等。

(原文载于《职教通讯》2019年第16期)

德国人的工作与闲暇

初到德国,感受最深的就是其极强的时间观念。每个公交站台都会贴有一张精确到分的到站时刻表,除此之外,还会有电子显示屏播报车辆实时信息。第一次去到文具店时,笔者发现一个稍显"奇怪"的区域。除了常规笔记本之外,德国有很多印有每日精确时间的专用笔记本。而在与同事接触多了之后也发现,几乎每个人办公桌前都会挂一个巨型的日历,将每天的日程安排得井井有条。在德国,如果时间观念不够强,也会付出不少"代价"。比如,德国的铁路票价会在不同时间段有较大浮动。越早订票,越有可能享受特价票,而订的越晚,票价则有可能是原票价的三倍之多。

就工作时间而言,与我国相比,德国人实在算不上"勤劳"的民族。2018年,根据经合组织所发布的36个成员国国家工作时长排行榜,德国以每年工作1371小时,成为所有国家工作时间最短的国家,平均下来德国人工作日每天工作六个小时。根据《工作时间法》,除消防员、医生、媒体人等特殊行业外,德国法令禁止在周日及假日工作。在德国的第一个星期,由于对情况还不了解,笔者曾专门挑了个周日去采购,结果自然吃了"闭门羹"。如果想要外出办事,那么首先要查的是其服务时间,有的机构甚至一周只有特定时间段才会办理业务。而且,有些岗位还是由两个人"分享"(share one position)。如此算来,德国人的工作时间就显得更为"宝贵"。但即便如此,德国人还是"不满意"。据英国金融时报报道,今年在经历六轮谈判之后,德国最大产业工会组织德国金属业工会与西南金属电气雇主协会达成协议,双方同意自4月起给工人加薪4.3%,允许工人每周工作时间从标准的35小时缩减至28小时,即每天工作5.6小时,同时保留重返全职工作的权利。

相比之下,我国的工作时间和强度则要明显大得多。利用实证研究工作坊的机会,笔者曾做过一个小型调查研究,主题是"高职院校专业教师工作时间及其分配研究"。虽然尚未进行深入的分析,但是初步的描述性统计已经让人吃惊。通过对我国东、中、西部地区500多名教师的调查发现,我国高职院校专业教师的平均周工作时间将近50小时,远超过国家法定工作时间的40小时。如果再算上周末加班、节假日加班、特殊时期加班的情况,工作时间只会更长。而且,几乎所有高职院校都是教学为主型,专业教师每学年教学工作量普遍在400学时以上。如果再算上备课时间、课外辅导时间等,工作时间也会更长。这还只是教育领域,如果拓展到经济领域,会发现,在不少行业"996"似乎已经成为常态。

那么,值得思考的是,德国人为什么如此不"热爱"工作呢?接触多了之后,会发现,德国人时间观念中存在另外一个重要的概念——闲暇。亚里士多德认为,人唯独在闲暇时才有幸福可言,恰当地利用闲暇是一生做自由人的基础。在德国人看来,工作永远只是生活的一部分,而闲暇时光同样是生活必不可少的组成部分,甚至是决定生活品质的关键要素。在与国外导师的交流中发现,他一周通常会安排固定的三天时间处理工作事务,每天都会留出部分时间户外运动。在科研会议方面,德国人甚至会把两年之后的开会时间提前确定好,并以最快的时间把酒店和住宿也订好,但开会时间从来不会安排在周末和节假日。在与德国同事的交流中,得知这样做的主要目的是不影响休假时间,并留给自己充足的时间享受闲暇,而且休假时间、地点、车票、酒店等很多都是提前半年时间预定好的。

接下来,闲下来的德国人都去哪了呢?他们又是如何渡过闲暇时光的呢?由于隐私问题,笔者并未与同事交流过上述问题。但是,通过对德国人日常生活的观察,仍然可以略知一二。德国人是一个爱看书的民族。几乎每次在地铁上都会遇到手捧一本大部头书专注阅读的人,甚至是街头行乞的人也会在旁边放上一本书。不仅城市各个角度分布着大大小小的书店,各大城市主火车站旁也通常会布置有书店。德国大学通常没有校门,学校图书馆也是对外开放的,并不需要刷卡进入。德国人也是一个爱运动的民族。在德国,主要道路都会有专门的自行车道,每天都会看到身着专业装备的骑手飞驰而过。甚至还有一种专门的家庭自行车,即常规自行车后面挂一个婴儿车。相反,除了汽车之外,在德国很少会看到电动车。此外,还有各种类型的运动品牌店和运动俱乐部。德国人还是一个家庭观念很强的民族。德国的森林覆盖率很高,笔者访学所在的科隆市是德国第四大城市,但是仍然随处可见规模不等的草坪绿地,甚至有一个森林公园。周末,如果行走在公园,通常会看到不少以家庭为单位徒步、聚餐、野炊的场景。

德国人的性子很慢,除非特别亲密的关系才会用即时通信软件交流,一般人都会用邮件联系。步入信息时代以后,我们已经很少写信。与此不同,不少德国人仍然有写信的习惯,每家楼下都会有信箱,在生活中使用的频率非常高。

德国人的性子是很慢,但是慢下来又有什么不好呢?

(原文载于《职教通讯》2019 年第 18 期)

德国人的产品思维

根据经合组织发布的 36 个成员国国家工作时长排行榜,德国以每年工作 1 371 小时,成为所有国家工作时间最短的国家,平均下来德国人工作日每天工作六个小时。就工作时间而言,德国人的工作绝对投入量并不高。那么,德国是如何取得世界工业强国地位的呢？其背后是否隐藏着不为人知的秘密？

　　带着这一困惑，我打算从德国生活的各个角落寻找答案，并努力寻找德国的"与众不同"之处，尝试揭开其奥秘所在。以前国人所熟悉的德国品牌包括汽车、厨具、文具等，但来到德国之后发现，德国人的可怕不仅在于享誉世界的品牌，更在于细枝末微处触手可及的产品。

　　德国窗户的设计令人叹为观止。以卧室窗户为例，通常由一扇小窗户和一扇大窗户组成，以玻璃为主、窗棂为辅的窗面设计，可充分保证采光性能。中国窗户基本都是向外推开，德国窗户则是向内拉开。据说主要有两点考虑，一是便于玻璃擦拭清洁，避免外推设计向外探身擦玻璃可能给人身带来的风险，二是德国人喜欢在窗台养花，虽从室内仅可看到花脊，但在室外却能看到花朵，漫步街头，随处可见锦簇花团、姹紫嫣红、争鲜斗艳。德国窗户上沿还可纵向小角度内倾，相当于在窗户上沿开了个大缝，这样既可以透风，又可以防雨，还可以防盗。

　　德国牙膏的设计也值得一提。不知您是否有过以下经历，当牙膏用过一半时，越往后用花的力气越大，而且通常到最后都会有残留。除非把牙膏拨开，否则很难避免浪费。德国牙膏设计的妙处在于真空设计，每次按压等量挤出，而且用到最后不会有丝毫浪费。

　　再来聊聊德国的鸡蛋。德国的鸡蛋鲜有散装，通常以6个或10个为一盒装入环保纸盒。包装盒上均贴有白色标签，清楚标示食用截止日期、存放温度以及鸡蛋尺寸大小等。每枚鸡蛋都有编号，相当于"身份证"，第1位号码表示饲养方式，包括露天散养、露天圈养、室内圈养、笼内圈养等，根据母鸡生活环境的不同决定鸡蛋价格。第2—3位号码表示鸡蛋产地国家。第4—10位号码表示产蛋企业以及饲养笼子号码。如此一来，鸡蛋只要存在质量问题，就能"顺藤摸瓜"追查到生产厂商。

　　最后来聊聊德国的矿泉水瓶。如今，垃圾分类在国内已经成为一股潮流。让笔者感到惊奇的不只是其垃圾分类之细，更是其背后所蕴含的理念。德国垃圾循环利用率非常高，部分垃圾如矿泉水瓶并不用来卖钱，但可以取回预付的押金。德国矿泉水瓶一般印有回收标志，购买矿泉水的价格包括0.25欧元的押金。水喝完后，在超市有专门的退瓶机可取回押金小票，并可以凭借押金小票折抵购物金额或直接找收银员要现金。如此一来，大大提高了矿泉水瓶回收效率，甚至有人戏说，德国人无论走多远都会把矿泉水瓶带回超市。

　　从上述案例中，可以发现传统上对于德国产品高质量、高品质认识之外的东西。在笔者看来，可以将其归之为产品思维。产品本身虽没有思维，但却可以体现产品开发者的思维境界。比如，德国窗户设计所体现的用户思维、多功能思维；德国牙膏设计所体现的用户思维、环保思维；德国鸡蛋"身份证"所体现的质量控制思维、环保思维；德国矿泉水瓶回收所体现的环保思维、理性思维。以上案例仅仅是日常生活的一角，但是借此仍可以观察到德国人产品思维力的强大所在。

　　来德国之前，印象中国人对于国外品牌的青睐多集中于奢侈品领域，而且消费者应属富人群体。真正来到德国之后,一个不同的感受是,固然有富人群体在购买奢侈品,但看到更多的则是对德国日常生活用品的购买,如奶粉、刀具、牙膏,甚至小到护手霜、泡腾片等,这部分消费群体以中产阶级为主。而且,多是通过"代购"渠道购买,中间费、运费等额外成本并未能阻挡国人的购物"热情",德国一些本地商家甚至不得不专门贴出中文字样的限售标识(如奶粉限购)。由此可见,随着生活水平的不断提高,中国的消费水平也在升级。在与德国人的交流中,他们无法理解的是,为什么中国人会千里迢迢来德国购买生活用品,这一略显随意的问题却让笔者倍感沉重!

  答案不言自明,问题仍旧要回到产品上来。近年来,中国的消费水平大幅升级,但是产品却没有实现相应的转型升级,尤其是缺乏产品思维。曾几何时,中国凭借廉价的劳动力资源、丰富的物产资源而获得产品价格优势,并逐渐成为有名的"世界工厂"。从微笑曲线来看,中国处于产业链的"谷底"位置,主要负责组装、制造等低附加值环节,而技术、专利、品牌、服务等高附加值环节却牢牢掌握在西方发达国家手中。如今,随着劳动力成本优势的逐渐丧失,中国产品转型升级的压力愈来愈大。

  对技术、专利、品牌、服务等高附加值环节而言,无一不需要产品思维的融入,而这恰恰是中国企业所缺乏的。笔者曾在做田野研究中了解到,一方面,企业不愿意创新产品,更愿意复制仿造;另一方面,即使有些企业会从职业院校购买发明专利,也仅仅是为了评选高新技术企业,买来也会"束之高阁"。

  工业4.0的浪潮已然来袭,但是产品思维力的提升却是一个漫长过程,要补的课仍旧很多,让我们拭目以待!

(原文载于《职教通讯》2019年第20期)

德国人为什么愿意做工人

  在计划经济时期,成为工厂正式工,曾是无数底层社会群体羡慕的职业。随着社会主义市场经济体制改革的推进,尤其是在国有企业改制之后,工人阶层的身份地位"光环"逐渐褪去。近年来,工厂的吸引力更是持续走低,"用工荒"问题始终没有得到很好解决。愈来愈多的年轻人选择远离工厂,而进入外卖行业、快递行业、直播行业等为代表的服务业工作。从以前的"抢着当工人",到现在的"不愿当工人",足以看出工人群体的"断层危机",以及在经济社会急速转型过程中的边缘化趋势。

  来到德国之后,笔者也接触到一些不同行业的工人。令笔者感到好奇的是,在老龄化问题日益严峻的德国,工人却多是年轻面孔。其中,固然有一部分移民因素的存在。但是,在与德国同事的深入交流过程中,笔者得知,工人,尤其是技术工人在德国是一份得到社会认可的职业。

  在德国做工人为何会有如此大的吸引力呢?在以往的认知中,人们通常将其归因到德国工人的高收入上面,这确实是其中一个重要的因素。有调查表明,普通工人的月收入通常在 2 000 欧—3 000 欧(约合人民币 14 500 元—22 000 元)区间,而技术工人的月收入则高达 3 500 欧(约合人民币 27 000 元)。对于德国工人的高收入,笔者也是深有体会。一次,笔者在德国合租公寓的下水道遇到堵塞问题,本想着也就 100 元左右就能修好。但笔者室友表示,在德国修一次下水道如果上门服务不仅需要提前预约,而且自费的话可能要 200 欧左右,如此高昂的费用让笔者为之一惊。在德国如果租房遇到问题,通常都会努力自己解决,因为人工费用实在很贵。

要知道,在德国基本生活成本是很低的。德国人的税收很高,但做到了取之于民、用之于民。为了满足每个人的生存,尤其是让底层社会群体不为基本生活用品发愁,德国政府对以食品为代表的生活用品进行了大量补贴。比如,普通咖啡一杯通常在 1 欧到 2 欧左右,而国内属于高档咖啡馆的星巴克在价格上也是相当"亲民";超市里的食品通常以欧分为计算单位,肉类才会以欧元为计算单位,一袋切片面包便宜的在 0.5 欧左右,一升牛奶甚至低至 0.3 欧;德国人的主要出行方式是汽车,普通汽车的价格要比国内低三倍,高档些的汽车也就几万欧元,而且高速公路不收费,也能节省一批费用。如此看来,对一名德国工人而言,在生活成本较低的情况下,每月可支配的工资收入就显得相当可观。如果生活节俭一些,还会有不少结余。

那么,除了经济因素之外,是否还有其他因素同样发挥着作用呢?就此而言,是否意味着提高工人收入就能够提高相关行业吸引力呢?根据笔者的观察,至少有以下三个方面因素同样影响着德国工人的从业意愿。

首先,工作不只是谋生,还是为了满足兴趣、发展事业。在与德国同事的交流中,笔者得知,大多数工人选择某一行当都是基于自身兴趣。笔者访学所在的城市在德国属于大城市,但仍旧随处可见大片草地,在每个生活区周围都会有大量儿童游乐设施,游乐设施不仅设计了游戏功能,而且有些还发挥着职业启蒙功能。德国学生教育分流较早,一般在小学四年级就会进入分流期,兴趣则是普职分流的重要依据。在德语中,职业一词意为"天职""上帝的召唤"。因此,每个人从事的职业都是神圣的,并没有高低贵贱之分。而且,这种对社会底层群体职业的尊重,从普通人的眼神与行为举止中亦可洞察一二。

其次,工作不只是工作,要实现工作与生活之间的平衡。与我国相比,德国工人的工作时间是很短的,而且通常周日都会休息,每年还有大量的假期,每个工人每年享受六周带薪休假。有调查表明,德国工人基本的工作情况是,一年工作 187 天,休息 178 天。一旦有企业拖欠工人工资,就会先由政府将工资支付给工人,再由政府联合警察局、检察院等介入欠薪事件。为了缩减工作时间、增加工人收入以及工人福利等,不同行业的工会组织会时常与雇主展开谈判。令笔者印象尤为深刻的是,坐地铁时甚至会看到工人从满是油灰的工具箱中小心翼翼地取出书籍,而后聚精会神地进入阅读状态。

再次,做工人并不意味着要做一辈子,工人生涯发展空间同样较为宽阔。德国的教育体系开放程度较高,工人有可能在生涯发展的不同阶段转换教育轨道。比如,笔者所在的研究所,包括合作导师在内的多人都拥有学徒经历和企业工作经历等。在《学做工:工人阶级子弟为何继承父业》中,保罗·威利斯曾提出一个严肃的问题,即阶层在父辈与子辈之间的代际传递。在德国,其社会结构形态为"橄榄型",即中产阶级占据相当比例,阶层的代际传递现象并不明显。而且,完善的技能认证体系为工人生涯发展提供了充分保障。

可见,对我国而言,通过高工资吸引年轻人做工人固然重要,而让年轻人打从心底里愿意做工人同样不可忽视。道阻且长,行则将至;不走捷径,未来可期。

(原文载于《职教通讯》2019年第22期)

中德职业教育研究:差异,亦是差距

与国内职业教育研究者通常具有教育学背景不同的是,德国职业教育研究者学科背景更为多元,也更加强调跨学科的合作研究。而且,与国内相比,作为学科存在的职业教育属性并不明显。笔者访学所在单位是科隆大学管理、经济与社会学院,职业教育更像是其中的一个研究领域。笔者合作导师虽然主要研究领域是比较职业教育,但是同时拥有学徒经历、商科背景等。同样是职业教育研究,为何中德两国会表现出如此大的差异?带着这份困惑,2019年12月初,笔者随国内某职业教育考察团拜访了德国联邦职业教育与培训研究所(Bundesinstitut Für Berufsbildung,以下简称BIBB)。

BIBB是德国唯一的联邦级职业教育研究机构,其主要使命在于,推动国内和国际职业教育与培训的革新,提高职业教育与培训体系的现代化水平。1969年,德国颁布了《联邦职业教育法》,该法为德国职业教育改革与发展指明了方向。1970年,BIBB正式成立于柏林,至今已成立将近50年。1976年,BIBB在西部小城波恩设置了分支研究机构。1999年,BIBB整体搬迁到波恩。BIBB目前有固定员工约750人,相比其他国家,其联邦层面职业教育研究人员规模之庞大在世界诸国首屈一指。此外,BIBB与世界各个国家和地区保持密切联系,其研究团队中也有大批国外研究人员,并合作展开了大量国际职业教育与培训研究项目。

就管理体制而言,BIBB作为研究机构保持与行政机关的相对独立。BIBB的日常运行严格遵循联合委员会的指导方针,而无须遵循联邦主管部长发布的命令和一般的行政法规,并基于信任与信心执行相关研究任务。BIBB联合委员会构成具有多样性的特点,包括8个雇主代表席位、5个联邦代表席位、8个州代表席位和8个雇员代表席位。重大事务一般由联合委员会投票决定,代表席位的多样性可以形成权力约束机制,从而保障不同利益相关者的基本权益。

BIBB总共有四个研究部门,分别承担着不同的研究任务。一是职业教育研究与监测部,下设五个研究中心,分别负责职业教育培训与供给、培训参与研究;资格、职业整合与就业研究;职业教育经济研究;职业能力开发研究;数据研究。该部门重点关注同职业教育与培训及就业系统相关的社会经济领域问题,包括劳动力市场供求变化、行业和个人的资格要求、教育系统与就业系统的整合、职业教育与培训的成本收益、职业能力开发等。为了分析和监测职业教育与培训关键发展指标,并识别其未来发展趋势,该部门还协同联邦统计局开展初级、中级规模的数据统计工作。

二是职业教育结构与管理部,下设五个研究中心,分别负责客户服务职业与交叉任务研究;商业、媒体与物流职业研究;工业与技术职业研究;电气、信息技术与科学职业研究;教与学、职业教育教师研究。该部门主要负责更新和重新开发初级与高级培训条例,并为进一步的职业监管工作制定基本原则。通过对新兴职业需求进行分析,并对已经颁布的法规进行评估,来保障职业教育与培训的正确方向与高质量。

三是职业教育国际部,下设五个研究中心,分别负责国际职业教育与培训比较、研究与监测;国际咨询服务与合作制度研究;国外专业资格认证研究;德国职业教育与培训国际合作研究;德国职业培训模式研究。该部门的主要任务是促进德国职业教育与培训的国际化,尤其是加强 BIBB 与其他国家和地区在职业教育与培训领域的国际合作,从而推动德国职业教育与培训模式走向世界。

四是职业教育事务部,下设五个研究中心,分别负责从学校到劳动力市场过渡与政策问题研究;继续教育与试点项目研究;跨企业职业培训研究;职业教育与培训强化研究;职业定位与教育创新计划研究。该部门致力于满足目标群体的实际需要,具有较强的问题解决意识。其主要任务包括:为塑造和开展职业学习活动提供组织、策略与方法等方面的指导;为促进和发展职业教育与培训实施相关项目;为职业教育与培训提供辅助性技术支持;协助引进和实施创新教育理念。

由上可知,即便是联邦层面的职业教育研究机构,其研究议题也并未局限于职业教育领域,甚至体现出较强的"跨界"特点。仔细揣摩之下,从 BIBB 的部门设置亦可察出端倪。比如,部门一主要关注的是职业教育与培训体系和劳动力市场的衔接,并通过劳动力市场的有效监测为教育供给侧改革提供决策依据,国内在这方面至今仍未建立起有效的研究体系。再比如,部门二主要关注的是职业科学领域,相比之下,国内在这方面的研究同样十分薄弱,基本处于起步状态。研究议题的多样性,意味着职业教育研究者不仅需要拥有多元的学科背景,而且需要更多借鉴经济学、社会学等教育学之外的学科视角。否则,只会"固步自封"。或许,这不仅是中德职业教育研究的差异所在,更是差距所在,是时候正视这份差距了……

(原文载于《职教通讯》2019 年第 24 期)

附录二:国际职业教育研究领域重要机构、期刊及经典著作梳理

本书借鉴前人文献可视化研究结果、相关网站公开信息以及学术期刊影响因子报告,对国际职业教育研究领域内的重要机构、期刊、著作等进行详细的梳理,以期为学界呈现较完整的国际职业教育研究的话语体系与知识脉络,并进一步推进比较职业教育研究学术共同体建设。

一、国际职业教育研究领域内影响较大的机构

本部分内容整理了国际范围内影响较大的职业教育研究机构,梳理了各网站的主要信息、关注点以及可使用的功能。

(一)联合国教科文组织国际技术和职业教育与培训中心

联合国教科文组织国际技术和职业教育与培训中心(International Centre for Technical and Vocational Education and Training,简称 UNESCO-UNEVOC)致力于协助成员单位提高技术和职业教育与培训的质量与水平,帮扶重点是发展中国家、经济转型期国家和冲突后国家。该中心也是世界各地教科文组织成员国技术和职业教育与培训官方机构的联络平台,拥有实体图书馆及可供在线访问的数据库。该中心的重点任务是指导工作领域的知识和技能习得,帮助青年和成年人发展就业、体面工作和创业所需的技能,同时支持包容性和可持续的经济增长。该中心官网所关注的主题包括全纳与青年、可持续发展战略、技术和职业教育与培训的创新与未来、领导力项目等。同时,该中心官网拥有丰富的在线资源,能够检索出版物、技术和职业教育与培训论坛、虚拟会议、国家技术和职业教育与培训概况等诸多文件。

(二)欧洲职业培训发展中心

欧洲职业培训发展中心(European Center for the Development of Vocational Training,简称 CEDEFOP)成立于 1975 年,致力于为欧洲职业教育与培训决策提供依据。CEDEFOP 是研究欧洲职业教育与培训的重要机构,主要研究方向包括:社会经济和人口趋势如何影响就业、工作性质和技能需求;为职业教育与培训政策提供技术咨询和建议,以帮助解决失业、辍学率和其他劳动力市场失衡问题;填补知识空白,提出新的见解,探明职业教育与培训的趋势和挑战;提高对职业教育的形象和重要性的认识;将决策者、社会伙伴、研究人员和从业人员聚集在一起交流想法,讨论改进职业教育与

培训政策的最佳方式;为改进职业教育与培训提供方法、原则和工具。CEDEFOP 与欧盟委员会、成员国政府、雇主和工会代表、职业教育与培训研究人员和从业人员密切合作,并向他们提供关于职业教育与培训发展的最新信息。该中心官网可以查询刊物及资源、活动和项目、新闻媒体以及国家数据。同时,该中心官网还提供了一些数字可视化工具。如线上技能空缺分析、欧洲职业教育与培训数据库、金融学徒数据库、技能匹配、技能预测等工具。

(三) 德国联邦职业教育与培训研究所

德国联邦职业教育与培训研究所(Bundesinstitut Für Berufsbildung,简称 BIBB)的主要组成部分是战略办公室、中央服务部门、四个专业部门和"欧洲教育"跨国机构。BIBB 的主要任务包括:进行职业教育研究,发展职业教育,提供咨询服务。BIBB 监测和审查欧洲和国际一级的职业教育与培训。BIBB 专家为此目的开展研究、开发和咨询工作。为此,BIBB 建立了一个由大约 30 个合作伙伴组成的网络。德国职业教育与培训国际合作办公室(隶属于德国政府)将职业教育与培训局作为在职业教育与培训问题上进行国际合作的联络点。BIBB 的工作包括:分析其他国家的职业教育与培训制度、学习世界各国专业资格方面的知识,以及支持德国提供初级和继续职业教育与培训,促进其国际化进程。该研究所官网关注的重点领域为:职业、国际职业培训、技术/数字化/资格、德国职业教育与培训体系、实务及项目、持续的职业培训等。该研究所官网能够查询新闻稿、职业教育词汇表、图书馆和文献资料、出版物、时事通信等内容。

(四) 澳大利亚国家职业教育研究中心

澳大利亚国家职业教育研究中心(National Centre for Vocational Education Research,简称 NCVER)成立于 1981 年,它由英联邦、州和地区负责职业教育与培训的部长共同管理,是一个国家专业机构,负责收集、管理、分析和交流澳大利亚职业教育部门的研究和统计数据。NCVER 的主要研究领域为:开展教育与培训研究的战略方案,包括收集和分析国家职业教育与培训统计数据和调查数据以及国家职业教育与培训的分析方案;收集和发表来自世界各地的关于职业教育与培训的研究成果和直接相关的研究数据;与类似的国际组织建立联系,对共同关心的问题进行战略比较分析,为澳大利亚职业教育与培训的实践做法提供决策依据和参考信息;在澳大利亚和国际上提供专业的研究、分析和评估。该中心官网可以提供诸多服务,能够查询澳大利亚最新职业教育进展和培训统计数据。同时,该中心官网可以使用数据库管理器查询国家职业教育研究中心所发布的所有信息,借助可视化工具将选择的信息图表、交互式数据工具和其他产品的研究和数据进行有效分析。

(五) 美国高级生涯与技术教育委员会

美国高级生涯与技术教育委员会(Advance Career and Technical Education,简称 Advance CTE)是代表美国生涯与技术教育委员会主任和国家领导人的历史最悠久的全国非营利性生涯与技术教育指导组织。该委员会最早成立于 1920 年,代表全国 50

个州、哥伦比亚特区和美国其他地区负责中学、中学后和成人生涯与技术教育的州领导人展开生涯与技术教育指导。其任务是支持有远见的国家领导，发出最佳实践和集体的声音，推进高质量的生涯与技术教育政策、计划和路径，确保每个学习者的生涯成功。Advance CTE 的官网分为六大主要版块：生涯与技术教育，联邦政策，推广生涯与技术教育，新举措，资源中心，新闻和活动。其中，资源中心存储着大量和生涯与技术教育相关主题领域的资源，包括报告、指南/工具、案例研究、简报、政策文件和论文。

（六）国际职业教育与培训协会

国际职业教育与培训协会（International Vocational Education and Training Association，简称 IVETA）成立于 1984 年，是一个由职业教育研究者、职业技能培训组织、商业和工业公司以及其他感兴趣的个人和团体构成的组织，致力于为全球职业教育从业者创造交流的平台。IVETA 是一个独立的非政府组织，其运营资金来自会费，在全世界超过 50 个国家拥有个人或组织成员，并与许多在技术和职业教育与培训领域工作的主要国家、双边和国际发展组织有联系。IVETA 的办会理念是：提升职业教育与培训的卓越性和质量；为全球技术和职业教育与培训社区的成员提供支持和服务；积极代表成员进行宣传，并代表技术和职业教育与培训界发出强有力和统一的声音。IVETA 的官网可以查询国际职业教育研究的最新进展，以及最新资讯。

（七）莱斯特大学劳动力市场研究中心

莱斯特大学劳动力市场研究中心（University of Leicester's Centre for Labour Market Studies）是国际就业和培训领域的重要研究和教学中心，研究人员主要来自社会学、教育学、经济学和管理学领域，其工作最早起源于 20 世纪 70 年代对从学校到工作转换（School to Work Transitions）的研究。该中心主要就劳动力市场和培训问题展开研究，这不仅有助于推动相关领域学术知识的积累，而且具有实际的决策咨询价值。该中心致力于以最高学术水准制作及提供有关就业及培训的课程。该中心官网提供了诸多相关信息，包括他们的研究计划、提供的在线课程、工作人员详情、培训和人力资源链接以及出版物的链接等。

（八）韩国职业教育与培训研究中心

韩国职业教育与培训研究中心（Korea Research Institute for Vocational Education and Training）成立于 1997 年，是专门从事技能和劳动力发展的国家级研究机构。该中心的目标和愿景是，应对未来劳动力市场的调整，支持终身职业能力的发展，促进人人安居乐业。该中心开展的项目主要涉及以下主题：根据劳动力市场分析、资格体系研究、职业培训体系、课程开发以及职业指导和咨询等确定技能需求。该中心的主要职责是，研究并执行国家政策，开发和维护职业教育领域的网络，开发和宣传职业教育计划，根据政府要求评估职业教育机构及项目，为就业和职业发展提供信息和职业咨询等。该中心官网能够检索刊物、发行简报和相关政策。

(九)学习和技能发展局

学习和技能发展局(Learning and Skills Development Agency)在 2000 年以前被称为继续教育发展局(Further Education Development Agency),现在是制定 16 岁后继续教育与培训政策和实践的英国国家战略咨询机构。该机构还为大学人员提供全面的培训和会议计划,并与继续教育部门和其他主要教育与培训机构密切合作,管理广泛的职业教育与培训项目和活动。该机构网站提供有关项目和方案的信息、研究与开发、最新消息、出版物、主要联系人、职位空缺和活动等内容。

二、国际职业教育研究领域内影响较大的期刊

通过 Web of Science 数据库 2021 年发布的 JCR 报告,本书以其中的"教育及教育研究"系列作为分析的数据库,选取名字中带有"Vocational Education""Training"的期刊,同时参考惠转转[1]、李双[2]、崔鹤[3]等对于国际职业教育与培训期刊的研究,筛选出以下国际职业教育研究领域内影响较大的期刊。

(一)《职业教育与培训杂志》

《职业教育与培训杂志》(*Journal of Vocational Education & Training*)在 1995 年之前被称为《教育中的职业部分》(*The Vocational Aspect of Education*)。该杂志由英国创办,执行严格的同行评议制度,不仅关注对职业教育与培训领域概念和理论发展有贡献的稿件,而且关注对职业教育与培训领域决策与实践有影响的稿件,还欢迎运用实证研究方法以及跨学科研究视角的稿件。该杂志关注广泛的国际职业教育与培训议题,因此不受特定国家职业教育与培训制度议题的限制。该杂志关注的议题范围涉及职业教育与培训课程、教学、评估以及与之相关的经济、政治和文化等方面的研究。该杂志每两年举办一次国际会议,旨在为国际职业教育与培训研究人员提供交流平台,就他们的工作进行讨论和获得反馈,并鼓励进行比较分析和国际合作。

(二)《职业教育与培训实证研究》

《职业教育与培训实证研究》(*Empirical Research in Vocational Education and Training*)杂志是由瑞士国家教育、研究和创新秘书处(SERI)与德国联邦职业教育与培训研究所(BIBB)联合创办的。这本杂志关注的重点是职业教育与培训领域原创性的实证调查。该杂志特别关注以证据为基础的实证研究,填补了现有职业教育与培训研究领域文献中的一个空白,以往相关文献侧重于以经验为导向的学术研究,激发了在基础教育和高等教育两级教育系统中关于职业教育部分的研究兴趣。该杂志关注的主

---

[1] 惠转转.国际职业技术教育研究:进展与趋势——基于 6 种 SSCI 期刊的知识图谱分析[J].现代教育管理,2019(2):113-118.

[2] 李双,彭敏.国际职业教育知识图谱研究——基于 SSCI 数据库(2009—2018 年)的计量分析[J].西南大学学报(社会科学版),2018(6):59-70+190.

[3] 崔鹤.1976—2017 年高等职业教育研究的引文脉络分析——基于 WoS 核心合集及中国引文数据库的研究[J].中国高教研究,2018(1):104-108.

题包括:职业教育体系的国际比较、职业环境中情境与学习的关系、职业教育的能力测评、劳动力市场与职业教育的关系、教育出路及职业教育转换、职业教育改革评估、有效的工作场所学习环境和成果,以及终身学习。

(三)《生涯与技术教育杂志》

《生涯与技术教育杂志》(Journal of Career and Technical Education)前身为《职业与技术教育杂志》(Journal of Vocational and Technical Education),是美国一本同行评议、开放获取的期刊,发表有关生涯与技术教育问题和趋势的稿件,尤其关注生涯与技术教育哲学、理论和实践领域的稿件。该杂志的发表范围涉及农业教育、商业教育、技术教育、家庭和消费科学以及其他相关学科背景下进行的研究。该杂志的稿件要求基于实证研究,即定量和定性研究,强调在生涯与技术教育的项目和实践中完善知识体系。

(四)《职业与学习:职业与专业教育领域研究》

《职业与学习:职业与专业教育领域研究》(Vocations and Learning: Studies in Vocational and Professional Education)关注职业学院、大学、工作地点、家庭环境、志愿机构等不同场所的职业学习,专注于对职业教育和专业教育领域实践与政策领域进行学术贡献,尤为欢迎来自心理学、哲学、社会学、人类学、历史学、文化研究、劳工研究、劳资关系和经济学等学术领域的稿件。该杂志关注的议题涉及职业学习的课程和教学实践;知识在职业学习中的作用和性质;政治、经济、社会背景等与职业环境中的学习之间的关系;职业学习与教学的实践与政策分析;职业教育教学研究;职业学习与经济需要之间的关系,以及国家和跨国机构在职业学习方面的做法和政策。

(五)《职业行为杂志》

《职业行为杂志》(Journal of Vocational Behavior)主要发表原创性的实证和理论稿件,这些稿件往往对职业选择、职业发展、终身职业与继续教育有新颖的见解,对高校、工商界、政府和军队的决策咨询和职业发展项目也有重要参考价值。该杂志的关注点为与个人工作和职业决策相关的实证研究,相关议题涉及初始职业选择(如专业选择、个人或组织的初始选择、组织吸引力)、职业发展、工作转换、工作-家庭管理、工作调整和工作场所的态度(如工作承诺、多角色管理、离职意向)。

(六)《国际教育与职业指导杂志》

《国际教育与职业指导杂志》(International Journal for Educational and Vocational Guidance)致力于在国际社会宣传就业与职业指导的重要性,欢迎在这方面有深度理论思考与实践应用价值的稿件。该杂志重点关注工作与休闲、职业发展、职业咨询与指导、职业培训相关主题的稿件,以及具有某一方面特色的稿件,如比较研究、多元或跨文化视角区域调查等。而且,该杂志提出,所有稿件都应该对改善教育与职业指导具有重要参考,显示出其深刻的实践关怀。

（七）《教育与工作杂志》

《教育与工作杂志》(Journal of Education and Work)是一本专注于对教育和经济体系相互作用进行学术研究和政策分析的国际杂志。该杂志致力于探讨，教育系统中关于工作和就业的知识、技能、价值观和态度的形成过程，以及经济系统中各种形式的工业培训和认证。该杂志还特别关注技能形成的比较研究，尤其是对从学校到工作的转换这一过程的结构分析和教育管理，以及该过程对年轻人、学校和雇主的影响。该杂志办刊具有较强的开放性特征，特别欢迎来自经济学、心理学、社会学、教育学等各个领域的稿件，也欢迎具有跨学科特点的稿件。

（八）《教育＋培训》

《教育＋培训》(Education ＋ Training)杂志致力于解释教育、培训和就业之间日益复杂的关系，以及这些关系对国家和全球劳动力市场的影响。该杂志尤为关注如何帮助年轻人实现从学校到工作的转换，以及教育和工作世界之间的伙伴关系如何持续演变。该杂志的读者对象包括在教育、学习和技能发展、企业和创业教育与培训、入职培训和职业发展等广泛领域工作的政策制定者、教育工作者和学者。该杂志重点探讨学习中的职业主义和在课程中解决就业问题的可能性，以及职业教育与培训中的创新举措。该杂志关注的重点议题涉及：从学校到工作的转换管理；16岁以后职业教育与培训的新举措；校企伙伴关系与合作；教育与产业的联结；毕业生劳动力市场就业情况；工作经验与职位安排；毕业生的招聘、入职和发展；青年人的就业能力和职业发展；继续教育和高等教育中的在线学习；近期出版物综述等。

（九）《国际培训研究杂志》

《国际培训研究杂志》(International Journal of Training Research)创办于1983年，最初名为《澳大利亚技术与继续教育学院研究与发展杂志》(Australian Journal of TAFE Research and Development)，由阿德莱德职业教育研究中心负责出版。1993年，该杂志更名为《澳大利亚和新西兰职业教育研究杂志》(Australian and New Zealand Journal of Vocational Education Research)，由澳大利亚国家职业教育研究中心负责出版。2002年，该杂志经历了第三次转型，正式更名为现刊名，并由澳大利亚国家职业教育研究中心及澳大利亚职业教育与培训协会联合出版。该杂志是一份同行评议期刊，每年出版三次，读者对象涉及培训、技术教育和职业教育领域的研究人员、教育工作者、培训师、决策者、能力开发人员以及本科生和研究生等。该杂志致力于促进对澳大利亚和国际职业教育与培训的认识和理解，专注于发表当前或最近完成的培训、技术教育和职业教育相关主题的研究和评论稿件，并发表原创研究和书评等。

三、国际职业教育研究领域内影响较大的经典著作

通过亲自阅读、专家咨询与相关书评查阅等方式，本书筛选出了如下国际职业教育研究领域内影响较大的经典著作。

(一)《技术和职业教育与培训:问题、关注和前景》丛书

《技术和职业教育与培训:问题、关注和前景》(Technical and Vocational Education and Training: Issues, Concerns and Prospects)系列丛书旨在满足那些有兴趣深入分析当前有关技术和职业教育与培训方面发展的研究者的需要。该系列丛书关注技术和职业教育与培训学术前沿领域,致力于提出最佳和创新的做法;探索有争议的话题,并提供佐证案例。读者对象包括发达国家和发展中国家、转型期国家和冲突后国家的政策制定者、实践者、行政人员、规划者、研究人员、教师、教师教育工作者、学生和其他领域的从业者。该系列丛书所涉主题包括:发展中国家非正规经济培训;教育青少年从事学术和职业工作;工作场所终身学习;妇女和女孩接受技术和职业教育与培训;有效利用信息通信技术支持技术和职业教育与培训;规划教育系统以促进职业教育;识别、评价和评估;在冲突局势后对复员士兵进行教育和培训;技术和职业教育与培训研究;从学校到工作的转换等。以下是该系列丛书已出版的33本著作概览:

1.《重新审视中等教育的职业化》(Vocationalisation of Secondary Education Revisited)[1]

2.《满足非正规部门的基本学习需求:为促进体面工作、赋权与公民身份获得整合教育与培训》(Meeting Basic Learning Needs in the Informal Sector: Integrating Education and Training for Decent Work, Empowerment and Citizenship)[2]

3.《非正规微型企业中的工作培训:撒哈拉以南非洲的新证据》(Training for Work in the Informal Micro-enterprise Sector: Fresh Evidence from Sub-Sahara Africa)[3]

4.《波罗的海诸国职业教育与培训变革:基于改革与发展的调查》(The Transformation of Vocational Education and Training (VET) in the Baltic States: survey of Reforms and Developments)[4]

5.《工作的认证》(Identities at Work)[5]

6.《关于技术和职业教育教师与讲师的国际观点》(International Perspectives on Teachers and Lecturers in Technical and Vocational Education)[6]

7.《工作、主体性与学习:通过工作生活理解学习》(Work, Subjectivity and

---

[1] R. Maclean, et al. Vocationalisation of Secondary Education Revisited[M]. Dordrecht: Springer, 2005.

[2] M. Singh. Meeting Basic Learning Needs in the Informal Sector: Integrating Education and Training for Decent Work, Empowerment and Citizenship[M]. Dordrecht: Springer, 2005.

[3] H. C. Haan. Training for Work in the Informal Micro-enterprise Sector: Fresh Evidence from Sub-Sahara Africa[M]. Dordrecht: Springer, 2006.

[4] F. Bünning. The Transformation of Vocational Education and Training (VET) in the Baltic States-survey of Reforms and Developments[M]. Dordrecht: Springer, 2006.

[5] A. Brown, et al. Identities at Work[M]. Dordrecht: Springer, 2007.

[6] P. Grollmann, F. Rauner. International Perspectives on Teachers and Lecturers in Technical and Vocational Education[M]. Dordrecht: Springer, 2007.

Learning：Understanding Learning through Working Life)①

8.《工作、学习与可持续发展：机会与挑战》(Work，Learning and Sustainable Development：Opportunities and Challenges)②

9.《服务于可持续发展的技术和职业教育：促进个体面向未来》(Technology and Vocational Education for Sustainable Development：Empowering Individuals for the Future)③

10.《工作与学习的再思考：促进社会可持续发展的成人和职业教育》(Rethinking Work and Learning：Adult and Vocational Education for Social Sustainability)④

11.《重新发现学徒制：国际学徒制创新合作项目的研究发现》(Rediscovering Apprenticeship：Research Findings of the International Network on Innovative Apprenticeship（INAP）)⑤

12.《中国技术和职业教育与培训系统的国际比较》(International Comparisons of China's Technical and Vocational Education and Training System)⑥

13.《劳动力市场灵活性与个体生涯：一个比较研究》(Labour-Market Flexibility and Individual Careers：A Comparative Study)⑦

14.《职业学习：创新性理论与实践》(Vocational Learning：Innovative Theory and Practice)⑧

15.《美国的工作与教育：整合的艺术》(Work and Education in America：The Art of Integration)⑨

16.《学徒制实践模式创新》(The Architecture of Innovative Apprenticeship)⑩

17.《从教育到工作所面临的文化与社会多样性及转换》(Cultural and Social

---

① S. Billett. Work，Subjectivity and Learning：Understanding Learning through Working Life[M]. Dordrecht：Springer，2007.

② J. Fien，et al. Work，Learning and Sustainable Development：Opportunities and Challenges[M]. Dordrecht：Springer，2009.

③ M. Pavlova. Technology and Vocational Education for Sustainable Development：Empowering Individuals for the Future[M]. Dordrecht：Springer，2009.

④ P. Willis，et al. Rethinking Work and Learning：Adult and Vocational Education for Social Sustainability[M]. Dordrecht：Springer，2009.

⑤ E. Smith，F. Rauner. Rediscovering Apprenticeship：Research Findings of the International Network on Innovative Apprenticeship（INAP）[M]. Dordrecht：Springer，2010.

⑥ Z. Guo，S. Lamb. International Comparisons of China's Technical and Vocational Education and Training System[M]. Dordrecht：Springer，2010.

⑦ S. R. Kirpal. Labour-Market Flexibility and Individual Careers：A Comparative Study[M]. Dordrecht：Springer，2011.

⑧ R. Catts，et al. Vocational Learning：Innovative Theory and Practice[M]. Dordrecht：Springer，2011.

⑨ A. Barabasch，F. Rauner. Work and education in America：The Art of Integration[M]. Dordrecht：Springer，2011.

⑩ L. Deitmer，et al. The Architecture of Innovative Apprenticeship[M]. Dordrecht：Springer，2012.

Diversity and the Transition from Education to Work)①

18.《亚太地区在内在和可持续增长发展中的技能开发(Skills Development for Inclusive and Sustainable Growth in Developing Asia-Pacific)》②

19.《技术和职业教育与培训中的能力发展与评估：理论框架和实证结果》(Competence Development and Assessment in TVET (COMET): Theoretical Framework and Empirical Results)③

20.《从学校到工作的转换面临的障碍：欧洲能力友好型青年政策》(Facing Trajectories from School to Work: Towards a Capability-Friendly Youth Policy in Europe)④

21.《非正规与非正式学习认证的国际观点：为什么认可很重要》(Global Perspectives on Recognising Non-formal and Informal Learning: Why Recognition Matters)⑤

22.《工作场所英语培训：以中国企业项目为例》(English Language Training in the Workplace: Case Studies of Corporate Programs in China)⑥

23.《以能力为本的职业及专业教育：连接工作与教育世界》(Competence-based Vocational and Professional Education: Bridging the Worlds of Work and Education)⑦

24.《经济危机时代的职业教育与培训：全球的经验》(Vocational Education and Training in Times of Economic Crisis: Lessons from Around the World)⑧

25.《架起技能鸿沟的桥梁：非洲和亚洲的创新》(Bridging the Skills Gap: Innovations in Africa and Asia)⑨

26.《职业教育与培训的国际化：跨国的视角》(Internationalization in Vocational

---

① G. Tchibozo. Cultural and Social Diversity and the Transition from Education to Work[M]. Dordrecht: Springer, 2013.

② R. Maclean, et al. Skills Development for Inclusive and Sustainable Growth in Developing Asia-Pacific [M]. Dordrecht: Springer, 2013.

③ F. Rauner, et al. Competence Development and Assessment in TVET (COMET): Theoretical Framework and Empirical Results[M]. Dordrecht: Springer, 2013.

④ H. Otto, et al. Facing Trajectories from School to Work: Towards a Capability-Friendly Youth Policy in Europe[M]. Cham: Springer, 2015.

⑤ M. Singh. Global Perspectives on Recognising Non-formal and Informal Learning: Why Recognition Matters[M]. Cham: Springer, 2015.

⑥ Q. Xie. English Language Training in the Workplace: Case Studies of Corporate Programs in China[M]. Cham: Springer, 2016.

⑦ M. Mulder. Competence-based Vocational and Professional Education: Bridging the Worlds of Work and Education[M]. Cham: Springer, 2017.

⑧ M. Pilz. Vocational Education and Training in Times of Economic Crisis: Lessons from Around the World [M]. Cham: Springer, 2017.

⑨ S. Jayaram. Bridging the Skills Gap: Innovations in Africa and Asia[M]. Cham: Springer, 2017.

Education and Training: Transnational Perspectives)①

27.《亚洲包容性增长、绿色就业和绿色经济的教育和技能：印度、印度尼西亚、斯里兰卡和越南的案例研究概览》(Education and Skills for Inclusive Growth, Green Jobs and the Greening of Economies in Asia: Case Study Summaries of India, Indonesia, Sri Lanka and Viet Nam)②

28.《中亚职业教育教师教育：开发技能与促进成功》(Vocational Teacher Education in Central Asia: Developing Skills and Facilitating Success)③

29.《全球化、大众教育及技术和职业教育与培训：联合国教科文组织在博茨瓦纳和纳米比亚的影响》(Globalization, Mass Education and Technical and Vocational Education and Training: The Influence of UNESCO in Botswana and Namibia)④

30.《整合职业教育与培训经验：目的、实践与原则》(Integration of Vocational Education and Training Experiences: Purposes, Practices and Principles)⑤

31.《欧洲伊拉斯谟＋职业教育与培训资金分析（Analysing Erasmus＋Vocational Education and Training Funding in Europe)》⑥

32.《西班牙学校本位职业教育与培训》(The School-Based Vocational Education and Training System in Spain)⑦

33.《COMET 项目中的专业能力测评与培养：方法手册》(Measuring and Developing Professional Competences in COMET: Method Manual)⑧

(二)《职业教育：目的、传统与展望》⑨

《职业教育：目的、传统与展望》(Vocational Education: Purpose, Traditions and Prospects)撰写的主要目的是详细阐述与讨论职业教育这一复杂的事业。原因在于，长期以来，职业教育研究领域存在对职业教育关键概念与假设的错误认知与看法，但缺乏对职业教育目的、过程与管理等进行深入学理分析的专著，上述现象影响到职业教育

---

① L. T. Tran, K. Dempsey. Internationalization in Vocational Education and Training: Transnational Perspectives[M]. Cham: Springer, 2017.

② R. Maclean. Education and Skills for Inclusive Growth, Green Jobs and the Greening of Economies in Asia: Case Study Summaries of India, Indonesia, Sri Lanka and Viet Nam[M]. Singapore: Springer, 2018.

③ J. Drummer, et al. Vocational Teacher Education in Central Asia: Developing Skills and Facilitating Success[M]. Cham: Springer, 2018.

④ M. P. Galguera. Globalization, Mass Education and Technical and Vocational Education and Training: The Influence of UNESCO in Botswana and Namibia[M]. Cham: Springer, 2018.

⑤ S. Choy, et al. Integration of Vocational Education and Training Experiences: Purposes, Practices and Principles[M]. Singapore: Springer, 2018.

⑥ C. de Olagüe-Smithson. Analysing Erasmus＋Vocational Education and Training Funding in Europe[M]. Cham: Springer, 2019.

⑦ F. Marhuenda-fluixá. The School-Based Vocational Education and Training System in Spain[M]. Singapore: Springer, 2019.

⑧ F. Rauner. Measuring and Developing Professional Competences in COMET[M]. Singapore: Springer, 2021.

⑨ S. Billett. Vocational Education: Purposes, Traditions and Prospects[M]. New York: Springer, 2011.

研究领域的可持续探索与发展。鉴于此,该书对职业教育的构成及其主要目的、对象、形成和实践展开系统阐述,并对职业教育发展所涉及的相关基础展开分析,从而在整体上阐明全球化背景下职业教育目的、传统与展望这一重要且根本的议题。总体而言,该书具有较强的理论色彩,是国际职业教育研究领域难得的学理性著作,试图通过对职业教育相关主题的历史和概念分析,回答职业教育为何因国而异这一本质问题。

该书主要内容安排如下。第一章"职业教育:教育的重要领域与部门"介绍了职业教育领域的多样性以及职业教育相关的概念和基础,并从建构主义视角出发介绍了职业教育服务于个人发展与社会发展的基本功能。第二章"定位职业教育"提出,所有的教育供给都应以职业为目的,职业教育是教育的其中一个领域且与普通教育同等重要,职业教育与高等教育存在细微区别,社会特权阶级影响着职业和职业教育的地位,应该对职业教育进行合理定位。第三章"职业"对职业这一概念进行了多角度的界定,分析了职业的起源、形式、评估以及建构路径等。第四章"工作"阐述了工作的社会价值与哲学价值,分析了专业性职业与其他工作的区别,并界定了工作与教育的概念。第五章"职业教育体系与领域的发展"主要介绍了国家职业教育体系的形成过程,分析了影响职业教育体系形成的利益相关者、环境和动力因素等。第六章"职业教育的目的"从文化再生产、重塑和转化,经济和社会的效率和效益,社会延续与变革,个人的适应性和工作准备,个人的发展五个方面介绍了职业教育的目的。第七章"课程与职业教育"阐述了课程的概念与定义,分析了职业教育课程的范围与概念化,明确了职业教育课程与其他类型课程的形态差异。第八章"职业教育的供给"从决策、规划、实施和参与四个方面分析了职业教育供给系统,介绍了自上而下和自下而上的职业教育课程开发方法,还介绍了影响职业教育课程实施、教师发展与学生学习的关键因素。第九章"职业教育发展前景"对现代职业教育进行了定位与展望,阐述了职业教育发展的潜力、支持职业教育的教学实践,以及未来职业教育发展的方向与路径。

(三)《国际技术和职业教育与培训研究手册》[①]

《国际技术和职业教育与培训研究手册》(*Handbook of Technical and Vocational Education and Training Research*)是世界范围内第一部全面反映当代职业教育研究及研究方法的力作,由20个国家142位大学和研究机构知名专家撰写的130余篇论文构成,所有文章均经过国际学术委员会匿名评审。该书指出,技术和职业教育与培训领域是一个公认的跨学科研究领域,需要充分融合教育学、社会学、经济学、管理学与政治学等多种学科视角。该书的出版,为国际技术和职业教育与培训研究和实践奠定了系统化的知识论和方法论基础。

该书主要内容安排如下。第一部分"技术和职业教育与培训研究的历史"主要讲述了技术和职业教育与培训研究的起源,以及澳大利亚、中国、美国、德国、日本等代表性

---

① F. Rauner, R. Maclean. Handbook of Technical and Vocational Education and Training Research[M]. Dordrecht: Springer, 2008.

国家以及联合国教科文组织等代表性国际组织技术和职业教育与培训研究的历史。第二部分"技术和职业教育与培训与政策、计划和实践的关系"分析了工作、教育、培训、职业等基本概念,在该领域展开国际合作的空间与可能性,以及转型国家的技术和职业教育与培训政策与改革等。第三部分"技术和职业教育与培训研究的领域"介绍了职业分析的范式与流程,职业学的研究思路,技术和职业教育与培训的体系研究,技术和职业教育与培训体系的案例研究,技术和职业教育与培训的规划与开发,技术和职业教育与培训的能力发展,技术和职业教育与培训的教学设计等。第四部分"技术和职业教育与培训的典型案例"介绍了电气与电子技术多媒体系统,汽车机电一体化维修课程标准,工业生产与职业资格,以及双元制和学徒制等典型案例,展现出职业教育领域不同专业的研究特色。第五部分"研究方法"分析了职业教育的研究对象、职业教育中的跨学科知识与隐性知识,为职业教育研究提供了方法论参考,并介绍了访谈法、观察法、实验法等教育学领域常用的研究方法,进而通过具体案例,为读者展现了方式的适用条件与运用方式。

(四)《职业教育基础:社会学和哲学的观点》[①]

《职业教育基础:社会学和哲学的观点》(Foundations of Vocational Education: Social and Philosophical Concepts)写作的主要目的是对职业教育的社会和哲学基础的来源做一个系统的介绍及分析,以帮助从事职业教育的学者、教师等了解职业教育是如何发展成现在的样子的,以及它未来可能会走向何方。此外,还可以为其他专业领域的研究者,如课程工作者、教育社会学家、教育哲学家和教育理论家等,在将本专业领域与职业教育领域相联系做交叉研究时提供帮助。对学界而言,这是国际范围内第一本系统介绍职业教育社会学和哲学基础的书。作为一种教育制度存在的职业教育在工业革命后进入公共学校系统,职业教育在国家教育体系中扮演的角色愈加重要。但长期以来,关于职业教育的探讨多停留在就事论事的实践层面,缺乏理论层面对职业教育办学基础的系统分析。对职业教育实践者而言,这是一本指导职业教育课程与教学的具有指南性质的书。虽然该书的重点在于探讨职业教育的社会学和哲学基础,但同样对课程与教学问题展开了深入分析。尤其是关于工作分析的课程开发方法和基于学习心理学的教学方法,可以为我国职业教育实践者更好地改善职业教育办学提供针对性的指导。

该书一共分为四个部分。第一部分是"职业教育的发展",包括职业教育的社会基础、对影响职业教育的特定因素的历史回顾、职业教育与国家立法。该部分从社会学视角出发,探讨职业教育的起源,以及影响职业教育发展进程的诸多因素,回答了职业教育"是什么"的基本问题。第二部分是"理解职业教育的发展",包括职业教育的假设、职业教育的定义、职业教育的传统模式。该部分从哲学视角出发,深入分析影响职业教育

---

① J. F. Thompson. Foundations of Vocational Education: Social and Philosophical Concepts[M]. New Jersey: Englewood Cliffs, 1973.

发展脉络的潜在力量,理清教育决策背后的价值观与世界观,回答了职业教育"应该是什么"的基本问题。第三部分是"现有的职业教育项目",包括职业教育的项目形式、职业教育项目的课程基础。该部分从现实出发,考察了现有的职业教育项目形式,并系统分析了项目所依赖的课程基础。第四部分是"职业教育的新生",包括不断变化的教育世界、职业教育的新议题、全民职业教育。该部分从对现有职业教育项目的关注转变到对未来新兴职业教育哲学的考察,并分析了上述职业教育发展愿景在当代社会实现的可能性,指出教育不能脱离社会中的其他制度而单独存在,教育改革同时受到内外部力量的影响。

(五)《劳动力教育基础》[①]

《劳动力教育基础》(*Workforce Education: The Basics*)撰写的基本背景是,企业和政府都呼唤一支对劳动力市场具有较强适应性的劳动力队伍,劳动力教育的成功实践离不开必要的知识储备。正是在此背景下,该书应运而生,旨在通过全面介绍劳动力教育的基础,为劳动力教育设计者和从业者提供一个通用的知识基础,也为求职者提高在劳动力市场的竞争力提供重要帮助与参考。

该书分为四个部分。第一部分"劳动力教育的使命"以劳动力教育历史发展的讨论作为起始,因为初期从业者可能会倾向于忽视与自己专业实践不相关的历史、哲学和道德基础。但在未来的工作中,从业者可能会每天被要求做出上百个专业决定,而对于该领域历史发展的理解、哲学视野的解读和道德规则的认识,都为他们所做出的决定提供视野和指导,并使他们成为更加高效的专业人员。紧接着是对社会效率和民主人权之间的哲学辩论以及此二者对劳动力教育的启示。此外,还分别对什么是劳动力教育和道德责任这两个重要问题展开讨论。由于每个行业都有其知识基础以指导实践。例如,医药行业的知识基础是生理学、病理学及其他学科。而职业教育的知识基础来源于经济学、社会学和心理学等学科领域。因此,撰写第二部分"劳动力教育的知识基础"的目的就在于提供这些知识基础,以帮助高效的指导职业教育实践。在对基础知识不了解的情况下设计和实施职业教育,其失败的可能性是极高的。第三部分"劳动力教育的设计"对劳动力课程与教学展开详细的论述。该部分围绕课程哲学、课程设计的伦理及课程设计和实施过程阐述了劳动力教育的课程设计,为劳动力教育的实践者进行教学设计提供了指导,讨论了获得职业教育课程内容的方法和职业教育课程的主要表现形态,探讨了职业教育发展无法避开的两大主题——发展国家劳动力市场和提高个体就业机会,以及在个人机遇与经济发展方面进行生涯指导的策略。第四部分"国家劳动力教育体系:政策、趋势和问题"展示了国家劳动力教育体系的相关知识,介绍了国家劳动力教育体系的政策、趋势及存在的问题,讨论了开展公共劳动力教育的大致框架,从公共劳动力教育的使命、入学率、课程设计、财政支持,以及要成为一名新的从业人员的普遍知识等几个方面为公共劳动力教育的实践者提供了某种程度的参考。该部分还为私

---

① K. C. Gray, E. L. Herr. Workforce Education: The Basics[M]. Boston: Allyn and Bacon,1998.

营部门的劳动力教育提供了一个概览,并总结了进入 21 世纪所面临的问题和趋势。

(六)《生涯与技术教育概论》[①]

《生涯与技术教育概论》(*Overview of Career and Technical Education*)呈现出关于生涯与技术教育项目历史与发展状况的粗略概览。生涯与技术教育之前在这个领域中被称为职业教育,通过这一基本系统,青年人和成年人可以做好参与就业以及继续终身学习的准备。生涯与技术教育项目的设计意图在于,协助个体探索生涯的选择,并且发展美国社会各界工作所需要的学术与职业技能。该书对于生涯与技术教育历史的回顾,可以帮助教育者更加全面地领会生涯与技术教育的内部工作原理。对于过去的理解,也可以帮助该领域的相关人士获得关于生涯与技术教育目的与准确理解的深刻感受,从而更好地解决现在以及未来的问题。

该书一共分为九个章节。前三个章节分别以"生涯与技术教育的定义""生涯与技术教育的项目""生涯与技术教育的革命"为题,介绍了生涯与技术教育的基本概念与发展,其内容主要包括:以工作为导向而进行的早期教育形式;在学校进行的以工作为导向的多种教育实验,包括农业、商业、家庭和消费者科学、健康、营销、贸易和工业以及技术通信等传统项目。此外,还介绍了美国教育部设立的 16 个生涯集群,使读者能够描述它们是如何在项目、课程发展以及生涯指导中发挥作用的;最后还对北美殖民地时期的学徒制进行了介绍。第四章"美国早期生涯与技术教育"阐述了 1917 年《史密斯·休斯法》颁布之前美国以工作为导向的教育发展状况,通过本章,读者可以了解美国殖民时期的教育及美国学徒制,并思考为什么杜威哲学在今天的学术教育和职业教育中获得青睐。第五章标题为"非白人美国人所享受的生涯与技术教育",通过本章,读者可以对南方非裔美国人的学徒制,以及他们接受的职业培训有一定的了解,并且还可以知道汉普顿和塔斯基吉研究所是如何建立起来的,以及这些机构如何为学生提供职业教育。第六章"联邦劳工立法"详细介绍了联邦政府关于生涯与技术教育方面的立法,联邦立法旨在解决整个国家层面所面临的问题,或者是为了满足一种文化上的需求,例如,去保障每一位美国公民的宪法权利。在本章中,读者可以了解到联邦政府、州政府以及地方教育主管部门三者在生涯与技术教育发展上的角色关系;生涯与技术教育内容的主要法律条款和关于特殊群体学生和残疾学生的法律条文等内容。最后,该书第七章、第八章、第九章阐述了"生涯与技术教育学生组织的发展""十大国家级学生组织"以及"生涯与技术教育的哲学基础"等内容。

(七)《职业教育与培训维基手册》[②]

《职业教育与培训维基手册》(*The Wiley Handbook of Vocational Education and*

---

① J. L. Scott, M. Sarkees-Wircenski. Overview of Career and Technical Education[M]. Orland Park: American Technical Publisher, 2014.
② D. Guile, L. Unwin. The Wiley Handbook of Vocational Education and Training[M]. Pondicherry: Wiley Blackwell, 2019.

Training)是一部职业教育与培训领域的代表性的维基百科全书式手册,旨在为职业教育与培训的理论、实践与政策提供深入的指导。该手册借鉴了职业教育与培训领域最前沿的研究、思考和实践,探讨了不同国家关于职业教育与培训在教育与培训系统中角色的关键争论。该手册揭示了在工作流程、工作组织和职业身份发生重大变革的时代专业知识的发展过程,还研究了职业教育与培训面临的诸多挑战。该手册的目标是从三个关键方面出发拓展对职业教育与培训领域的认识。第一,它探讨了职业教育与培训在复杂环境中不断发展和多样化的特点。第二,它鼓励职业教育研究者重新审视职业教育与工作之间的关系,并从数字化的进步、新的工作流程形式和职业界限的打破等方面展开对职业教育与工作之间关系的分析。第三,它借鉴了在一系列学科领域工作的学者的见解,相关研究成果往往已经发表在主流职业教育与培训期刊。

该手册主要划分为五大组成部分。第一部分"作为变革概念的职业教育与培训"分析了 21 世纪职业教育与培训、专家与工作面临的挑战,阐明了职业教育与个体发展的关系,阐释了工作场所学习的特征,提出了对工作、知识与能力的新见解。第二部分"职业教育与培训的政治经济学"分析了职业教育与培训的理论、类型与公共政策,阐明了培训与产业的联系,测量了职业教育与培训的绩效及雇主对工作场所培训的投资意愿。第三部分"职业教育与培训的安排"介绍了美国职业教育的发展史,分析了加拿大中等职业教育的未来,阐明了普职融通的可能性,提供了德国双元制系统的可持续发展策略,提出了职业教育与培训的教学、课程开发与评估方法。第四部分"作为发展实践的职业教育与培训"介绍了在职业教育课程中跨界学习的可能性,提出了技术本位学习环境的设计策略,分析了创新终身学习与工作本位学习的方式,阐释了职业教育与培训教师专业发展的路径。第五部分"职业教育与培训面临的挑战"分析了职业教育与培训面临的来自社会阶层、性别、伦理与种族等方面的挑战,提出了印度、中国和阿根廷在创新职业教育与培训方面的做法,阐释了职业教育与培训领域面临的学习革命。

(八)《职业教育与培训手册:在不断变化的工作世界的发展》[①]

《职业教育与培训手册:在不断变化的工作世界的发展》(Handbook of Vocational Education and Training: Developments in the Changing World of Work)分析了当前及未来经济和劳动力市场的变化趋势,且将其与职业教育与培训联系起来,并提出了职业教育与培训同人类可持续发展共存的议题。该书提出,在不断发展的背景下,越来越多的政策关注职业教育与培训,这表明职业教育与培训对社会经济发展的潜力以及它可能对全球个人和职业生活产生的影响。该手册的最终目的在于,启发读者对职业教育政策制定、国际合作、教学和学习、初级教师教育、持续专业发展、教育创新和管理等方面的不断改革进行反思与研究,所有这些最终都将使职业教育与培训实践得到真正的改善。该手册认为,职业教育与培训必须应对不断变化的工作世界,不应被狭隘地视

---

① S. McGrath, et al. Handbook of Vocational Education and Training: Developments in the Changing World of Work[M]. Cham: Springer, 2019.

为只迎合正规经济。同时，该手册考虑了职业教育与培训所面临的可持续性挑战、规划和财务等问题，以及私营部门的兴起和培训在不同规模企业中的作用。该手册还涉及职业学习的演变，以及职业学习与课程和教学的联系。除了回顾职业教育与培训存在的问题和差距外，该手册还着眼于确定职业教育与培训研究和开发方面的新动态、新方向。

该手册由一个国际性的学术团体合力完成，包括九个部分，有近100章。第一部分"工作世界的变化"分析了快速变化世界中的技能预测、数字化时代的技术和职业教育与培训教学、印度和德国以及非洲的技能创新、技术和职业教育与培训的质量、第四次工业革命与绿色革命中的工作变化与技能开发等。第二部分"服务人类可持续发展的技能"阐述了英语继续教育中的学习革命、南非的人力资源开发政策、职业教育与培训对人力资源开发的贡献、能力本位的创业教育、政治经济导向的职业教育与培训项目等。第三部分"技能系统的规划与变革"论述了技术和职业教育技能开发改革项目的经费资助、技术和职业教育与培训与国家资格框架的关系、劳动力市场的管理与技能开发的关系、支持工作本位学习的国家政策开发、职业教育学生组织与学生成功的关系、职业教育与培训中的技能错配等。第四部分"私营培训市场"阐释了学徒制的概念、非正式的工作场所学习、人力资源管理与开发、欧洲的成人教育政策管理、公共教育制度、中小微企业的培训、工作场所的在线学习等。第五部分"职业学习"介绍了不同学科视角与职业教育体系中的职业学习、学生与年长工人的职业学习、创新与职业学习、伯恩斯坦理论视角下的工作与学习、指向终身学习的职业教育与培训改革、文化多样性同职业教育与培训的关系等。第六部分"能力与卓越"分析了职业教育与培训中的能力与卓越、能力本位职业教育与培训的基础、指向卓越的技能开发、21世纪的技能、全球化时代的能力等。第七部分"学习与教学表现的测量"论述了能力评估的概念框架、职业教育中的学习结果评估、绩效本位与能力本位的测评、专业能力发展评估等。第八部分"学习者支持"阐述了职业教育与培训实践标准的建立、英国16岁后职业教育与培训中的学习支持、技术和职业教育与培训中的能力发展、系统化的学生支持服务等。第九部分"职业教育与培训的教师教育"介绍了职业教育教师专业化的重要价值、津巴布韦职业教育教师的专业化发展、美国职业教育教师的预备教育、印度职业教育教师的培训、职业教育教师的学习策略等。

后记：一场"方法论"的探秘之旅

学术研究是一场疯狂的赌博，更是一场奇妙的旅途。在这段充满无数艰辛、刺激与挑战的旅途中，不仅需要披荆斩棘、风雨无阻的勇气与毅力，而且需要不时驻足回望来时之路、反思学术生涯的沉着与冷静。唯有如此，方能不忘初心、砥砺前行。学术研究不可能不掺杂生命体验与个人旨趣，在此意义上，任何一个学术作品都会或多或少地留下作者的"印记"。出于对读者的尊重，笔者愿意以"自我民族志"的方式，回顾在比较职业教育研究领域的心路历程，并向读者交代本书撰写的来龙去脉。

一

算起来，比较职业教育研究方法论的迷思已经困扰笔者多年了，最早可以追溯至南京师范大学教育科学学院攻读硕士研究生学位时期。2015年暑假，笔者前往香港教育学院（现香港教育大学）参加了一次研究生教育会议与暑期学校。这次会议吸引了来自世界各个国家和地区的学者，会议语言为英语。当时我所在的会场既有来自美国、英国、德国等西方发达国家的学者，也有来自日本、韩国等东方近邻国家的学者。在个人汇报环节，虽然英语水平有限，但好在提前做了准备，基本顺利完成了汇报。但是到了交流提问环节，笔者就犯了难。当时困扰笔者的问题是如何向外国学者解释中国的学徒制概念。在中国情境下，学徒制不仅是一个制度概念，而且是一个文化概念。例如，师徒"关系"、师门"规矩"、"出师"之道等。当笔者尝试去翻译和解释的时候，发现在英语中竟然找不到合适的词汇。可想而知，在缺乏相似民族文化背景的情况下，外国学者也是听得"云里雾里"，最后这场"没有对得上的话"也就不了了之。回到南京之后，香港之行带给笔者的困惑萦绕良久，迟迟无法找到答案。但至少带给笔者的启示是，要想成为一名严谨的职业教育研究者，切不可随便对不同国家和地区的职业教育理论与实践滥加比较，否则很可能"鸡同鸭讲""牛头不对马嘴"，最终陷入一种无意义的"比较表演"，正如在香港教育学院所发生的尴尬一幕。

不久，在导师庄西真教授的指导下，笔者展开了关于硕士学位论文的研究工作，其中一章涉及现代职业教育体系的国际比较。当时笔者遇到的困惑包括两个：一是如何处理比较职业教育研究中的可比性问题，二是如何处理比较职业教育研究中的聚焦性问题。所谓可比性是指，与普通教育相比，职业教育所涉及的利益相关者众多，不同国家的职业教育与培训体系往往千差万别。如果缺乏一套严格的标准，很难对职业教育进行跨国的比较。而且，可比性的难点还在于，不同国家职业教育发展往往受到政治、经济、文化等各个方面因素的制约。在中国情境下，现代职业教育体系不仅是一个学术概念，而且是一个政策概念。在《现代职业教育体系建设规划（2014—2020 年）》中，国家层面已经勾勒了一个现代职业教育体系的建设蓝图。那么，在进行国际比较时，需要充分考虑到本土问题与他国问题可能存在的本质区别，也需要充分考虑到不同概念所蕴含的背景差异。由此，笔者以本土的现代职业教育体系为参照标准，分别对德国、美国、澳大利亚现代意义上的职业教育体系进行了比较分析。所谓聚焦性是指，在进行比较职业教育研究时，如果缺乏一定的思维约束，就容易偏离主题，如何紧紧围绕核心研究问题展开比较分析是一大难题。为解决聚集性的问题，笔者综合借鉴了比较教育学者霍尔姆斯的问题解决法和施瑞尔的自我反射法，寄希望于通过"以研究问题为核心，关注自我反射"的方式进行更加聚焦的比较职业教育研究。基于上述考量，为充分保证比较职业教育研究的可比性和聚焦性，笔者将现代职业教育体系概念进一步解构，建立了包括不同层次职业教育关系、职业教育与普通教育关系、职业教育与继续教育关系为三大维度的分析框架。经此一事，笔者开始逐渐具有了对比较职业教育研究原理层面进行反思的意识，也有意识地去探索关于比较原理的方法论书籍，并形成对分析单位、参照系统、模型构建等基本概念的初步认识。

二

2016 年，笔者考入华东师范大学职业教育与成人教育研究所攻读博士研究生学位，并有幸拜入我国比较职业教育研究领域重要开拓者石伟平教授门下学习。石伟平教授在 21 世纪初出版的《比较职业技术教育》，被看作是我国比较职业教育研究进入新时代的重要标志，开辟了我国比较职业教育研究的新纪元。带着硕士研究生学习阶段的困惑，笔者曾试图通过各种途径寻找比较职业教育研究的"武林秘籍"。但随着与导师沟通交流的深入，愈加体会到，比较职业教育研究不只包括"器物"层面的比较分析，而且还包括哲学层面的深度思考。如果仅仅将视野局限在比较职业教育研究工具方法的掌握上，未免过于狭隘。无论是比较职业教育领域研究，还是其他领域研究，都有共通之处，尤其体现在对本土职业教育问题的关注上，以及对本土职业教育发展命运的关注上。如果离开这一基本立场，那么任何一项比较职业教育研究都可能是"空中楼阁"。在石伟平教授看来，扎根实践的同时联结理论与经验，是比较职业教育研究者的基本素质。石伟平教授在世纪之交出版的《比较职业技术教育》一书中专门谈到的两章关于中高等职业教育发展的问题对此予以特别关注。中等职业教育发展面临的问题包括：坚持"大职教观"还是"小职教观"，以"需求"为动力还是以"供应"为目标，"就业需求"第一还是"技术目标"第一，学校形态的职教发展战略质疑；高等职业教育发展面临的问题包括:什么是"高职","高职"该"高"到什么程度,"高职"的分层与分工如何进行,为什么要发展"高职",在什么条件下发展"高职",如何来发展"高职"。[1] 即使放在今天,上述问题的探讨仍不过时,有些问题已得到解决,也仍有问题未得到解决。这使笔者深深感受到,如果缺乏对职业教育办学实践的真切关注,将很难做出有厚度的比较职业教育研究成果。

  在学术研讨中,石伟平教授经常给大家讲的一句话是,职业教育也许是天下最慈善的事业。起初,我并不理解这句话的深刻内涵。从安身立命的角度出发,一直以来我想拥有的不过是一份学术职业,甚至将这份职业肤浅地理解为"工作"。随着研究的深入,我阅读到韦伯的《新教伦理与资本主义精神》《科学作为天职》,逐渐体会到职业的深刻内涵以及学术职业的精神内核。如北京大学李猛教授所言:"无论作为外在的职业,还是内在的天职,科学工作所带来的快乐和痛苦,仍然是'我们时代的命运'。"[2]学术职业并不仅仅意味着一份谋生的工作,其本身蕴含的终极价值正是"以学术为志业"。20 世纪初,在民族存亡之际,我国职业教育先驱黄炎培先生曾发起成立中华职业教育社,并创办了《教育与职业》杂志。黄炎培先生认为,职业教育之旨三:为个人谋生之准备,一也;为个人服务社会之准备,二也;为世界、国家增进生产力之准备,三也。[3] 放眼今天,这三大职业教育目的仍旧不过时,甚至仍然"掷地有声"。黄炎培先生不仅是一个职业教育理论家,而且是一个职业教育实践家,还是一个为改变中国"积贫积弱"形象而不懈奋斗的社会活动家。于我等后辈而言,虽不敢有"为往圣继绝学,为万世开太平"的鸿鹄之志,但至少应该有"为天地立心,为生民立命"的使命之感。至此,才开始逐渐明白,笔者所追求的与其说是"有业"——获得学术职业,毋宁说是"乐业"——以学术为志业。此时,于个人而言,促使笔者探索比较职业教育研究方法论的动机不再是完成一种"科研任务",而更多的是回应内心深处的"使命呼唤"。

  带着这份探索比较职业教育研究方法论的使命之感,笔者在 2019 年下半年前往德国科隆大学访学,有幸结识了国际比较职业教育研究专家皮尔兹(M. Pilz)教授,并与其建立实质性合作关系。访学之初,笔者即与皮尔兹(M. Pilz)教授达成共识,以项目的形式联合开展一项比较职业教育研究——《中国职业教育与培训的吸引力:对中职学生及其父母的研究》(Attractiveness of VET in China: A Study on Secondary Vocational Students and their Parents)。该项目关注的是职业教育吸引力这一具有普遍意义的世界难题。此前,借助开发的访谈提纲,项目组相关成员已经在德国、印度等国家展开过相关质性研究,并发表了系列研究成果。在访谈提纲修订阶段,笔者发现,英文版的职业教育吸引力访谈提纲无法直接翻译后采用,在中国情境下,部分问题的表述方式需要做出改变,部分问题可能不一定适合提问,还有部分问题需要进一步补充。在经历了访

---

[1] 石伟平. 比较职业技术教育[M]. 上海:华东师范大学出版社,2001:327 - 345.
[2] 马克斯·韦伯,等. 科学作为天职:韦伯与我们时代的命运[M]. 李猛,编译. 生活·读书·新知三联书店,2018:1.
[3] 黄炎培. 职业教育论[M]. 北京:商务印书馆,2019:60.

谈提纲的本土化改造之后,笔者随即展开了访谈工作,并在到达德国之后很快拿出初稿。在资料分析的过程中,笔者遇到的新问题是,按照何种形式表达研究发现,尤其是采用一种更便于英文语境理解的方式。在这一过程中,不仅要考虑到理论分析框架的约束,而且要关注到本土职业教育吸引力问题的学术表达话语风格与实现国际交流与对话的可能性。在随后的讨论环节,笔者与皮尔兹教授展开多次深入研讨,研讨的焦点是,如何将中国情境下关于职业教育吸引力的研究发现与以往关于中国职业教育吸引力问题的研究进行对话,以及如何与他国或者普遍意义上的职业教育吸引力问题研究进行对话。在这一过程中,尤其需要注意,不能带有"西方中心主义"的偏见,而是更多地基于中国职业教育办学实践的真实情况展开"有观点、有理由、有证据"地对话。在此意义上,比较职业教育研究表面上虽然关乎国别,但真正好的研究却也不分国界,不能人为将发展阶段差异作为阻碍不同国家职业教育平等交流与对话的"借口"。

在德国访学期间,笔者同样收到一项来自庄西真教授布置的"作业",为《职教通讯》撰写7篇卷首语(详见附录一),相当于每月一篇,一直持续到访学结束。说实话,在接到这一任务时,笔者内心是十分忐忑的,苦于不懂德语,一时不知从何下手,甚至只能从英文中所介绍的关于德国职业教育的二手资料中找寻灵感。难度之大,可想而知,最初写的几篇文章也印证了笔者的担心,写出来的文字不尽如人意,甚至让人感到干瘪无力、味同嚼蜡,总觉着少了点什么。带着这份愧疚之感,笔者痛定思痛,苦思冥想试图找到解决之道。终于有一天,当笔者一个人在午饭后漫步在空旷的小区里时,突然发现每家每户窗外往往都摆放着各色的鲜花,而这在国内并不常见,由此进一步激发了笔者的好奇之心,也顿时产生了新的写作灵感。与其沉溺于文献的故纸堆里,不如从鲜活的生活入手,用眼睛去观察德国的经济社会,并试图从中找到德国职业教育的成功之道。随后,笔者先后写就《德国人的工作与闲暇》《德国人的产品思维》《德国人为什么愿意做工人》等几篇短文,这也为进一步理解德国职业教育办学实践背后的哲学思想提供了基本的实证依据。至此,笔者愈发认识到,要想做好比较职业教育研究,需要研究者具备基本的"实践感"。这种感觉就像是把自己泡在咸菜缸里,终于尝到了点咸滋味。① 亦即,比较职业教育研究绝对不能先入为主,有深度的研究一定是扎根实践的。

如果说最初关于比较职业教育研究方法论的思考还停留于比较原理层,而到了本阶段,笔者更愿意突破各种条条框框,从更上位的哲学层思考如何在比较职业教育研究领域做出有深度的研究成果。

三

长期以来,困扰笔者的另外一个问题是,比较职业教育研究究竟是一个学科,还是

---

① 郝天聪. 学术论文选题三论:实践感、洞察力与"学术地图"[J]. 职教通讯,2020(8):1.

一个领域？在中国语境下，由于特殊的文化与制度背景，大家更倾向于从学科的角度谈论比较职业教育研究的发展问题。似乎有了学科，才有了身份的认同归属感与安全感。在固执的自尊心作祟下，笔者曾一度倾向于将比较职业教育研究当作一个学科，并认为比较职业教育研究获得地位认可的关键在于学科建设。

但随着对比较职业教育研究认识的不断深入，笔者日益觉察到，这种狭隘的"学科论"思想极有可能人为地给自己加上一把"思维的枷锁"，束缚自身比较职业教育研究的"想象力"。其实，从国际范围来看，不只比较职业教育研究，即便是作为母学科的职业技术教育学，是否可以称作一个学科也仍有争议。笔者的同门师姐汤霓博士曾写过一篇文章《不知职业教育为何物的美国教授》。在该文中，汤霓博士谈到，在向国外学者介绍自己的专业是职业教育时，包括德国学者在内的同事普遍对该专业发出疑问；加州大学洛杉矶分校劳工与就业研究所的研究者学科背景五花八门，围绕"劳工"主题辐射到各学科领域，包括法学、社会学、语言学、劳动经济学、城市规划学、政治学等；在跨学科研究中，以"他者"的身份自居是更为重要的研究范式的转变，这里的"他者"不是自身学科以外的其他学科，而是将自身学科视为其他学科的"他者"，是"职业教育"这位"他者"所能提供的经验与价值。[①]作为"对话"的另外一方，同门师兄臧志军博士撰写了《对汤霓博士学术随笔的几点回应与说明》。职业技术教育学是不是一个学科只是一个教育管理的问题，学者们应该做的是学习其他学科的先进理论与方法把职业教育打造成为一个研究领域；与中国人先设定一个学科或领域不同，美国人可能更加坚持问题导向。[②] 至此，不难发现，即便是关于职业技术教育学，仍然存在学科与领域的争议。作为"比较"方向的职业教育研究，可能更无底气将其称作学科。

笔者在德国访学期间，也同样体会到比较职业教育研究的"学科合法性"危机。在德国，比较职业教育研究更多的是作为一个研究领域存在。与国内相关职业教育研究单位多挂靠在教育学科下面不同的是，国外的职业教育研究单位多分散在教育学之外的其他学科，笔者访学所在单位即设置在科隆大学管理、经济与社会学院。同时，国外职业教育研究者的学科背景也更为多元，以笔者合作导师为例，皮尔兹（M. Pilz）教授研究方向虽然为比较职业教育，但同时拥有学徒经历、商科背景等。访学临近结束时，在皮尔兹（M. Pilz）教授的引荐下，笔者来到德国联邦职业教育与培训研究所（BIBB）访问交流。在交流过程中，进一步揭开了笔者遇到的困惑。BIBB总共有四个研究部门，分别承担着不同的研究任务。[③] 一是职业教育研究与监测部，二是职业教育结构与管理部，三是职业教育国际部，四是职业教育事务部。由此，不难发现，德国职业教育研究具有较强的跨界特点，不仅涉及教育学意义上的职业教育研究，而且涉及职业科学意义上的职业教育研究，同时体现出较为广阔的社会科学研究特征。

---

① 汤霓.不知职业教育为何物的美国教授[J].职教通讯,2014(4):74-75.
② 臧志军.对汤霓博士学术随笔的几点回应与说明[J].职教通讯,2014(4):76-80.
③ 郝天聪.中德职业教育研究:差异,亦是差距[J].职教通讯,2019(24):1.

细究下来,笔者所撰写的几篇关于比较职业教育研究的文章,确实也有意无意地采用了社会科学研究的思维范式,而并未局限在教育学的学科研究视域。例如,在《产业结构转型与职业教育办学模式改革——对美国、德国、日本、中国的比较分析》一文中,笔者提出,回顾美国、德国、日本、中国职业教育办学模式形成历程,可以发现,职业教育办学模式是职业教育与产业结构互动的产物,产业结构转型是推动职业教育办学模式改革的直接动力。[①] 再如,在《职业教育何以成为类型教育?——基于国家技能形成体制建设的观察》一文中,笔者提出,基于对德国、美国、日本、中国技能形成体制建设的观察发现,职业教育内嵌于国家技能形成体制,其类型地位受到国家技能战略、经济生产体制与职业教育参与意愿的结构性制约;职业教育类型地位的真正确立,离不开以夯实其经济社会基础为目标的国家技能形成体制再造。[②]

实际上,自20世纪下半叶以降,社会科学研究各学科领域的边界已经逐渐打破。华勒斯坦(I. Wallerstein)等在《开放社会科学》一书中谈到战后社会科学发展状况时提到,要寻找学科之间明确的分界线变得越来越难,每门学科自身也变得越来越不纯粹,从而导致人们对学科内部统一性及学术研究合法性的怀疑,各种各样跨学科的东西便在这时应运而生。[③] 在《学科·知识·权力》一书中,华勒斯坦(I. Wallerstein)进一步谈到,学科不仅意味着知识生产,而且意味着制度规训,需要进一步打破学科之间的边界,加强学科之间的交流,增强社会科学研究领域的开放性。[④] 这带给我们的启示是,做好比较职业教育研究,不仅需要教育学研究视角,而且需要广泛的社会科学研究视角。

就此而言,不难发现,关于比较职业教育研究方法论的探讨,除了比较原理层、哲学层,还离不开社会科学层的探讨。由此,才能构成一个更为完整的比较职业教育研究方法论体系。

最后,需要说明的是,学界关于方法论、教育研究方法论之类的专著已有不少,且不乏思想深刻之作,但出于个人旨趣,笔者无意从纯粹的学理层面探究对比较职业教育研究方法论的本质认识。而更愿意在职业教育研究情境下,探索构建比较职业教育研究的方法论体系。正如波兰尼(M. Polanyi)在《个人知识:朝向后批判哲学》中所谈到的边缘意识与焦点意识,边缘意识是认识者对于所使用的工具(物质或智力的)以及其他认识基础(如认识框架等)的意识,相当于"工具觉知";焦点意识则是认识者对认识对象或者所要解决的问题的觉知,相当于"目标觉知"。[⑤] 亦即,在行动中,要把焦点放在边缘和背景之中,如果过于关注焦点和细节,行动可能会出现中断。这带给我们的启示

---

① 郝天聪,石伟平.产业结构转型与职业教育办学模式改革——对美国、德国、日本、中国的比较分析[J].现代教育管理,2020(8):122-128.
② 郝天聪.职业教育何以成为类型教育?——基于国家技能形成体制建设的观察[J].苏州大学学报(教育科学版),2020(4):63-72.
③ 华勒斯坦,等.开放社会科学[M].刘锋,译.北京:生活·读书·新知三联书店,1997:32.
④ 华勒斯坦,等.学科·知识·权力[M].刘健芝,等译.北京:生活·读书·新知三联书店,1999:68.
⑤ 迈克尔·波兰尼.个人知识:朝向后批判哲学[M].徐陶,译.上海:上海人民出版社,2017.

是，比较职业教育研究方法论不可只关注方法论焦点，还要关注比较职业教育研究本身赋予方法论的边缘背景，需要结合职业教育研究情境探讨方法论体系的构建问题。由此，在正式行文过程中，笔者不仅在理论层面搭建了比较职业教育研究方法论的结构框架，而且在实践层面分析了比较职业教育研究方法的应用案例。

值此付梓之际，要特别感谢石伟平教授为本书作序，也要感谢南京大学出版社责任编辑丁群女士，她为本书的出版付出了辛勤的劳动，倾注了大量的心力。本书在写作过程中也得到瞿连贵、李鹏、李政、汪卫平、刘素萍、马欣悦、李小文、柯婧秋、林玥茹、汤杰、王文静、杨锦钰、周晨栋等学友的关心与帮助，谨表谢意。南京师范大学教育科学学院2020级、2021级职业技术教育专业硕士班的部分同学阅读了本书的初稿，从读者角度分享了宝贵的研读体会，为本书的进一步完善提供了重要参考，在此一并表示感谢。此外，还要感谢南京师范大学教育科学学院为本书顺利出版提供的指导与支持。

当然，笔者深知比较职业教育研究方法论探索这一任务的艰巨性与自身能力的有限性，恳切期盼收到各方专家学者的批评指正！如果本书能够在某种程度上解开读者关于比较职业教育研究方法论的迷思，推动比较职业教育研究领域的些许进步，足以感到欣慰！